CHINA FINANCIAL PERFORMANCE REPORT
NEW PRACTICE, NEW THINKING
(2020-2021)

中国财政绩效报告
——新实践、新思考
(2020-2021)

中国财政学会绩效管理研究专业委员会编选小组 编

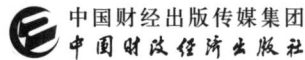

图书在版编目（CIP）数据

中国财政绩效报告：新实践、新思考.2020—2021／中国财政学会绩效管理研究专业委员会编选小组编. －－北京：中国财政经济出版社，2021.10
ISBN 978－7－5223－0565－3

Ⅰ.①中… Ⅱ.①中… Ⅲ.①财政管理－研究报告－中国－2020－2021 Ⅳ.①F812.2

中国版本图书馆 CIP 数据核字（2021）第 099735 号

责任编辑：杨　波　　　　责任校对：胡永立
封面设计：陈宇琰　　　　责任印制：党　辉

中国财政经济出版社　出版

URL：http：//www.cfeph.cn
E-mail：cfeph@cfeph.cn

（版权所有　翻印必究）

社址：北京市海淀区阜成路甲 28 号　邮政编码：100142
营销中心电话：010-88191522
天猫网店：中国财政经济出版社旗舰店
网址：https：//zgczjjcbs.tmall.com
北京密兴印刷有限公司印刷　各地新华书店经销
成品尺寸：185mm×260mm　16 开　18.25 印张　320 000 字
2021 年 10 月第 1 版　2021 年 10 月北京第 1 次印刷
定价：89.00 元
ISBN 978-7-5223-0565-3
（图书出现印装问题，本社负责调换，电话：010-88190548）
本社质量投诉电话：010-88190744
打击盗版举报热线：010-88191661　　QQ：2242791300

序言

在中国特色社会主义发展过程中，国家财政不断走向强大、稳固，既为经济社会发展提供了财力保障，又为各个领域的改革创造了良好运行条件。成就如此辉煌，主要成因之一是财政理论和财政实践的良性互动提升了财政改革和政策决策的科学化、民主化水平，形成了财政运行的及时纠偏机制，实现了财政改革与各项经济社会制度变迁的动态互联互通。预算管理是财政管理的"基础设施"。没有预算管理体系和制度的不断健全不可能有强大、稳固的财政。预算管理改革在历次重大财政改革中都是重头戏，而每一轮预算管理改革又都会掀起新的理论研究高潮。如此周而往复使中国特色社会主义预算管理理论从断想走向多点融合。我们编选本文集意在反映党的十八大之后预算绩效管理改革理论与实践的互动，向世人展示中国的财政学人是如何把论文写在了中国大地上。

1992年召开的党的十四大提出经济改革的总体目标是建立社会主义市场经济体制。由此，围绕实现这一目标，新一轮重大财税改革依序推进，相应也就提出了一系列需要深入研究的重大预算管理改革新课题，如建立和完善复式预算制度、改革财政支出制度等。当时，理论和实践的互动使决策部门和理论界形成了一个影响深远的共识：在厘清政府和市场活动边界的基础上优化财政资源配置。1997年党的十五大召开之后，预算管理改革成为财政改革的重中之重，理论准备发挥了先遣队作用。此时，人们围绕预算编制和预算执行改革展开了热烈讨论，形成了现行预算管理基本制度必须推倒重来的共识。这为2000年起顺利推进部门预算等五项预算管理基本制度改革奠定了坚实基础。也正是在这段时间，我国理论界和实务部门都开始意识到有必要探索推出预算绩效管理改革。由此，美、欧等国的绩效预算成为理论界关注的热点。实践中，2002年中央财政就开始试点搞项目支出绩效评价。2003年10月党的十六届三中全会通过了《中共中央关于完善社会主义市场经济体制若干问题的决定》。《决定》指出要建立预算绩效评价体系。这意味着中国今后要建立绩效导向、绩效至上的社会主义财政预算管理体系，深化预算管理改革的主要目标之一是实现预算与绩效深度融合。其后，预算绩效管理改革逐步向纵深挺进，预算绩效理论研究如影相随高潮迭起。

党的十八大之后，中国特色社会主义发展进入新时代。在顶层设计环节，财政被定位为国家治理体系和治理能力现代化的基础和重要支柱，财政政策成为宏观政策体系中的首要政策。党的十八届三中全会通过的《中共中央关于全面深化改革若干重大问题的决定》明确要求建立现代财政制度，并提出要改进预算管理制度，透明预算、提高效率。2015年发布实施的新修订的《预算法》指出各级预算编制应当讲求绩效，同时要求各级政府、各部门、各单位对预算支出情况开展绩效评价。这表明预算绩效管理已实现法定。党的十九大报告又提出："建立全面规范透明、标准科学、约束有力的预算制度，全面实施预算绩效管理。"这一要求的内在含义是要通过全面实施预算绩效管理来推进形成约束有力的预算制度。由此可说，新一轮深化预算管理改革的轴心是全面实施预算绩效管理。2018年9月，中共中央办公厅、国务院办公厅印发了《关于全面实施预算绩效管理的意见》。《意见》对构建和完善全方位、全过程、全覆盖的预算绩效管理体系作出了统一部署。党的十九届五中全会通过了《中共中央关于制定国民经济和社会发展第十四个五年规划和二〇三五年远景目标的建议》。《建议》指出：深化预算管理制度改革，强化对预算编制的宏观指导，推进财政支出标准化，强化预算约束和绩效管理。可见，在顶层设计层面，已经把预算绩效管理和预算管理各个方面的改革串联在一起，要求通过全面提升财政的宏观绩效和微观绩效水平来加快建立现代财税制度。

党中央关于推进预算绩效管理的顶层设计，为财政部门开展预算绩效管理工作指明了方向、明确了内容、规定了时间表、提供了权威依据。基于此，2012年之后，预算绩效管理总体上呈全方位加快推进趋势。2012年财政部发布了《预算绩效管理工作规划（2012～2015）》。这是一份操作层面上具有里程碑意义的文件。《规划》指出了当时预算绩效管理的现状和存在问题，阐明了加强预算绩效管理的重要性和紧迫性，提出了推进预算绩效管理的总体目标、主要任务、重点工作、保障措施等。同时，根据规划内容配套出台了《县级财政支出管理绩效综合评价方案》和《部门支出管理绩效综合评价方案》。较之以往，《规划》在总体思路上的重大突破是提出了实行全过程预算绩效管理，要求预算绩效管理横向到边、纵向到底；在具体操作方面的突出贡献是不仅对预算绩效管理各个环节的工作做出了定性和定量双重规定，而且给出了各个层级政府预算绩效管理和各领域整体预算绩效管理的工作流程、组织方式以及量化方法。其后，根据党中央对推进预算绩效管理工作的要求，财政部又陆续推出多个突破点明确、权威性强的操作性文件，涉及如何贯彻落实《中共中央 国务院关于全面实施预算绩效管理的意见》、部门整体支出绩效评价、专项债项目资金绩效管理、第三方机构参与预算绩效评价监督等内容。同时，地方各级财政根据地方财政运行特点和预算管理面临的突出问题也推出了一系列行之有效的预算绩效管理工作操作文件。在此基础上，各级政府预算绩效管理改革点面快速突破，形成了绩效与预算加速深度融合局面。

习近平总书记《在经济社会领域专家座谈会上的讲话》中指出："新时代改革开放和社会主义现代化建设的丰富实践是理论和政策研究的"富矿"……"。预算绩效管理加快推进的丰富实践是预算绩效管理理论和政策研究的"富矿"。"富矿"容含了大量具有时代特色的重大课题。各方有志之士对这一"富矿"的挖掘，一方面推动了中国特色社会主义预算绩效管理理论的发展，另一方面则为改革实践的平稳运行提供了"参考资料"和"能量储备"。

2000 年我国踏上了重构预算管理基本制度的艰难征程。其后几年陆续推出了部门预算、国库集中收付、政府采购制度、"收支两条线"和政府收支分类五项意义深远的改革。此间，我国就已经认识到预算必须讲求绩效，重构预算管理基本制度体系时应同步考虑建立绩效管理制度。这牵动理论界开始探讨预算绩效管理的国际经验，因而 2002 年之后介绍美国、欧洲、澳大利亚等国绩效预算的资料批量问世。同时，如何在中国推行绩效预算也成为学术界的热点话题之一，相关研究成果陆续面世。总体看，2012 年之前，预算绩效管理研究的聚焦点是项目支出绩效事中和事后评价。这与预算绩效管理实践特征是高度吻合的。值得提及的是，伴随着预算管理改革在总体财政改革中地位的抬升，从世纪末期开始，预算管理研究在我国财政学术界中不断升温，财政支出研究队伍加速壮大，而这一转变实际上是以强化预算绩效管理研究为突破口的。

党的十八大之后，伴随着预算绩效管理改革的拓面和深耕，预算绩效管理研究承前启后，不断向纵深挺进。本书各篇论文展现的精彩论述足以证明这点。同时也表明，新时代我国的预算绩效管理研究是植根于中国特色社会主义预算改革实践的科学探索，有如下三个特点：一是关于预算绩效管理与各领域改革之间关系的研究更加深入。在预算绩效管理研究起步阶段。人们探讨最多的是如何定义基本概念、阐释国外情况、项目支出绩效评价指标等。进入新时代后，由于预算管理改革是与国家治理体系和治理能力现代化关联在一起的改革，人们在研究预算绩效管理时自然提高了站位，因而也就观察到了预算绩效管理改革与其他改革之间的互动关系。比如本书内的专家关于预算绩效管理与行政管理改革之间关系的探讨,其中:邓力平教授全面分析了过紧日子的重要思想与预算绩效管理之间的关系;刘尚希研究员从公共风险管控视角深入阐释了全面实施预算绩效管理与公共部门责权利重构的关系。二是多视角、全方位研究预算绩效管理。预算绩效管理是一个复杂的系统工程。深化预算绩效管理改革是一部点多面广、内容丰富、多元思想的连续剧。因此,理论研究要解决预算绩效管理改革面临的实际问题就必然会走向多视角、全方位。近年来预算绩效管理研究的现状印证了这一点,这在本书内也有所体现。比如更加注重研究全过程预算绩效管理各环节中的问题,书内马海涛和孙欣两位教授所做关于全过程预算绩效评价结果应用与影响因素的分析,郑涌院长关于"十四五"时期深化绩效评估评价改革的路径的论述,马蔡琛教授和赵笛博士就大数据技术推动全过程预算绩效管理改革的研究都体现了这点。再如主动探讨迫切需要解决的新问题,王泽彩研究员从绩效视角对构建应急管理财政政策所做的分析、唐大鹏和王伯伦两位专家关于财政资金预算绩效审计的论述,李金珊、吴超两位教授所做的地方政府性基金预算绩效管理——浙江案例研究,如此等等可说具有代表性;三是关于地方政府预算绩效管理的研究更加丰富。书内"十四五"时期地方财政绩效监管机制构建全景图谱、地方预算绩效管理改革的背景、路径、实践及启示和重大政策项目全周期跟踪问效等文体现了这点。

总之,理论源于实践。艰难曲折而又生机勃勃的预算绩效管理改革实践为预算管理理论的发展提供了肥田沃土。中国财政学人不忘初心、不辱使命抓住了这一历史性机遇,继往开来,推陈出新,具有新时代特色和启发性的科研成果批量产出。这是本书得以面世的基础。然而需要指出,中国的预算绩效管理研究可说是百花盛开春满园,本书只是数量有限的"照片"的影集,难免挂一漏万,未被辑录本书的科研成果自有其特定的决策影响力和学术影响力。

中国财政学会绩效管理研究专业委员会
白景明
2021 年 8 月 8 日

目　录

对"过紧日子"重要思想与财政实践的几点认识 ……………………（ 1 ）

　　厦门大学、厦门国家会计学院教授、博士生导师　邓力平
　　厦门国家会计学院副教授　王智烜
　　厦门国家会计学院副教授　邓秋云

关于预算绩效管理的几点思考 ……………………………………（ 12 ）

　　中国财政科学研究院研究员　刘尚希

全过程预算绩效评价结果应用与影响因素分析 …………………（ 18 ）

　　中央财经大学教授　马海涛
　　贵州财经大学大数据应用与经济学院副教授　孙欣

中央财政支农项目绩效评价典型案例分析
　　——"中央财政农作物秸秆综合利用试点"绩效评价 …………（ 33 ）

　　农业农村部财会服务中心研究员　安晓宁
　　农业农村部财会服务中心金融处高级会计师　郭冬泉

"十四五"时期深化绩效评价改革的路径 …………………………（ 46 ）

　　厦门国家会计学院　郑涌

绩效视角：构建应急管理财政政策的若干思考 …………………（ 57 ）

　　中国财政科学研究院研究员　王泽彩

地方预算绩效管理改革的背景、路径、实践及启示 ……………（71）

  中国财政科学研究院研究员　石英华

党的十八大以来我国预算管理改革进展情况 ………………（79）

  中国财政科学研究院研究员　程瑜

地方预算绩效管理取得实效　改革仍需进一步深化 …………（85）

  中国发展基金会副研究员　朱美丽

地方政府性基金预算绩效管理
——浙江案例 ……………………………………………（93）

  浙江大学公共管理学院教授　李金珊
  浙江大学财税大数据与政策研究中心教授　吴超

大数据技术推动全过程预算绩效管理改革 …………………（107）

  南开大学经济学院教授　马蔡琛
  南开大学经济学院博士　赵笛

项目绩效指标框架与绩效评价路径研究 ……………………（120）

  上海财经大学中国公共财政研究院教授　马国贤
  上海财经大学中国公共财政研究院副教授　曾纪茂
  上海财经大学中国公共财政研究院教授　龚秀全

预算绩效管理激励约束机制构建研究 ………………………（135）

  中央财经大学绩效管理研究中心研究员　童伟
  中央财经大学财税学院　黄如兰

地方政府债券绩效管理的问题与对策
——基于财政与金融协同、公共与市场绩效协同的视角 …（149）

  对外经济贸易大学国际经济贸易学院博士　徐军伟

我国预算绩效监管理论和机制的创新 …………………………………（162）

  中南财经政法大学财政税务学院教授　王金秀

  中南财经政法大学武汉学院副教授　张澜

  中南财经政法大学武汉学院　万玥希

财政资金预算绩效审计研究
——以深圳市为例 …………………………………………………（172）

  东北财经大学会计学院副教授　唐大鹏

  东北财经大学国际商学院　王伯伦

绩效预算理论新发展与启示 ………………………………………………（185）

  中国社会科学院财经战略研究院副研究员　赵早早

全面实施预算绩效管理路径与方法研究
——基于国际经验的视角 …………………………………………（198）

  上海国家会计学院应用经济研究所副教授　赵敏

智能预算绩效管理体系建设研究 …………………………………………（208）

  北方工业大学财政绩效管理研究中心副教授　毕瑞祥

论预算绩效指标体系有效性的标准及应用 ………………………………（219）

  集美大学地方财政研究中心教授　胡志勇

重大政策项目全周期跟踪问效
——山东模式的实践与探索 ………………………………………（230）

  山东财经大学财税学院教授　晁毓欣

农村环境整治资金绩效管理制度现状与优化研究 ………………………（244）

  生态环境部环境规划院环境保护投资绩效管理中心高级工程师　宋玲玲

绩效预算动态监管的国际经验借鉴 …………………………………………（258）
　　吉林省财政厅科研所　张依群等

"十四五"时期地方财政绩效监管机制构建全景图谱 …………………（271）
　　广东省财政厅科研所　杨　娟　许航敏等

对"过紧日子"重要思想与财政实践的几点认识

厦门大学、厦门国家会计学院教授、
博士生导师 邓力平
厦门国家会计学院副教授 王智烜
厦门国家会计学院副教授 邓秋云

内容提要：本文坚持以人民为中心发展思想为指导，深刻理解党中央提出的、财政部门正在落实的"过紧日子"重要思想与相关实践。在新时代中国特色社会主义财政框架中，把握"过紧日子"的人民宗旨和时代要求，提出应在财政工作中做到四个方面：基于"人民财政"理念领会"过紧日子"内涵；按照"财政平衡"原则做好"过紧日子"工作；立足"现代财政"目标确立"过紧日子"制度；按照"统筹内外"要求认清"过紧日子"趋势。

关键词：以人民为中心发展思想 中国特色社会主义 财政"过紧日子"重要思想与财政实践

艰苦奋斗、勤俭节约是我们党一以贯之、一脉相承的优良传统和政治本色，从革命战争时期到社会主义建设时期，从改革开放到中国特色社会主义新时代，这一宝贵精神财富始终体现在伟大事业之中，始终被赋予时代内涵。2019年3月，习近平总书记参加第十三届全国人大二次会议内蒙古代表团审议时指出，"过去我们党靠艰苦奋斗、勤俭节约不断成就伟业，现在我们仍然要用这样的思想来指导工作。吃不穷、穿不穷，计划不到一世穷。党和政府带头过紧日子，目的是为老百姓过好日子，这是我们党的宗旨和性质所决定的。不论我们国家发展到什么水平，不论人民生活改善到什么地步，艰苦奋斗、勤俭节约的思想永远不

---

① 邓力平，王智烜，邓秋云：《对"过紧日子"重要思想与财政实践的几点认识》，《财政研究》，2020年第12期。

能丢"。① 这段话点出了党和政府与人民的关系，点出了党和政府"过紧日子"的目的，同样也点出了我国财政发展中要高度重视的重要方面。围绕党中央决策部署，财政部党组紧抓落实，在 2019 年的全国财政工作会议上明确要求"认真贯彻习近平总书记关于艰苦奋斗、勤俭节约一系列重要论述精神，坚决落实过紧日子要求，开源节流、增收节支、精打细算，执守简朴、力戒浮华，厉行节约办一切事业"。② 应该认识到，当前"过紧日子"已经成为党领导财政工作长期坚持的一个重要指导思想。因此，从理论与实践的结合中把握"过紧日子"时代内涵、落细落实"过紧日子"工作要求是应有之义。本文将围绕以人民为中心发展思想，从四个方面研究牢固树立"过紧日子"重要思想：一是内化于心，在思想上从"人民财政"理念领会"过紧日子"的人民宗旨；二是付之于行，在行动上依"财政平衡"原则抓好"过紧日子"的工作落实；三是固化于制，在机制上按"现代财政"目标建立"过紧日子"的制度保障；四是守之于线，在视野上按"统筹内外"要求认清"过紧日子"的长期趋势。

一、基于"人民财政"理念领会"过紧日子"内涵

党的十八大以来，习近平新时代中国特色社会主义思想成为党和国家的指导思想，其中以人民为中心发展思想具有极其重要的地位。2020 年 5 月，习近平总书记在参加第十三届全国人大三次会议内蒙古代表团审议时再次强调以人民为中心发展思想，指出"中国共产党根基在人民、血脉在人民"，要在决策部署和实际工作中"坚持人民至上、紧紧依靠人民、不断造福人民、牢牢根植人民"。③ 认真学习习近平总书记重要讲话，笔者深切体会到总书记为民情怀的一以贯之，也深刻领会到在新时代财政工作中践行"人民中心、人民至上"之人民理念的坚定不移。应该认识到，老一辈财政理论工作者提出的"人民财政"理念是共和国财政的本质属性，必须始终坚持并与时俱进探索其在新时代中的实现形式，当前强调的党和政府"过紧日子"重要思想和对财政工作的要求就是其中关键内容。

---

① 《习近平在参加内蒙古代表团审议时强调保持加强生态文明建设的战略定力守护好祖国北疆这道亮丽风景线》，《人民日报》，2019 年 3 月 6 日。
② 《全国财政工作会议在京召开》，《中国财政》，2020 年第 1 期。
③ 《习近平在参加内蒙古代表团审议时强调 坚持人民至上 不断造福人民 把以人民为中心的发展思想落实到各项决策部署和实际工作之中》，《人民日报》，2020 年 5 月 23 日。

牢固树立"过紧日子"思想是"人民财政"理念在新时代财政工作中的重要体现。从贯彻执行中央八项规定精神到坚决制止餐饮浪费行为，党中央始终将"过紧日子"作为重要抓手来落实以人民为中心的发展思想，实现党和政府"过紧日子"换取人民"过好日子"。以"人民财政"理念为引领，对于"过紧日子"的内涵和外延，我们要从中国特色社会主义财政之共性与个性出发来把握，需要在"过紧日子"既是一种"状态"更是一种"理念"的认识中来领悟。

其一，"过紧日子"可以是一种状态，这里主要体现的是财政共性，即在经济社会发展受到重大冲击的情况下，各国政府都会主动调整财政支出来应对风险挑战。例如，在新冠肺炎疫情全球大流行的背景下，各国都会压缩原有财政支出，将财政资源投向保障防疫抗疫和促进经济复苏的各项活动中，这种以收缩政府开支来"过紧日子"、以应对外部冲击的财政状态在我国存在，在其他国家一般来说同样也会存在。

其二，"过紧日子"在中国则更是一种理念，这取决于我国的制度性安排，取决于共和国财政的本质特征，可以从两个方面来把握。一是"过紧日子"体现了我国"立党为公、执政为民"的长期执政理念。作为马克思主义执政党，党没有自己的特殊利益，以全心全意为人民服务为宗旨，始终代表最广大人民的根本利益，必然坚持以人民为中心发展思想，必然通过长期"过紧日子"的内在安排来让老百姓过上好日子。可以认为，"节用裕民、过紧日子"是"党管财政""党管支出"必须坚持的工作导向。不论是将财政引入党领导下国家治理领域的发展方向，还是在抗击疫情等事件中财政职能的有效发挥，或是解决发展不平衡不充分问题的财政政策的提领作用，党在全面领导财政工作过程中，始终坚持"人民至上"，不断以"过紧日子"等现实举措体现党为了人民艰苦奋斗、勤俭节约的长期理念。二是"过紧日子"体现了我国财政"取之于民、用之于民"的长期为民方针。社会主义财政从人民中征收、为人民所有、用之于人民的特征本身就要求人民政府要长期"过紧日子"，要尽量减少不必要的用于自身的支出。共和国财政一路走来，"过紧日子"方针始终坚持不渝，始终是践行"人民财政"的重要内容。新中国成立后，国家通过"过紧日子"建立了社会主义基本制度，保证了人民当家作主基本经济基础的建立；改革开放之后，国家通过"过紧日子"加快建立了社会主义市场经济，不断满足人民日益增长的物质文化需要；进入新时代后，国家更是通过"过紧日子"来促进实现高质量发展，坚决兜牢基本民生底线。今天站在两个百年交汇点，我们必须继续将"过紧日子"作为建设人民满意的服务型政府、建设社会主义现代化国家的重要抓手，不断满足人民对美好生活的向往。

从新时代中国特色社会主义财政发展脉络中可以看到，党和政府"过紧日子"是一个内涵丰富的系统性理念，是一个体现"人民至上"的重要思想，是一个既体现共性状态更展现个性特质的中国特色财政范畴。我们要深刻加以理解，坚定"党管财政"方向，坚持"人民财政"宗旨，在认真践行党和政府"过紧日子"的实践中，全力做好相对应的新时代财政工作，务必实现让全体人民都"过好日子"的最终目标。

二、按照"财政平衡"原则做好"过紧日子"工作

既然党和政府"过紧日子"是我国财政工作中应考虑的制度要求，既然"过紧日子"一般也与特定财政收支状态密切相关，我们就必须在中国特色财政平衡框架中研究做好"过紧日子"的相关工作，当前特别要研究我国财政将长期处于"收支紧平衡"的客观事实，为切实做好长期"过紧日子"提供坚实的机制保障。

从历史与现实看，牢固树立"过紧日子"思想都应该是我国财政紧平衡状态下的必然选择。新中国成立，我国面对一穷二白、民生凋敝的状况，不仅解决了"吃饭财政"的问题，还在此基础上提出并实施了"生产建设财政"。在这过程中，如果没有"过紧日子"的财政方针，就不可能快速恢复国民经济，建立社会主义经济制度。改革开放后，党和国家以经济建设为中心，在"公共财政"基础上发挥了"发展财政"重要职能。同样如果没有坚持党和政府"过紧日子"的长期紧财政要求，就不可能有市场经济下的经济高速发展。进入新时代，我国经济在"三期叠加"影响中下行压力加大，经济高质量发展阶段进一步凸显了财政压力，在确保减轻市场行为主体税费负担和确保民生发展支出两不误的前提下，党和政府"过紧日子"更是成为我国财政收支中的必然决策。应该看到，未来相当长一段时间内，面对更加复杂的国内外形势，我国财政收支将长期处于紧平衡状态，有时还会有所加剧。不论是统筹协调财政国家性、公共性、发展性、改革性和开放性等方面的持续发力，还是扎实做好财政服务改革发展稳定各项工作，都需要党和政府"过紧日子"的强力支撑和配套支持。"过紧日子"助力"财政紧平衡"实现，"财政紧平衡"因"过紧日子"而更可持续，两"紧"联动配合，共同体现财政围绕中心服务大局的职责和能力，共同在新形势下凸显我国财政之"稳固、平衡、强大"，凸显我国财政之人民属性。

2019年以来，自"过紧日子"重要思想再次强调后，全国各地财政部门在认真落实指示要求、探索实现"过紧日子"要求方面做了大量工作，也为财政理论工作者提出了从理论角度予以进一步佐证的要求。我们要坚持中国特色的"财政平衡"观，要认识"以收定支"和"以支定收"之统一是我国财政平衡的特定形式，只有坚持动态的"财政平衡"观才能从理论上佐证"财政紧平衡"的存在，也才能将党和政府"过紧日子"制度要求在"财政紧平衡"状态下予以贯彻落实，用党和政府"过紧日子"来支撑"紧平衡"下的减税降费与民生支出，支撑人民群众"过好日子"。近年来，笔者加强了对新时代中国特色财政平衡观的阐述，一方面始终坚持对"以收定支"的时代解读，即包含着依次递进的三句话，"有多少钱办多少事""有足够的钱办必要的事"和"避免拿过多的钱办不必要的事"；另一方面则坚持"以支定收"作为市场经济所要求的财政改革方向，突出"该办什么事去找什么钱"，坚持根据国家需要和形势发展做好财政支出工作。把这两方面结合起来就是中国特色"收支联动、重点拓展"之时代特征，就是这些年不断坚持的财政改革方向。必须看到，这种"财政平衡"观中所强调的"必要的事"，主要指的是政府根据"党管支出"要求，根据"市场在资源配置中起决定性作用、政府更好发挥作用"要办的"事"，其中有支持市场主体发展之"事"，有惠及人民大众的民生之"事"，有政府纠正市场失灵之"事"。用以人民为中心发展思想来解读，用"以人民为中心的市场经济就是社会主义市场经济"的思路来分析，这些党和政府办的必要之"事"，就是为了让人民"过上好日子"，就是依据"人民中心"要求的我国财政之有效作为。笔者这里进一步强调，还应该把多年隐含在这一收支平衡体系中、当前再次突出的党和政府"过紧日子"要求一并加以考虑。所谓政府不该去办的"不必要的事"，既包含着政府超越市场所做之"事"，既包含着在传统政绩观下的急功近利之"事"，也必然包含着一段时间以来一些地方大手大脚、铺张浪费所做之"事"。换言之，党和政府"过紧日子"，就是为了腾出更多"钱"来办"人民过好日子"之"必要的事"，这既是为了助力"财政紧平衡"的实现和财政可持续，更是为了体现党代表人民利益的根本宗旨，体现人民财政的担当作为。

2020年是极不平凡的一年，在统筹做好疫情防控和经济社会发展过程中，我国财政正在"收支紧平衡"制约下努力实现党交给的各项任务，并在这一过程中认真兑现党和政府"过紧日子"和人民群众"过好日子"的要求，中国特色收支平衡实践又有了新发展。一是体现"为民轻税"的"以收定支"持续发展。2020年政府工作报告指出要通过阶段性和制度性减税降费等政策为企业减负超过2.5

万亿元，这是党中央统揽全局做出的重大政治安排，是在保证国家必要财政收入的同时，尽量降低市场主体，特别是广大人民群众的税负水平，进而促进经济高质量发展的重要举措。在如此大规模减税降费下，必要的让人民"过好日子"的支出必须确保，收支出现紧平衡自然同时要求党和政府"过紧日子"，财政部门强调"以收定支"下的量入为出、有保有压、应压尽压等措施也就顺理成章，其中各种"过紧日子"措施就更体现出必要性。二是"应收尽收"内涵持续丰富。按照预算确定的税费收入任务对纳税主体"应收尽收"是我国财政体制优势的体现，而在2020年我国财政压力不断加大、紧运行持续深入的情况下，财政工作转换思路，明确要求挖掘政府自身财政潜力对各类结余、沉淀资金"应收尽收"，坚决落实"过紧日子"，而非指向广大人民群众和市场微观主体。三是"该减必减、应压尽压"。聚焦"压减侧"发力，坚决压减一般性支出，严禁新建政府性楼堂馆所，严禁铺张浪费，中央本级支出下降0.2%，其中非急需非刚性支出压减50%以上，地方政府也大力压减一般性支出，按规定比例压缩出国经费、会议经费与出差经费等。这些当前保证收支平衡、统筹"政府紧日子、人民好日子"的有力举措，充分证明以人民为中心发展思想已经深入财政实践。四是财政纪律持续加强。当前财政重点工作是依据财政经济法规和相关制度规定，加强财政纪律，特别是做好预算执行工作，坚持先有预算后有支出，严控预算追加事项。各级人民代表大会及其常委会监督预算运行并加强预算联网监督工作，各级审计部门严格审查预算执行过程并及时要求整改，各有关单位形成合力加强财政管理，保证"收支平衡"的实现。而在此过程中，要特别认识到加强财政纪律约束保证了"过紧日子"的落实，其目的是保证更多财政资金造福人民群众，更好提升人民群众的幸福感和获得感。

三、立足"现代财政"目标确立"过紧日子"制度

既然党和政府"过紧日子"重要思想必须牢固树立与长期坚持，我们就必须将近年来持续形成的做法用制度机制安排加以确立，就必须在正努力构建的中国特色现代财政制度中将"过紧日子"安排统筹考虑在内，使之于法有据、有规可依、有技保障、有效实施。党的十八大以来，围绕建立和完善现代财政制度，财政部门在预算制度、税收制度以及中央和地方财政关系三个方向持续发力，已经事实上在现代财政制度的建立和完善中体现了"过紧日子"理念。在预算制度改

革中,《中华人民共和国预算法》(简称《预算法》)作为我国财政活动的根本法规,其实施为政府相关部门依法"过紧日子"提供了制度保障和法定准则。在税制与征管改革中,财税部门努力把握"人民过好日子与政府过紧日子"的统一,注重获取必要收入与降低主体负担的平衡,力争降低征纳成本和增强纳税服务的协调。在中央和地方财政关系改革中,以《基本公共服务领域中央与地方共同财政事权和支出责任划分改革方案》为代表的改革进一步划分了相关事权与支出责任,事实上也为如何"过紧日子"提供了基本框架。总的看来,将"过紧日子"要求制度化已是建立和完善现代财政制度的重要内容。根据当前现代财政制度不断改革和完善进程,笔者这里再举三例来进一步讨论现代财政制度对"过紧日子"提供保障的重要性。

其一,预算法实施条例的修订为更好"过紧日子"奠定了制度实施基础。2020年8月发布的《中华人民共和国预算法实施条例》(以下简称《条例》)是持续推动现代财政预算制度完善的又一重大体制性安排。从把"过紧日子"制度化的角度来看,《条例》至少从四个方面完善了相关制度化安排。一是《条例》推动预算体系更加清晰和规范,保证各级政府能明明白白地"过紧日子"。《条例》依据《预算法》"为了规范政府收支行为"原则,进一步明晰预算收支范围和编制内容,同时规范部门预算管理,促使政府"过紧日子"的每一步迈得稳健。二是《条例》加强地方政府债务管理,保证各级政府能心中有数地"过紧日子"。《条例》在落实落细地方政府债务余额限额管理,完善地方政府债务风险评估、预警和化解,规范地方政府举债机制,明确地方政府债务主体责任,界定地方政府一般债和专项债等方面做出了修订。这些内容能够有力防范化解地方政府债务风险,做好"堵后门"工作,从而促使地方政府下定决心统筹做好必要支出和"过紧日子"安排。三是《条例》完善转移支付制度,保证上下共心地"过紧日子"。《条例》在完善专项转移支付定期评估和支付,严格规范转移支付资金拨付,明晰转移支付内容和概念等方面进行了部署,更好地维护党中央权威和集中统一领导,保证党中央"过紧日子"重要思想在各级政府执行中不变形、不走样。四是《条例》加大预算透明度,保证清清楚楚地"过紧日子"。《条例》遵循"公开为常态,不公开为例外"原则,规定公开政府债务、机关运行费等情况,并进一步对部门预算和一般性转移支付等公开内容进行细化和完善。通过公开形成监督合力让"过紧日子"更受认可,从而保证高质量完成"过紧日子"目标。必须指出的是,《预算法》与《条例》的逻辑始终一脉相承,让"过紧日子"制度化的要求始终如一。例如,《预算法》第十二条规定"各级预算应当遵循统筹兼顾、勤俭节约、量力而行、讲求绩效和收支平衡的原则"，而《条例》第七十八条则明确了"各级一般公共预算年度执行中厉行节约、节约开支"的实施细则，可以看到"过紧日子"理念在现代预算制度建立中始终得到坚持。

其二，预算管理一体化改革的推进为确保政府"过紧日子"赋予了增效机制。2020年4月发布的《预算管理一体化规范》和《预算管理一体化系统技术标准》标志着我国预算管理一体化改革进入全面推广实施阶段。预算管理一体化以系统化思维和信息化手段推进预算制度改革，力图为现代预算制度发挥基础性支撑作用。以"过紧日子"的角度看待预算管理一体化改革，可以从三个方面把握其赋能增效作用。一是通过标准赋能，实现提质增效以切实"过紧日子"。推进预算管理一体化能全面规范预算标准化管理，明确各级政府和各部门单位"过紧日子"应该"紧什么""怎么紧""紧多少"，尤其是强化预算支出的基层管理和细节控制，从而确保预算一般性支出的有效缩减，更好贯彻"过紧日子"要求。二是通过监督赋能，增强"过紧日子"的执行力度。预算管理一体化改革通过构建"制度＋系统"的管理机制，实现各级财政之间、各预算管理环节之间、政府预算与部门单位预算之间的有效衔接，打通财政信息在整个预算体系中逆向可溯的反馈渠道，向上级、向财政动态客观地反映各预算执行主体落实"过紧日子"要求的具体情况，从而为硬化预算约束、强化全过程监督、落实主体责任提供约束手段。三是通过技术赋能，提高"过紧日子"的精准施策。预算管理一体化能通过全国预算数据的集中管理，并辅以大数据模型分析技术，实现目标地区、目标层级政府的各类财政信息自动化、智能化、可视化汇总处理。这些财政信息可以根据政策制定者的需要，量化财政资金流动、政策项目运行等综合情况，为科学研判财政形势，动态调整"过紧日子"相关政策，提升调控效果提供信息基础。

其三，预算绩效管理的全面实施为政府"过紧日子"、人民"过好日子"提供了制度桥梁。2018年9月发布的《关于全面实施预算绩效管理的意见》（以下简称《意见》）提出加快建成全方位、全过程、全覆盖的预算绩效管理体系，这是开启全面实施预算绩效管理新时代的关键一步，也是落实习近平总书记提出的"政府的钱不能乱花，所以要控制好支出""把钱用在刀刃上"重要指示的有力抓手。《意见》中既强调财政支出的责任与效率，又要求保障和改善民生水平，即"花尽量少的资金、办尽量多的实事；以尽量紧的约束、换尽量高的福利"，为全面巩固"过紧日子"与"过好日子"制度桥梁提供了有效保证。至少可以从三个方面把握《意见》对"过紧日子"要求的落实与保障。一是"全方位、全过程、全覆盖"的预算绩效管理体系为政府落实落细"过紧日子"指明了具体方向。"全方位"预算绩效管理格局囊括各级政府预算收支、部门和单位预算收支、政策和项目资金使用，能够拓展政府落实"过紧日子"范围，推动政府当好政府支出"铁公鸡"，打好民生支出"铁算盘"。"全过程"预算绩效管理链条涉及了预算编制安排、审查批准、实施执行全流程，将"过紧日子"落实在资金使用事前、事中、事后全过程，为人民群众"过好日子"提供坚实财力保障。"全覆盖"预算绩效管理体系则将绩效管理范围从一般公共预算扩大到四本预算，确保了我国财政能在民生发展等更多领域发挥制度优势，为人民群众赢得更多"好日子"。二是责任与激励相结合的预算绩效管理明晰了政府"过紧日子"成本与收益。在政府"过紧日子"的努力程度与预算安排、政策调整和转移支付相挂钩的机制安排下，既通过从严从紧控制预算支出、有保有压安排资源配置的"过紧日子"实践来推动预算绩效管理，预算绩效评价结果又能倒逼政府"过紧日子"，将节省下来的钱花在群众呼声强烈的领域。三是加强绩效管理组织领导、监督问责、工作考核等保障措施为政府"过紧日子"扎牢了坚固的制度篱笆。坚持党对全面实施预算绩效管理工作的领导，保证了用"紧日子"换"好日子"政策的落实，为"过紧日子"财政工作长效化提供了坚实基础和支撑。加强对预算绩效管理的审计监督并同步报送同级人大，则体现了"为人民过紧日子由人民监督"的导向，督促政府落实"过紧日子"以增进人民福祉。此外，政府绩效和干部政绩考核体系的构建充分调动各地区各部门履职尽责和干事创业积极性，为贯彻落实"过紧日子"部署提供了助力。

综上可知，我们已经初步确立了以《预算法》为法治框架，《预算法实施条例》为执行准则，预算管理一体化规范为标准流程，全面预算绩效管理为科学方法的现代预算制度，这为牢固树立、长期坚持"过紧日子"重要思想提供了必要的制度保障。我们要深入贯彻党的十九届四中全会精神，将党和政府"过紧日子"的财政实践按照国家治理体系和治理能力现代化的要求持续推进，特别是从财政角度助力"坚持和完善中国特色社会主义行政体制，构建职责明确、依法行政的政府治理体系"的实现。当前，我国即将进入"十四五"时期并要奋力实现到2035年基本实现社会主义现代化的远景目标，在这一新进军的伟大过程中，我们要认真学习党的十九届五中全会精神，坚定按照党中央的要求来推进中国特色现代财政制度建设，并在这一建设中继续为党和政府"过紧日子"提供坚实的制度保障。

四、按照"统筹内外"要求认清"过紧日子"趋势

牢固树立、长期坚持"过紧日子"思想还可以且需要在统筹内外两个大局的层面上来把握其发展趋势。当今世界正经历百年未有之大变局,突如其来的疫情全球性蔓延增大了不确定性。应该看到,未来国际关系的形成将充满发展道路之争、执政理念之辩、治理能力之比,世界已经进入动荡变革期。而从国内来看,我国正处于实现中华民族伟大复兴的关键时期和全面深化改革的攻坚期。面对波谲云诡的国际形势和艰巨繁重的改革任务,要保持社会大局稳定,保证坚定实现让人民过上更加美好生活的奋斗目标,就必须统筹内外两个大局,坚持底线思维,做好自己的事。笔者认为,我们要站在这一层面上来加深对党和政府"过紧日子"要求的深刻含义,从而更加坚定"过紧日子"是一个长期要求的信念。

其一,党和政府"过紧日子"的财政安排要有利于促进新发展格局的形成。2020年党中央决定要加快形成以国内大循环为主体、国内国际双循环相互促进的新发展格局。这是统筹内外两个大局的新举措,也是保证我国发展安全的关键一招。以国内大循环为主体体现了以我为主、立足国内的思路,保证了国际形势变革动荡下的国内发展稳定。根据这一新发展格局思路,财政要在供需两端促进国内大循环的形成。我们依然要坚持以供给侧结构性改革为主线,通过"过紧日子"腾挪出财力支持"两新一重"投资项目,让补短板和锻长板共同发力经济社会发展。我们还要牢牢把握扩大内需战略基点,加快构建完整的内需体系,通过"过紧日子"带来的节用裕民和积极财政政策拉动消费需求增长、扩大国内需求。与此同时,国内国际双循环始终是开放的,我们要认真学习习近平总书记在深圳经济特区建立40周年庆祝大会上的重要讲话,在更高起点上推进改革开放,我国财政收支活动同样要在新开放形势下审视定位。总之,对党和政府"过紧日子"的意义把握、财政安排、贯彻落实必须与"进入新发展阶段、贯彻新发展理念、推动高质量发展、形成新发展格局"的新特征结合起来,必须认真加以思考。

其二,对党和政府"过紧日子"长期趋势的把握还要从打赢持久战角度来认识。我国将要进入"十四五"时期,"发展仍然处于战略机遇期""和平与发展仍然是时代主题""发展不平衡不充分问题仍然突出"是党中央对这一时期发展大势的基本研判和政策出发点。因此,未来党和政府主动带头"过紧日子"的目的依然是促进经济和社会发展,让老百姓过上好日子,未雨绸缪,心中有数,守住

底线，合理安排，做好打赢持久战的准备，坚定地沿着既定目标前进。顺着这一逻辑，"过紧日子"相关安排还要有助于保证我国国防有足够能力捍卫国家主权和领土完整，要为建立疫情防控和经济社会发展工作中长期协调机制提供资金保障，也要腾挪出足够财力空间应对可能的经济政治社会风险挑战。因此，"过紧日子"不是一阵风，不是一时之举，不是临时措施，而是必须长期坚持的方针。

其三，我国党和政府"过紧日子"的制度安排还要为构建人类命运共同体发挥作用。当今世界在动荡变革中不断进行全球治理模式的演化，应当说全球化和多边主义必然是长期趋势，世界各国融合发展势在必行。但必须看到的是，没有一个公平公正的国际环境，缺乏共商共建共享共赢的国际格局，世界不确定性必然是不断增加的。长远地看，构建人类命运共同体是实现世界稳定发展的正确路径，在这一不同制度、不同道路、不同价值等共存、竞争与合作的世界格局中，我国制度安排与发展过程中的做法都将带来深刻影响并起着重要的比较和启示作用。从这个意义出发，在人民当家作主的社会主义中国，党和政府"过紧日子"是体现中国道路成功、中国制度优越性的一个重要方面，这将会同资本主义国家政党与政府以资本为中心的制度安排和财政使用形成鲜明对比。在中国特色社会主义财政与西方国家资本主义财政长期共存、合作和竞争的过程中，笔者始终坚信我国财政具有明显的制度优越性，其内涵必将更加丰富且被更多国家所接受，最终为构建人类命运共同体发挥重要作用。以当前全球抗疫为例，当全球各国应该携手抗疫重振经济时，部分西方国家却以邻为壑、各自为政，保选票、保政党、保资本，最终导致全球新冠肺炎疫情大流行，世界经济深度衰退不可避免。而我国则以"人民至上、生命至上"理念应对新冠肺炎疫情，财政与其他政策合力统筹推进疫情防控和经济社会发展，取得了抗疫斗争重大战略成果。两相比较，高下立判，将更加坚定我们对中国特色社会主义财政的自信，更加坚定以党和政府"过紧日子"换取人民"过好日子"做法的自豪，更加深刻理解我们党的政党担当、国家担当和世界担当，在这一标杆的示范下，相信有更多国家和人民会认同与借鉴我国"过紧日子"的经验路径，理解并支持我国的人类命运共同体价值观。

关于预算绩效管理的几点思考[①]

中国财政科学研究院研究员　刘尚希

内容提要：预算绩效管理是嵌入到整个公共部门的一种约束机制，既是建立"约束有力的预算制度"，建设现代财政制度的重大举措，也是提升国家治理能力，推进国家治理现代化的重要一步。随着预算绩效管理的推进，我们要深入研究以下几个问题：第一，准确把握预算绩效的内涵，应当从未来风险的视角来定义预算绩效内涵，防范化解明天的公共风险，对冲公共风险，降低或减少风险，提升经济社会运行和发展的确定性。第二，以问题为导向，推动预算绩效管理全面实施。第三，在预算绩效管理机制上，要从"要我有绩效"向"我要有绩效"转变。实现绩效管理机制转换要创造几个必要条件：把资金和决策从一种行政权力转变为一种法律责任和道德义务，提高绩效目标的透明度，权力与责任要对称。

关键词：绩效管理　公共风险　预算绩效

全面实施预算绩效管理，不只是解决公共资金利用效率、配置效率问题的一种方法，而且还是撬动公共部门责权利重构的有效途径，是实现钱与事、权与责、决策与执行、服务与需要有机融台的一种机制。全面实施预算绩效管理，不只是财政部门的行动，而是公共部门职责行使方式的改革，从"敞口花钱"到"看菜吃饭"。从公共职责到公共活动、公共项目，都是在资金约束下进行的，公共部门的任务目标、活动方甸和范围整体上是受公共预算约束的。在这个意义上，预算绩效管理是嵌入到整个公共部门的一种约束机制。这种约束是多层面的，不只是预算约束——资金的多与少，而且是各部门作为预算主体的责任约束——花钱必问效，还是如何花钱的方式约束——群众参与。很显然，这既是建立"约束有力的预算制度"，建设现代财政制度的重大举措，也是提升国家治理能力，推进国

[①] 刘尚希：《关于预算绩效管理的几点思考》，《地方财政研究》，2019年第2期。

家治理现代化的重要一步。通过全面实施预算绩效管理，提升公共部门管理、服务效率，避免和大众当前需要及未来期待脱节，从而防范化解因政府公共服务与群众需要可能脱节而导致的公共风险，使人民群众有更多的获得感和更好的体验感。

2018年9月，中央发布了《关于全面实施预算绩效管理的意见》（中发〔2018〕34号），这无疑是预算绩效管理实施过程中具有里程碑意义的文件。这个文件的发布，表明预算绩效管理从部门推动上升到国家层面，从局部探索到全面实施，从事后评价到目标管理与评价相结合，从资金绩效拓展到政策绩效，从项目绩效覆盖到单位、部门整体绩效，并在管理机制上从"要我有绩效"变成"我要有绩效"。然而，文件的发布只是全面实施预算绩效管理的万里长征第一步，还面临着不少的困难和挑战。这需要随着预算绩效管理的推进，不断深化其认识，不断创新拓展其理论，为解决实践中问题提供理论指导。从当前预算绩效管理的实践来看，至少有下面几个问题需要深入研究，值得认真探讨。

一、预算绩效的内涵究竟是什么

这是一个前提性的问题，涉及到预算绩效管理的出发点和落脚点，也关系到绩效的确认和计量。传统理论有"3E"或"4E"的说法，受经济学观念和成本效益方法的影响很深，侧重于当前的资金所产生的结果，只是考虑现在与当下，与未来没有关联，只是考虑生产、提供公共服务成本、效率，与利益相关者当前需要及未来期待的表达没有关联。这样的绩效定义和评价是以当前的支出结构或资金分配使用符合利益相关者未来期待为假设条件的。而从历史实践来看，这样的假设并不成立，支出结构往往不反映未来的要求，资金分配使用往往在原有路径下不断偏离未来所要求的状态。可以说，当前流行的绩效概念，是指公共部门当下与过去相比的一种结果，如办事的成本是否降低了或效率是否提高了，而不是利益相关者当前及未来所要求的某种状态的实现。真正的绩效，应当是指向未来的，利益相关者参与其中的，是基于政府与民众共同对未来的分析判断而预期的某种结果。

要准确把握预算绩效的内涵，还须把"预算绩效"作为一个整体来认识，而且要把"预算"视为动词来理解，预算的是未来，预算的是实现战略和政策的行为绩效。即从以资金为对象内容来编制、执行预算，转向以支出和政策行为绩效为对象内容来编制、执行预算。这样，预算绩效的重心就从"资金"转移到"目标"上来了，预算模式也就从"过去——现在——未来"转变为逆向的"未来——现在——过去"，即转变为未来导向的预算。这种预算模式与当前的预算模式有本质的区别，更加注重对未来风险变化趋势的分析与预测，并以此为基础来规划和设计可预期的绩效目标。从现在来看未来，与从未来来看现在，是完全不同的两种思维。前者是一种确定性思维，把未来看成是现在为起点的一根延长线；而后者是一种不确定性思维，未来的状态是一种概率，甚至没有概率，通往未来的路也有多种可能性，可以有多种选择。未来是不确定的，是风险的世界。站在未来的立场上看，预算的目的就不是今天的成本效益，而是防范化解明天的公共风险，对冲公共风险。企业预算对冲的是市场风险，公共预算对冲的是公共风险。在这个意义上，预算是防范化解风险的工具，是从不确定性中找到确定性的工具，实现未来目标。从项目预算、单位预算、部门预算到总预算的编制、执行，不应是追求当下的某种结果，而是对冲未来世界的公共风险。这就需要考虑我们现在怎么做，才能有未来。预算的这种性质决定了预算绩效的基本内涵。

我国经济已由高速增长阶段转向高质量发展阶段，当前正面临"三大攻坚战"，即防范化解重大风险、精准脱贫和污染防治。这是今后一个时期的重点任务，也是重大战略目标。具体讲，防范化解重大风险，重点是防控金融风险，这是化解经济金融领域的风险；精准脱贫，是化解社会领域的风险，如果有大量贫困人口存在，就意味着社会公平正义没有随着经济增长而改善；污染防治，是防范化解生态环境领域的风险，事关人的基本生存条件和健康中国建设。这"三大攻坚战"，实际上是针对经济、社会、生态环境领域三大公共风险的攻坚战。

财政作为对冲公共风险的一种制度安排，其绩效管理自然也是同样的目标指向。当前经济社会发展阶段各种任务面临的挑战，本质上都是风险挑战，预算绩效管理应为此而服务。因此，财政钱花得好不好，整体上就看三大风险攻坚战有没有取得进展；如果没有取得实质性进展，再怎么评价，都谈不上有绩效。由此不难看出，预算绩效的本质内涵应指向未来公共风险，衡量绩效的最终标准是能否有效对冲公共风险，能否使公共风险收敛。如果能对冲公共风险，那么绩效就实现了。对冲公共风险的程度越大，缩小公共风险的程度越明显，预算绩效也就越高。通过财政资金的征集和使用，使得整个社会的公共风险能够最小化，这是财政的基本职能。公共视角的经济效益、社会效益和生态效益也就是经济领域、社会领域、环境领域公共风险收敛而呈现出来的一种确定性结果，如果公共风险得不到有效的控制，任何效益都是空谈。当前多量纲的绩效评价和绩效目标，实质上反映出预算绩效管理的一种困境。若转向未来风险逻辑，这种困境则可化解。

当前人类社会最大的特点就是充满了不确定性，公共风险就是不确定性带来的可能代价。风险有概率和无概率之分，也有宏观与微观之分。宏观层面风险就是公共风险，政府首要职责是防范公共风险，如促进经济社会稳定、发展，保障人民自由与权利等，都属于公共性的风险问题；政府职能的转变就是要搞好公共风险管理，如果只是追求效益而忽视风险管理，就会竹篮打水一场空。因此，预算绩效管理首先要解决的问题，就是重新定义其内涵。鉴于新时代预算管理制度改革的综合性、复杂性和艰巨性，要探索构建起符合新时代发展需要的预算绩效管理理论和方法，必须从中国的实际情况出发，形成中国特色的预算绩效管理新内涵。应当从未来风险的视角来定义预算绩效内涵：对冲公共风险，即降低或减少风险，提升经济社会运行和发展的确定性。做到了这一点，预算绩效提高了；若相反，说明绩效降低了。

二、以问题为导向，推动预算绩效管理全面实施

公共风险是一个抽象，在现实实践中反映为各种特殊的具体问题。问题之所以成为问题，背后都是系于风险，否则，问题就是假问题或伪问题。以问题为导向，本质上是以风险为导向。全面实施绩效管理必须以具体问题为导向，根据不同领域、不同地方的问题，要创造性地实施预算绩效管理，避免"一刀切"。

以问题为导向，必须分清问题主次和轻重缓急，抓住当前重大问题，使预算绩效显现出来。从当前情况看，全面实施预算绩效管理应当优先解决如下问题：一是打破预算支出安排的基数依赖，优化支出结构。多年积累下来的支出结构刚性化导致资金配置难以优化，是导致资金沉淀闲置的重要原因。闲置就是浪费，更谈不上绩效。这些年在不断清理沉淀资金，规定过期收回，但新的资金沉淀仍没得到根本解决。二是实现资金使用整合，避免专项资金使用的碎片化。专项转移支付带有专用性，多是通过各部门条条下达资金指标，县乡政府无法统筹使用。这些年各专项资金大都实行绩效评价，审计也很严格，但碎片化使用导致资金使用的整体绩效不高，尤其是一些地方的"三农"资金，尝试着整合已经试点多年，仍收效不大。三是对扶持产业转型升级的资金实行公平竞争审查。政府各经济部门都有各种扶持企业创新和产业转型升级的资金，从各自部门的任务目标来看，都具有合理性，但有可能妨碍市场公平竞争。市场效率来自于公平竞争。如

果妨碍公平竞争，无论从局部看多么合理，绩效评价多么高，从整体来看则表明不但没绩效，而是在制造风险。四是对用于民生保障和改善的社会性支出，应从受益群体范围来分析，避免扩大分配差距和社会不公。这些年，政府用于民生保障和改善的支出力度不断加大，民生涉及到不同群体，加大民生保障和改善力度，并不等于促进社会公平。在城乡分治没解决、社保制度还未能完全统一的情况下，有可能出现改善力度越大，导致社会越加不公平。如城乡居民之间的养老、医疗、救助、救济以及农村扶贫等，稍不注意就可能导致原有差距扩大，并导致更加不公平。从局部看，产生了明显的社会效益，但从整体看则可能是相反的。上述列举的四大问题，实际上都是公共风险在不同领域的反映。从现实来看，我们意识到了风险的存在，但我们的实际做法并未能有效对冲那些风险，在努力解决问题的同时有意无意地在制造风险。这说明现有的预算绩效理论可能已经产生了某种误导。

由此可见，顺着现行体制下的资金链去实行追踪问效，用各种量纲的绩效指标去进行所谓的绩效评价，可能产生误导，给人幻觉，看似局部绩效会有所改善，但从整体看则未必如此，甚至可能是在掩盖风险、制造风险。因此，要真正使预算绩效管理收到实效，必须以风险问题为导向，坚持"实质重于形式"的原则，注重宏观绩效和整体绩效。无论是事前的绩效目标分析，还是事后的绩效评价，应超越会计学意义上的指标导向，从重大风险问题出发，落脚到未来重大风险问题的解决上来。

三、在预算绩效管理机制上，要从"要我有绩效"向"我要有绩效"转变

"要我有绩效"主要是指财政部门和审计部门对支出部门绩效的评估与评价，以及上级对下级的要求和督查问责。这是来自于外在的压力和约束。若这种外在压力和约束不能转化为内在动力和激励，被推着走，全面实施预算绩效管理就会流于形式，甚至会陷入到会议多、文件多、督查多、问责多，而实质落实少的困局之中。中央对预算绩效管理的重视程度前所未有，不同层级出台的文件规范也越来越多，财政、审计部门的推动力度也越来越大，预算绩效管理取得了一定的成效。

但若预算绩效管理主要沿着"要我有绩效"的路径来推进，将会导致一系列

问题无法解决。这至少有以下问题难以解决：一是实施成本高。截至2017年末，我国"四本预算"支出年度规模已经超过30万亿元，项目数量巨大。如果其绩效都主要靠外部专家来评价，则耗费的人力、物力将是一个很大的数字。绩效管理本身就要讲绩效，不惜代价搞绩效管理有违绩效初衷。二是严重的信息不对称。绩效评价中存在严重的信息不对称，外部专家无论具备什么专业技术特长，始终不如预算编制执行主体自己了解的程度。一个单位、部门的钱该怎么分配、怎么用才最有效果，只有预算编制执行主体才知道。而且，在外部评价过程中，被评价者总是存在有意隐瞒和歪曲重要信息的动机，进一步加大信息的不对称，使绩效评价的效果大打折扣。三是过程控制。在无内在动力的情况下，预算绩效管理将会陷入到事无巨细、什么都需要文件来做出规定，最终回到传统的过程控制上，而不是结果导向。绩效管理的高阶文件和法律应该是也只能是原则性、准则性的，加负面清单，给预算编制执行主体因地因时制宜的自由空间。放开过程，只问结果，这本就是绩效管理题中应有之义。

不难想见，预算绩效管理机制若是不能尽快从"要我有绩效"转换到"我要有绩效"，那我们所做的一切都是新瓶装旧酒，越是努力，将越是背离绩效管理的初衷。因此，机制的转换是全面实施预算绩效管理的关键，是我们所有努力是否有效的前提。

转向"我要有绩效"，这应当成为全面实施绩效管理的正确目标。实现绩效管理机制转换，有几个必要条件：一是把资金和决策从一种行政权力转变为一种法律责任和道德义务，变成一种"风险"，让决策主体小心谨慎地决策和申请资金、分配资金、使用资金和管理资金。二是提高绩效目标的透明度。只有在目标透明的条件下，花钱和办事才不会脱节，并产生一种无形的压力，从而转变为内在动力，主动地、创造性地把钱花好把事情办好，才可能避免胡乱拍板乱花钱。三是权力与责任对称。有责无权，或有权无责，都会导致绩效低下。过程干预往往导致有责无权，无法实现绩效，而且难以问责。责任可以推诿或层层下移，也往往导致不讲绩效。如利用专家打分方式来分配转移支付资金，就是利用程序来推卸责任的典型做法。这涉及到行政体制的改革和业务管理流程的再造。只有积极打造上述条件，绩效管理的目标才能实现。

全过程预算绩效评价结果应用与影响因素分析

中央财经大学教授 马海涛

贵州财经大学大数据应用与经济学院副教授 孙欣

内容提要：本文基于全过程预算绩效评价结果应用的理论框架，阐述全过程预算绩效评价结果应用现状及存在问题；分别从理论层面和实证层面分析与验证影响全过程预算绩效评价结果应用的相关因素，以明确各影响因素对绩效评价结果应用的影响程度与作用范围。由实证结果可知兼具针对性和科学性的指标体系是形成全过程预算绩效评价结果应用模式的重要影响因素，因此，构建全过程预算绩效评价结果应用通用型指标体系尤为必要；同时，构建全过程预算绩效评价结果应用机制、加强法制建设以及相关配套措施的改革、培育绩效管理专业人才与完善预算绩效管理信息系统建设等措施是形成全过程预算绩效评价结果应用模式的重要推动力量。

关键词：全过程 预算绩效评价 结果应用 指标体系

一、引言

《关于全面实施预算绩效管理的意见》要求加快推进全过程预算绩效管理链条的建立。首先，预算部门（单位）需开展事前绩效评估：依据评估结果申请预算，并强化绩效目标管理；其次，监控绩效运行（事中）过程：建立预算执行监控机制，对问责政策或项目资金暂缓或停止预算拨款；待预算完成，开展事后绩效评价和评价结果应用：对预算完成情况进行效益评价，并根据评分和等级结果改善项目管理、实施绩效问责、作为资金分配的重要依据等[1]。因此，全过程预

---

[1] 《关于全面实施预算绩效管理的意见》（中发〔2018〕34号）。

算绩效管理应是一个包含事前绩效管理、事中绩效管理、事后绩效管理，对预算编制、执行、决算等各个阶段起到监督和指导作用，并对事前绩效管理阶段、事中绩效管理阶段、事后管理阶段进行评价且输出与应用全过程绩效评价结果的一种预算管理方法。在全面实施预算绩效管理进程下，厘清和衔接事前绩效评估及评估结果应用、事中绩效运行监控及监控结果应用、事后绩效评价及评价结果应用等各环节，输出全过程预算绩效评价结果，有效应用全过程预算绩效评价结果于预算决策、问责和绩效信息公开等，可以驱动预算资金得到更加合理的应用、政府行政效率得到进一步的提高以及公众的决策参与权得到有力保障。本文构建了全过程预算绩效评价结果应用实施框架，通过输出和应用高质量全过程预算绩效评价结果，以最大程度加强预算绩效评价结果应用，从而不断完善预算绩效管理机制，加快推进全过程预算绩效管理链条的建立。

二、全过程预算绩效评价结果应用存在的问题

（一）未形成全过程预算绩效评价结果应用理念

目前各级政府预算绩效评价结果应用以节点式管理为主，未形成全过程预算绩效评价结果应用理念。主要表现在：第一，针对项目属性分别实施事前绩效评估及评估结果应用、事中绩效运行监控及监控结果应用、事后绩效评价及评价结果应用，如对民生类、城市管理服务类、城市建设类等重大项目或政策建立事前绩效评估机制，对项目或政策立项必要性、绩效目标合理性、资金投入经济性、实施方案可行性、筹资合规性等进行论证，依据评估结果决定是否批复或调整项目资金；对于基建类、补贴类等重大项目或政策开展事中绩效运行监控，将监控结果作为纠偏绩效目标的依据；对一定金额以上、与部门职能密切相关，且有明显社会影响和经济影响的项目开展经济性、效率性和效益性评价，输出并应用绩效评价结果；第二，针对同一项目实施全过程预算绩效评价结果应用尚处于探索阶段，如北京市财政局探索市级全过程政策支出项目绩效评价，设计了事前、事中和事后评价相结合的指标体系；上海市闵行区为探索公共政策实施的全过程，设计公共政策的前评估、事中评估和后评估指标参考体系，其中，在对同一公共政策项目支出进行全过程绩效管理时，实施项目的事中评估和后评估的前提是该项目未实施前评估。

（二）事前绩效评估结果与事中绩效运行监控结果应用不足

应用事前绩效评估结果与事中绩效运行监控结果，可细化预算绩效管理工作流程，让责任主体明确所处阶段应实现的目标和努力方向，从而提高责任主体的责任意识、规范行政行为，提高资金的使用效益，从而输出优质的公共产品和公共服务。然而，各级预算部门（单位）存在预算资金的事前绩效评估结果与事中绩效运行监控结果应用不足的情况，主要表现在两个方面：第一，事前绩效评估结果应用、事中绩效运行监控结果应用尚处试点阶段，目前，只有部分城市积极探索事前绩效评估模式、事中绩效运行监控管理，出台相应管理措施，并对事前绩效评估结果和事中绩效运行监控结果应用的途径做出相关规定，如北京市、海南省、上海市、湖北省荆州市等；第二，事前绩效评估结果与事中绩效运行监控结果尚未对外公开，目前，北京市、海南省、上海市、湖北省荆州市等政府官网或财政部官网尚未公开相关项目资金的事前绩效评估结果与事中绩效运行监控结果。

（三）事后绩效评价结果应用偏弱

为预算编制提供参考依据、实现行政人员的权责匹配与提升公众的满意程度是应用事后绩效评价结果以期实现的目标。然而，建立评价结果与问责、资金分配的联系并不容易，主要表现在三个方面：一是绩效评价结果与预算资金安排的关联度较弱，例如，绩效评价结果（评价报告）的应用率不高、缺乏对绩效评价结果应用的度量以及规避"预算缩减"现象严重等；二是绩效问责落实难，例如，问责主体单一、问责效力较低、仅凭预算绩效评价结果追责相关主体会引起部分资金使用单位和具体责任人员的反感等；三是绩效评价结果的公开程度不够，例如，公开情况不一、绩效评价结果不公开或不完全公开以及绩效评价结果应用情况选择性公开等。

三、全过程预算绩效评价结果应用影响因素的理论分析

由系统论可知，全过程预算绩效评价结果的有效应用不仅受制于政府行政管

理制度、政府预算管理制度、预算绩效管理法规等制度环境以及社会文化、传统观念、社会政治制度等绩效环境因素的影响；同时，参评人员（预算部门、资金使用单位、财政部门）的专业技能、绩效评价数据的搜集、预算资金投入事前绩效目标以及绩效指标的选择等是输出高质量全过程预算绩效评价结果的重要组成要素。因此，结合当前预算绩效评价结果应用存在的问题，沿着制度环境层面、绩效环境层面以及绩效评价结果的组成要素分析推动全过程预算绩效评价结果应用的影响因素。

（一）制度保障因素

以相关制度机制为保障，是某项活动得以顺利运行和实施的重要基础和指导方向。为保障绩效评价结果的有效性与权威性，我国对绩效评价结果应用建立了较为完善的保障机制。然而，预算绩效管理制度机制不足、制度之间协调性较弱、预算管理体制自身缺陷对预算绩效管理的制约不仅降低了参评人员应用绩效评价结果的积极性，也不利于事前、事中及事后绩效评价结果应用的落实，从而形成全过程预算绩效评价结果应用理念。

1. 制度机制保障不足。首先，未建立全过程预算绩效评价结果应用机制，未能形成基于激励约束机制，以链接事前绩效评估及评估结果应用、事中绩效运行监控及监控结果应用以及事后绩效评价，输出和公开全过程预算绩效评价结果，建立结果与问责、资金分配联系等一系列评价结果应用的运行程序和运行方式，从而以全过程角度分析资金的绩效运行程度，追踪责任主体的履职情况；其次，具有针对性的预算绩效评价结果应用办法欠缺；最后，各级预算绩效管理相关规定的法律地位和权威性较低，且操作性较差。

2. 制度之间协调性较弱。自2011年政府绩效管理工作部际联席会议制度建立以来，国务院机构绩效管理、地方政府及部门绩效管理、财政预算资金绩效管理以及节能减排专项工作绩效管理等陆续展开试点[①]，不仅提高了政府行政管理的效率，也优化了公共资源的配置；然而，多项绩效管理制度的同时运行存在着一定冲突和矛盾，一方面，指标的重叠会影响绩效质量，不利于绩效功能的发挥；另一方面，预算绩效问责目标的实现会受到影响。

---

① 曹堂哲：《部门预算绩效管理——战略、预算与绩效的系统集成》，北京：中国财政经济出版社，2020年。

3. 预算管理体制自身缺失。首先，资金支出责任不匹配，以"收付实现制"为主要会计核算方式导致项目资金的流向与使用者对该笔资金的支出责任呈现不同步状态，可能出现资金支出但责任还未履行的情况；其次，政策时滞性与拨款时滞性导致实际工作中，政策的出台与绩效指标设置之间存在时滞性；再次，对于已发生拆分、变更、合并的项目并不能以原有项目评价结果作为依据进行资金的调拨，且项目评审入库质量也待改进；最后，预算编制与绩效评价之间存在错期①，实践中，绩效评价工作围绕上一预算年度的预算项目展开，而此时本年度预算正在执行，绩效评价结果若应用，也只能用于下年度预算编审，从而出现"错期"。

（二）绩效环境因素

运行全过程预算绩效评价结果应用离不开良好的绩效环境，领导的重视、相关参评人员的关注、评价主客体之间的权责划分等都会直接或间接地影响全过程预算绩效评价结果的应用。由于我国推行预算绩效管理政策措施时间相对较短，缺乏整体绩效氛围，存在着领导重视程度不一、主客体责任划分不清晰以及绩效评价意识薄弱等问题，从而直接或间接地减弱了绩效评价结果与问责、资金分配的联系。具体来看：

1. 领导重视程度不一。领导的重视和支持是预算主管部门和财政部门应用绩效评价结果得以顺利开展和取得良好效果以及形成全过程管理理念的重要驱动因素。一方面，领导的知识、文化背景以及执政理念等决定了他是否重视对预算绩效管理工作的开展以及对这项工作投入的热情和力度；另一方面，由于工作需要或其他特殊原因，以及任职期满领导的更换，会阻碍推进该地区或部门的预算绩效管理工作，间接影响预算绩效评价结果的应用。

2. 主客体责任划分不清晰。首先，问责主体地位不平等，主要表现在人大、公民、公共媒体等问责主体之间的地位并不平等；其次，问责主体的双重身份，例如财政部门既充当着对绩效评价结果不理想的预算主管部门（单位）进行追责的责任，同时也是预算主管部门（单位）上报所有参评项目后，选择重点、资金金额较大或政策性较强项目评价的参评主体；最后，问责客体，如部门与部门之间、部门与主要负责人（经办人员）之间、主要负责人与经办人员之间责任相互

---

① 童伟：《基于编制本文和流程再造的预算绩效激励机制构建》，《财政研究》，2019 年第 6 期。

推诿。

3. 绩效评价意识薄弱。首先，绩效文化氛围较弱；其次，对绩效评价工作认识不到位，在普遍"重资金分配""轻资金效果"的传统预算管理思维模式下，各预算部门对绩效评价工作仍不够重视，被动应付绩效评价结果的管理和应用，更没有认识到全过程预算绩效管理是未来财政管理走向财政治理的重要推动力，且经办人员的积极性不高；最后，绩效评价工作组织能力以及参评主体之间的有效互通均有待加强。

（三）绩效评价结果因素

绩效评价结果应用的一个核心前提是获取高质量的绩效目标审核结果、前期评估结果、事中监控结果、事后绩效评价结果以及全过程预算绩效评价结果。若输出欠缺权威性和公信力的绩效评价结果，不仅减弱了开展全过程预算绩效评价活动的意义，同时也不利于全过程预算绩效管理链条的形成。因此，将绩效评价结果作为全过程预算绩效评价结果应用影响因素的第三个重要组成要素。具体来看，当前影响我国预算绩效评价结果质量的具体因素包括以下四个方面：

1. 参评人员专业知识和评价经验欠缺。参评人员的专业知识和评价经验从一定程度上决定着绩效目标设置和绩效指标选择的准确性和科学性，从而影响绩效评价结果的质量。一方面，内部评价人员知识背景不一，例如由于评价人员的认知、专业角度以及项目单位配合各一，往往会出现实地调研取证资料不完整、缺乏可信度、调查取证材料说服力差、证据不足等问题；另一方面，第三方评价专家的评审态度和评审水平有限，例如某些专家来自于专门从事政府预算审计的机构或高校，专业素质具备，但鉴于评审的经费有限，资料规模庞大，专家评审的积极性不够同样导致评价效果差强人意。

2. 绩效评价数据不易搜集。首先，评价数据来源有限且分散；其次，评价数据信息化管理水平较低，现阶段，数据信息化管理的载体和制度不够完善、且在技术上还未完全达到信息化数据管理水平，而比较法要求评价数据既要与历史数据进行纵向梳理，又需与同类型数据进行横向对比，这对评价数据的收集和整理都有较高要求；最后，"收付实现制"的会计核算方式影响评价数据的真实性。

3. 绩效目标量化困难、审核难度较大。首先，绩效目标量化困难。如预算绩效评价对象大多针对的是民生性和政策性项目，绩效目标大多倾向于社会共同需要，这类目标通常不仅难以量化，而且影响绩效指标的设置。其次，绩效目标的审核难度较大。一方面，预算部门或项目的专业性较强，绩效目标涉及各个领域、各个行业，对绩效目标进行全面性、实质性审核，财政部门缺乏全面的专业知识；另一方面，信息不对称，财政部门处于相对信息劣势。各部门绩效目标的设置与其预算编制紧密相关，体现着部门职能的鲜明特点，但由于信息不对称，财政部门无法掌握各部门完整的信息数据，从而对绩效目标的审核缺乏科学依据。

4. 绩效评价指标体系的针对性、科学性不够。首先，共性指标体系针对性较差。可供选择的共性指标太过宽泛、笼统，个性指标也难以一一对应，加之业务人员尚不具备专业的绩效评价知识体系，在庞大的指标体系中难以找出最具备针对性的指标，加大了评价指标的设置难度。其次，难以量化社会效益指标。在实践中，社会效益的衡量往往通过问卷调查的形式对公众满意度进行调查，主观性很强，一定程度上影响绩效评价结果的客观性。最后，第三方评价机构难以消化政策因素。第三方设置的指标体系更多的只是在资金使用合规性与经济效益上考量，并不能完全满足预算部门（单位）的心理预期，也较难显示政策导向作用。

四、全过程预算绩效评价结果应用影响因素的实证分析及结果

分别构建解释结构模型（ISM）与结构方程模型（SEM），对影响绩效评价结果应用的相关因素进行分解，并验证因素之间的关系，以明确各影响因素对绩效评价结果应用的影响程度与作用范围。

（一）实证分析

1. 解释结构模型（ISM）。解释结构模型（Interpretative Structural Modeling, ISM）旨在分解复杂系统，并将分解因素之间的关系理顺，形成一个多级递阶结构模型。由全过程预算绩效评价结果应用的理论影响因素可知，阻碍预算绩效评价结果应用的因素包括：制度供给保障不足；制度之间协调性较弱；预算管理体制自身缺陷；领导重视程度不一；主客体责任划分不清晰；绩效评价意识薄弱；专业知识和评价经验欠缺；评价数据不易搜集；绩效目标量化困难、审核难度较大；指标体系的科学性不够等10个因素，具体如表1所示。根据预算绩效评价结果应用过程将10个因素进行分类，明确各个影响因素之间的相互关系，得到影响因素关联关系，如表1所示。

表1		全过程预算绩效评价结果应用影响因素	
影响因素			符号
制度保障因素		制度供给保障不足	S1
		制度之间协调性较弱	S2
		预算管理体制自身缺陷	S3
绩效环境因素		领导重视程度不一	S4
		主客体责任划分不清晰	S5
		绩效评价意识薄弱	S6
绩效评价结果因素		专业知识和评价经验欠缺	S7
		评价数据不易搜集	S8
		绩效目标量化困难，审核难度较大	S9
		指标体系科学性不够	S10

建立全过程预算绩效评价结果应用影响因素的邻接矩阵和可达矩阵，利用有向矢线根据结构矩阵要素间的相互作用关系进行相连，得出预算绩效评价结果影响因素的三级递阶结构图，如图1所示。

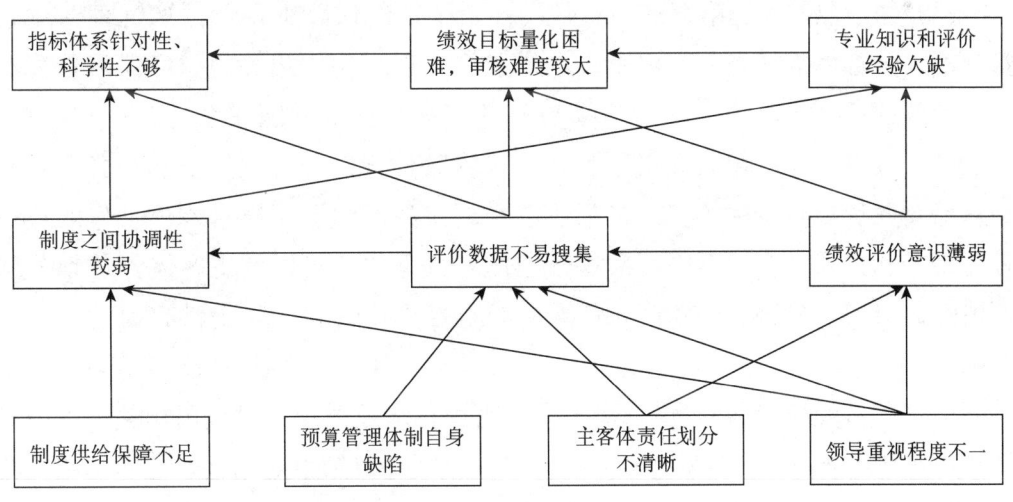

图1 全过程预算绩效评价结果应用影响因素解释结构模型

由全过程预算绩效评价结果应用影响因素的解释结构模型图可知全过程预算绩效评价结果应用相关因素的层级结构，具体包括三层因素。

（1）第一层因素。第一层因素包括：指标体系科学性不够；绩效目标量化困难，审核难度较大；专业知识和评价经验欠缺。由于参评人员（包括内部评价人员和第三方评价人员）的专业知识背景和评价经验不同，在绩效目标的量化难度较大，从而会对绩效指标的设定以及绩效评价结果的客观性和科学性产生一定的影响。从三个原因对预算绩效评价结果应用的影响上来看，均属于"绩效技术"范畴，直接影响绩效评价结果的客观性和科学性，在未识别"主观噪声""属性噪声""客观噪声"的情况下，应用预算绩效评价结果并不能有效发挥开展预算绩效评价工作的价值。

（2）第二层因素。第二层因素包括：制度之间协调性较弱、评价数据不易搜集、绩效评价意识薄弱。我国政府自推行绩效管理改革，一直沿着政府行政绩效管理和政府预算绩效管理进行，因此，两者在制度、评价和管理内容上的异同不仅会增加工作人员的负担，也会混淆二者的区别，不利于预算绩效评价及预算绩效管理的发展；再加上评价数据不易搜集加大了绩效目标设置以及绩效指标体系构建的难度；绩效评价意识的薄弱同样也影响了参评人员的评价经验从而影响绩效评价结果的质量。从第二层因素来看，可以总结为预算绩效评价结果应用的"绩效环境"范畴，受"绩效环境"的影响，"绩效技术"的功能发挥受到了一定限制。

（3）第三层因素。第三层因素包括：制度供给保障不足、预算管理体制自身缺陷、主客体责任划分不清晰、领导重视程度不一。相关的制度保障是公开预算绩效评价结果、建立评价结果与问责和预算资金分配联系的基础和前提，虽然各级政府出台了相关规定，但其"笼统"性规定与规则性描述为各级政府预算绩效评价结果应用的实践带来了不小的挑战，加上领导对该项工作的重视程度不一和投入力度的不同，预算管理体制自身的缺陷以及主客体责任划分的不清晰，"绩效制度"范畴的不完善并不能给"绩效环境"提供有力的支撑和保障。

2. 结构方程模型（SEM）。基于全过程预算绩效评价结果应用相关因素的层级结构，利用结构方程模型（SEM）对影响绩效评价结果应用因素之间的相关关系进行验证。

（1）理论模型设定。根据结构解释模型得到预算绩效评价结果影响因素分层：第一层因素（即测量变量）为指标体系科学性不够；绩效目标量化困难，审核难度较大；专业知识和评价经验欠缺；将其对应的潜变量称为"绩效技术"。第二层因素（即测量变量）为制度之间协调性较弱、评价数据不易搜集、绩效评价意识薄弱；将其对应的潜变量称为"绩效环境"。第三层深层导向因素（即测量变量）为制度供给保障不足、预算管理体制自身缺陷、主客体责任划分不清晰、领导重视程度不一；将其对应的潜变量称为"绩效制度"。预算绩效评价的最终目的是输出预算绩效评价结果，通过构建信息透明机制公开绩效评价结果，建立绩效评价结果与预算资金分配、问责的联系，以期实现绩效预算、权责匹配和社会监督的目标。因此，将因变量"评价结果应用"作为非自变量处理，包括"预算绩效问责""为预算资金分配提供参考与依据"两个测量变量。基于此，设计调查问卷，于2019年3月1日—2020年3月1日采用电子邮件、网络问卷、面对面访谈、专家会议等多种方式发放调查问卷600份，回收问卷520份，有效问卷515份，有效率为86%。样本有效回收率为：政府人员占91%，行内专家占96%，第三方中介机构占71%。样本来源于广东省、北京市、上海市、河北省、广西壮族自治区、重庆市、湖北省、海南省等地区的政府行政人员和第三方评价机构的专职评价人员，财经类高校、研究科学院等研究预算管理、绩效管理领域的专家与学者。

通过对问卷数据进行信度与效度检验，当前模型结构包括绩效技术潜变量、绩效环境潜变量、绩效制度潜变量以及评价结果应用潜变量。其中绩效技术潜变量中包含两个可测变量，分别为JS1和JS2。绩效环境潜变量中包含三个可测变量，分别为HJ1、HJ2和HJ3。绩效制度潜变量中包含三个可测变量，分别为ZD1、ZD2和ZD3。评价结果应用潜变量中包含两个可测变量，分别为US1和US2。将各变量间的模型假设提出如下：

H1："绩效制度"对"绩效环境"具有正向影响；

H2："绩效环境"对"绩效技术"具有正向影响；

H3："绩效技术"对"评价结果应用"具有正向影响。

通过每个观测变量所含题项的均值转换，利用AMOS 25分析软件，将模型构建如图2所示。

（2）模型的拟合与修正。利用AMOS 25，使用最大似然法进行模型估计，由表2可知，GFI、AGFI、IFI、NFI、TLI、CFI大于0.9，RMSEA小于0.08，CMIN/DF却等于3.480，不符合CMIN/DF小于3的标准，因此，需要对此模型进行修正，以期达到最优拟合度。

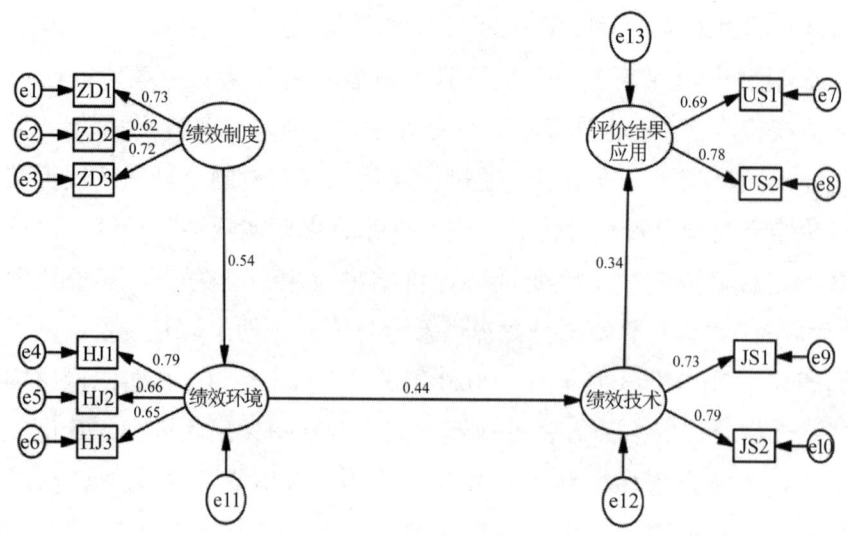

图 2　初始模型

表 2　模型拟合

拟合指标	可接受范围	测量值
CMIN		111.368
DF		32
CMIN/DF	<3	3.480
GFI	>0.9	0.957
AGFI	>0.9	0.926
RMSEA	<0.08	0.069
IFI	>0.9	0.940
NFI	>0.9	0.917
TLI（NNFI）	>0.9	0.914
CFI	>0.9	0.939

结构方程模型修正通常由内外部变量间的路径关系以及 MI 进行修正。由表3可知，路径系数均得到支持；则利用 MI 进行修正，由表4可知，在 e3 和 e4 之间建立相关关系作为模型修正，修正后模型再次执行得到如图3的结构模型。

表3　路径系数

路径关系			标准化系数	非标准化系数	标准误差	T值	P	假设成立支持
绩效环境	<----	绩效制度	0.537	0.756	0.09	8.424	***	支持
绩效技术	<----	绩效环境	0.439	0.387	0.058	6.655	***	支持
评价结果应用	<----	绩效技术	0.338	0.243	0.054	4.488	***	支持

表4　残差间的协方差修正指标

			MI	Par Change
e3	<-->	e4	37.815	0.137

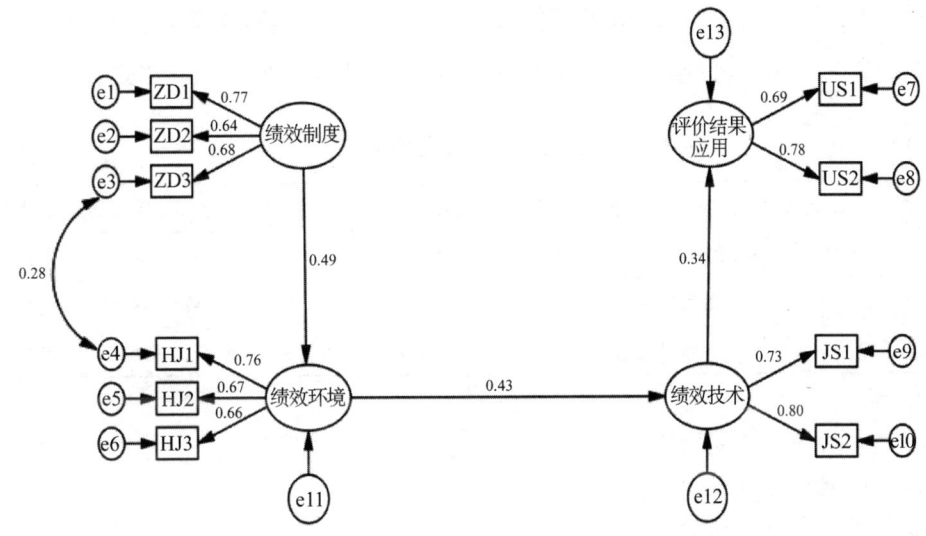

图3　修正后的结构模型

从表5可知CMIN/DF小于3，GFI、AGFI、IFI、NFI、TLI、CFI均大于0.9，RMSEA小于0.08，所有拟合指标均符合一般SEM研究标准，因此可以认为该模型有不错的配适度。

表5　修正后的拟合值

拟合指标	可接受范围	测量值
CMIN		91.439
DF		31
CMIN/DF	<3	2.950
GFI	>0.9	0.966

续表

拟合指标	可接受范围	测量值
AGFI	>0.9	0.940
RMSEA	<0.08	0.062
IFI	>0.9	0.954
NFI	>0.9	0.932
TLI（NNFI）	>0.9	0.933
CFI	>0.9	0.954

由表6可知，H1假设成立，"绩效制度"对"绩效环境"具有显著的正向相关影响；H2假设成立，"绩效环境"对"绩效技术"具有显著的正向相关影响；H3假设成立，"绩效技术"对"评价结果应用"具有显著的正向相关影响。

表6　　　　　　　　修正后的路径系数

路径关系			标准化系数	非标准化系数	标准误差	T值	P	假设成立支持
绩效环境	<---	绩效制度	0.491	0.621	0.083	7.51	***	支持
绩效技术	<---	绩效环境	0.431	0.402	0.063	6.404	***	支持
评价结果应用	<---	绩效技术	0.336	0.244	0.055	4.47	***	支持

（二）实证分析结果

通过对模型的拟合与修正，假设模型具有较好的配适度，模型假设成立，即绩效制度对绩效环境具有显著的正向相关影响，绩效环境对绩效技术具有显著的正向相关影响，绩效技术对评价结果应用具有显著的正向相关影响；即："制度供给保障不足、预算管理体制自身缺陷、领导重视程度不一以及主客体责任划分不清晰"会对"制度之间的协调性、责任人员的绩效评价意识以及绩效评价数据搜集"产生影响，由于"较弱的制度协调性、薄弱的绩效评价意识以及搜集绩效评价数据不易"会影响参评人员评价态度，绩效目标的设置和绩效指标的设计也会受到影响；而"参评人员的专业知识和评价经验、项目绩效目标量化的困难以及绩效指标科学性的欠缺"直接减弱了绩效评价结果与问责、预算资金分配的联系。由实证分析可知，兼具针对性和科学性的指标体系是建立评价结果与问责、预算资金分配联系的重要影响因素，因此，构建全过程预算绩效评价结果应用通用型指标体系、设计指标权重尤为必要。

五、研究结论与对策建议

实施全过程预算绩效评价结果应用框架，首先，需要一套具有针对性和科学性的全过程预算绩效评价结果应用指标体系。其次，为形成全过程预算绩效评价结果应用理念，链接事前绩效评估结果、事中绩效运行监控结果、事后绩效评价及全过程预算绩效评价结果，构建全过程预算绩效评价结果应用机制是顺利实施全过程预算绩效评价结果应用框架的重要运行条件。最后，法制保障，相关预算管理等配套措施的改革是顺利推行和实施全过程预算绩效评价结果应用的重要促进条件；相关利益主体的共同参与以及信息技术的支持是输出和应用高质量绩效评价结果的重要保障。因此，提出推动我国全过程预算绩效评价结果应用的对策建议，主要包括以下四个方面：

（一）设计全过程预算绩效评价结果应用通用型指标体系

由全过程预算绩效评价结果应用影响因素可知，兼具针对性和科学性的指标体系是建立评价结果与问责、预算资金分配联系的直接影响因素之一。为此，结合绩效评价结果应用途径，基于事前绩效管理内容、事中绩效管理内容和事后绩效管理内容，构建一套能够体现项目资金的立项条件、资金落实、财务管理和业务管理、产出和效益、责任明确、追踪全过程预算绩效评价结果应用情况等的全过程预算绩效评价结果应用通用型指标体系尤为必要。

（二）构建全过程预算绩效评价结果应用机制

为形成全过程预算绩效评价结果应用理念，链接事前绩效评估结果、事中绩效运行监控结果、事后绩效评价及全过程预算绩效评价结果，形成全过程预算绩效评价结果应用模式，构建全过程预算绩效评价结果应用机制是顺利实施全过程预算绩效评价结果应用框架的重要运行条件。

（三）加强法制建设以及相关配套措施的改革

法制保障，相关预算管理等配套措施的改革是顺利推行和实施全过程预算绩效评价结果应用的重要促进条件。因此，通过制定预算绩效评价结果应用办法、深化预算管理制度改革、赋予部门负责人适度自主权、强化预算部门（单位）绩效自评机制、树立全过程预算绩效评价结果应用理念以及努力协同业务、财务、资源和资产绩效等是推行和实施全过程预算绩效评价结果应用的重要条件。

（四）培育绩效管理专业人才与完善预算绩效管理信息系统建设

输出高质量绩效评价结果是有效应用绩效评价结果的前提和基础，而参评人员的专业知识和评价经验、绩效评价数据的搜集是参评人员设置绩效目标、选择绩效指标所应具备的客观条件和重要基础。为此，加快培育和发展预算绩效管理专业人才队伍，完善预算绩效管理信息系统建设，从而助力绩效数据搜集、绩效目标管理和绩效指标选择，以期输出高质量的全过程预算绩效评价结果。

中央财政支农项目绩效评价典型案例分析
——"中央财政农作物秸秆综合利用试点"绩效评价

农业农村部财会服务中心研究员　安晓宁
农业农村部财会服务中心金融处高级会计师　郭冬泉

内容提要： 在"全面实施预算绩效管理"大背景下，选择典型案例为中央财政支农专项转移支付项目绩效评价提供研究范式和方法参考很有必要。"中央财政农作物秸秆综合利用试点"是财政支农绩效评价重点项目，本文就财政政策与产业政策相结合背景下强化绩效目标管理、开展绩效评价和结果应用进行案例分析，揭示预算绩效管理链条中绩效目标作为前提和关键，特别是可细化、可衡量、可操作的专业化绩效指标对财政政策绩效分析和财政资金追踪问效的重要应用价值。

关键词： 财政支农　绩效评价　指标体系

一、政策依据与项目背景

根据2017年开始探索实行的中央财政支农项目"大专项+任务清单"管理方式要求，全面建立与项目管理方式改革相适应的绩效评价制度，财政、农业部门要建立健全项目绩效评价机制，将政策目标实现情况、任务清单完成情况、资金使用管理情况等纳入指标体系，依据向各省份下达的任务清单和绩效目标，适时组织开展项目绩效评价，全面评估、考核政策落实情况，实行奖优罚劣，严格奖惩措施，建立健全以结果为导向的激励约束机制。

根据中央关于加强生态文明建设的战略部署和近年来的全国人大代表建议、全国政协委员提案，2016年财政部、农业部围绕加快构建环京津冀生态一体化屏障的重点区域，选择农作物秸秆量大和焚烧问题较为突出的河北、山西、内蒙古、辽宁、吉林、黑龙江、江苏、安徽、山东、河南10省份开展秸秆综合利用试点，支持和推动地方进一步做好秸秆禁烧和综合利用工作，保护和提升耕地质量。为了总结各地工作成效，解决存在问题，强化地方政府责任，实现资金安排"有增有减"、试点县"有进有退"，建立健全动态管理的激励约束机制，根据《财政部办公厅 农业部办公厅关于开展农作物秸秆综合利用试点补助资金绩效评价工作的通知》（财办农〔2015〕150号），在各省份自评的基础上，2017年2—4月，财政部、农业部组织七个评价组，对农作物秸秆综合利用的10个试点省份，实地开展了中央财政农作物秸秆综合利用试点补助资金绩效评价工作。

2017年，中央财政安排资金13亿元，在内蒙古、辽宁、吉林、黑龙江、江苏、安徽、山东、四川、陕西9省份继续开展农作物秸秆综合利用试点。2018年3月，财政部会同农业农村部成立三个评价组，对9个试点省份开展了绩效评价工作。

二、绩效评价工作方案

1. 评价目的。准确掌握中央财政农作物秸秆综合利用试点实施情况，全面总结各地工作成效和存在问题，建立健全激励和约束机制，强化政策落实，为政策完善提供依据。

2. 评价地区。围绕加快构建环京津冀生态一体化屏障、农作物秸秆量大和焚烧问题较为突出的重点区域，选择作为中央财政支持开展农作物秸秆综合利用试点补助资金的省份。

3. 评价指标。针对对秸秆综合利用试点的实施准备情况、试点实施情况、实施成效情况、违规违纪行为等进行评价，指标设置包括一级指标4项、二级指标9项、三级指标17项（见附表1）；合计22个打分项，其中实施准备4个打分项，试点实施9个打分项，实施效果8个打分项，扣分项1个打分项（见附件1）。

4. 评价方法。（1）省级自评。各省份于下一年度3月份完成省级自评并向农业部、财政部提交自评报告等材料。（2）部级考评。在省级自评基础上，农业部、财政部组织开展现场考评。采取座谈会、实地考察、问卷调查、数据核查、查证复核等方式，其中实地考察随机选取20%以上的试点县进行实地考察，重点检查工程建设管理、资金使用支出、秸秆综合利用体系建设等情况，并开展典型农户、社会化服务组织满意度调查等（见附件2）。

5. 评价内容。（1）实施准备。包括试点省份实施方案内容设定，试点县遴选和实施方案报送，以及实施方案和补助资金使用情况向社会公开等情况。（2）试点实施。包括试点省份秸秆综合利用工作组织实施、工作培训、资金到位和拨付进度、项目监督、资料档案管理、资金使用和财务管理等情况。(3)实施效果。包括试点工作的产出数量、产出质量,所取得的社会效益、环境效益和服务对象满意度等。(4)违规违纪行为。包括被纪检、监察、审计等机构查明,或被媒体曝光并经查实的违规违纪行为。

6. 评价组织。经商财政部农业司,秸秆综合利用试点绩效评价工作由农业部财务司牵头负责,具体工作委托农业部财会中心组织实施。

7. 时间安排。(略)

8. 有关要求。(略)

三、绩效评价结果

2017年2—4月,财政部、农业部组织开展的中央财政农作物秸秆综合利用试点补助资金绩效评价结果表明,试点省份实施准备充分,基础工作扎实,政策实施效果良好。试点省份平均得分85.23分,得分由高到低的省份分别是江苏、安徽、山东、内蒙古、辽宁、黑龙江、吉林、山西、河南、河北(见表1)。评价结果表明,从分项指标看,各省份在政策目标、资金分配、组织实施、项目效果等方面均得到满分;多数省份在决策过程方面获得满分;部分省份在项目执行、资金管理等方面有所扣分,主要是因为部分项目建设未完工、会计核算不规范、资金支出进度慢;各省份在项目产出方面均扣分较多,主要是因为秸秆焚烧卫星遥感巡查监测通报火点为2016年全年数据,而农作物秸秆综合利用试点项目大部分省份是从2016年下半年才开始实施,部分地区对上半年着火点管控不严,下半年试点推开后明显改善。

表1 2016年度农作物秸秆综合利用试点省份绩效评价排名

试点省份	实施准备	试点实施	实施效果	得分
江苏省	14	24	50	88
安徽省	15	25	47	87
山东省	15	24	48	87
辽宁省	15	25	46	86
黑龙江省	14	24	48	86
内蒙古自治区	15	23	48	86

续表

试点省份	实施准备	试点实施	实施效果	得分
吉林省	14	25	46	85
山西省	14	23	47	84
河南省	14	21.5	48	83.5
河北省	15	19.4	45.4	79.8

财政部、农业部启动实施的农作物秸秆综合利用试点工作，极大地调动了地方政府、市场主体和广大农户的积极性，试点工作取得了一定成效，主要是：

1. 秸秆综合利用率显著提高。试点县秸秆综合利用率均达到90%以上，完成了试点目标任务，带动了区域秸秆综合利用率的整体提升。从试点省份火点数来看，2016年10个试点省份火点数为11 624个，较2015年降低了32%，表明秸秆综合利用试点在减少秸秆露天焚烧方面起到了积极作用。

2. 农户节本增收效果明显。通过问卷调查数据统计，通过试点农户节本增收率均达到5%以上，相关秸秆利用经营主体和服务主体也进一步拓展了市场、增加了效益、提升了发展能力，试点地区农户、企业、合作社对政策的满意度均超过90%。

3. 社会化服务组织加快发展。试点地区注重培育发展秸秆收储运等社会化服务组织，做大做强秸秆综合利用的基础平台，着力解决秸秆从田间到车间的"最后一公里"难题。如江苏省海门市建立了"组收集、村转运、区镇加工"的秸秆收储运输体系，全市12个区镇建立了11个秸秆收储中心，解决了单个农户难以解决的问题，有效提高了秸秆综合利用水平。

4. 秸秆利用技术模式初步构建。各试点省份均建立了技术支撑和全程技术服务的工作机制，加强秸秆综合利用技术研究推广。各试点县注重总结技术模式，推动形成本区域秸秆处理利用主推模式。如安徽省探索出了寿县秸秆分级利用联产模式、霍邱县秸秆沼气能源化利用和饲料化利用模式、灵璧县秸秆清洁制浆造纸循环综合利用产业化模式、临泉县秸秆制生物质天然气产业化模式和凤阳县秸秆炭基肥及气化发电联产技术模式等。

5. 秸秆综合利用工作机制初步建立。试点地区构建起政府主导、部门联动、多元主体参与的工作格局，加大了对国家关于秸秆综合利用用电、用地、税收优惠等政策的落实力度，同时在农机购置、交通运输、收储运体系建设等方面出台针对性的配套政策，不断为秸秆综合利用提供政策红利。

2016年的农作物秸秆综合利用试点工作也存在着一些问题，主要是部分项目推进缓慢、支持内容有待完善、模式探索还不充分等。财政部、农业部将进一步强化和完善绩效考评，督促各地加快项目的推进速度，完善支持方式，加大试点模式的提炼、推广和宣传，在全社会形成支持秸秆综合利用、杜绝露天焚烧的良好氛围。

2018年3月，财政部会同农业农村部对9个试点省份开展的绩效评价结果显示，2017年试点区内秸秆焚烧情况得到有效控制，各省份建立了较为完善的秸秆综合利用体系，提炼形成了县域可复制、可推广的综合利用模式，取得了良好的社会、经济和生态效益，绩效评价结果总体良好。为了总结工作成效，解决存在问题，强化地方政府责任，实现资金安排"有增有减"、试点县"有进有退"，建立健全动态管理的激励约束机制，中央财政在安排2018年中央财政农作物秸秆综合利用试点资金时，把2017年绩效评价结果作为重要因素，有效推进绩效评价结果运用。

附表1　　农作物秸秆综合利用试点补助资金绩效评价指标

序号	一级指标	二级指标	三级指标	评价标准	分值	评分细则
1	实施准备（15分）	政策目标	实施方案	实施方案科学合理	3	试点省份制定秸秆综合利用专项实施方案（以下简称专项实施方案）得1分，省级专项方案须明确实施条件、补助对象、补助标准、实施要求、监管措施等内容，每少1项扣0.2分，扣完为止。所有试点县均制定县级专项实施方案得2分，每有一个试点县未制定扣0.5分，扣完为止
2		决策过程	决策程序	试点县遴选	4	试点省份公开组织试点县申报的，得1分。公开发布试点县申报条件的，得1分。组织专家评审确定试点县的，得2分
3				实施方案报送	2	省级专项实施方案（或包含秸秆综合利用试点内容的农业资源及生态保护补助资金项目总体实施方案）在2017年8月31日之前报送农业部、财政部备案的，得2分，否则不得分
4		信息公开	政策公开	实施方案和补助资金使用情况向社会公开	6	省级专项实施方案（或包含秸秆综合利用试点内容的农业资源及生态保护补助资金项目总体实施方案）在省级人民政府网站或省级农业部门网站上公开得2分。试点县专项实施方案在县级人民政府网站或县级农业部门网站上公开得2分，每有一个试点县不公开扣0.5分，扣完为止。所有试点县对补助对象进行公开公示的得2分，每有一个试点县不进行公开公示的扣0.5分，扣完为止

续表

序号	一级指标	二级指标	三级指标	评价标准	分值	评分细则
5	试点实施（31分）	组织实施	组织领导	试点地区成立由农业、财政等部门组成的试点协调推进机制	3	试点省份建立农业、财政部门工作协调推进机制，且分工明确的，得1分；农业或者财政部门建立单一的部门推进机制，或部门分工不明确的，分别扣0.5分。所有试点县均成立以政府相关负责同志牵头的领导小组得2分，每有一个县未成立扣1分，扣完为止
6			工作培训	开展试点工作培训	2	省级财政、农业部门联合对试点县至少开展一次试点培训的得2分；农业部门单独对试点县至少开展一次试点培训的得1分；否则不得分
7			技术支撑	秸秆综合利用技术支撑	1	试点省份成立了技术支撑专家组的，得0.5分；专家技术服务机制发挥实际作用（如协助指导省、县级专项实施方案制定，开展实地技术指导、授课等），得0.5分
8		项目执行	资金到位	中央财政补助资金下拨时间	2	省级财政在收到中央财政补助资金后30日内下拨补助资金的，得2分，否则不得分
9			资金执行	资金执行进度	6	试点省份补助资金执行进度达100%的得6分，90%（含）—99%的得5分，80%—89%的得4分，70%—79%的得2分，低于70%不得分
10			项目监督	对试点县政策落实情况开展监督检查	2	省级财政、农业部门联合组织对试点县至少开展一次政策落实、资金使用等方面的监督检查得2分；农业部门单独组织对试点县至少开展一次政策落实、资金使用等方面的监督检查得1分；否则不得分
11			档案资料	项目管理工作档案以及相关文件资料齐全	3	试点省份项目档案清晰易查，包括专项实施方案、省级评审、资金拨付、项目检查、总结材料等材料，得1分，每缺1项扣0.2分，否则不得分。所有试点县项目档案清晰易查，包括实施方案、资金到账、资金拨付凭证、项目检查、项目验收、试点总结等材料，得2分，每有一个县不符合要求扣0.5分，扣完为止
12		资金管理	资金使用	资金支出符合相关规定	6	所有试点县资金支出均符合规定要求的，得6分。每有一个县存在虚列或套取、截留、挤占、挪用资金行为，或擅自扩大资金支出范围，每发现一项违规行为扣3分，扣完为止
13				财务管理规范	6	所有试点县财务资料完整、会计核算规范，得6分。每发现一个问题扣1分，扣完为止

续表

序号	一级指标	二级指标	三级指标	评价标准	分值	评分细则
14	实施效果（54分）	项目产出	产出数量	试点县秸秆综合利用率	10	所有试点县秸秆综合利用率均达到90%以上或比上年提高5个百分点，得10分；每有一个县低于试点目标，扣2分，扣完为止
15			产出质量	试点省份秸秆焚烧情况	10	试点省份全年秸秆焚烧卫星遥感巡查监测通报火点数小于100个或较上年下降20%以上（含20%），得10分；通报火点数较上年下降10%—20%，得8分；通报火点数较上年下降10%以内，得6分；通报火点数未下降且超过100个，不得分
16				试点县秸秆焚烧情况	10	平均每个试点县全年秸秆焚烧卫星遥感巡查监测通报火点数小于1个（含，下同），得10分；平均每个试点县通报火点数小于2个，得8分；平均每个试点县通报火点数小于3个，得6分；平均每个试点县通报火点数超过3个，不得分
17		项目效果	社会效益	建立完善的秸秆综合利用体系	6	每个试点县秸秆还田、利用和收储运等社会化服务组织达到5个（含）以上的，得6分；每有一个县低于5个的，扣1分，扣完为止
18			社会效益	提炼形成县域可复制、可推广的秸秆综合利用模式	4	所有试点县均提炼了县域秸秆综合利用模式的，得2分，每有一个县未提炼模式扣0.5分，扣完为止。实地考核的试点县利用模式中应包括技术体系、政策体系和工作体系三个主要方面，得2分；有一个县不符合要求的扣0.5分，扣完为止
19		项目效果		新闻宣传	4	试点成效得到中央级媒体宣传报导的，得4分。试点成效得到省级媒体宣传报导的，得2分
20			环境效益	试点县未发生因秸秆焚烧、废弃引起的大气、水体污染或交通安全事故	6	所有试点均未发生因秸秆焚烧、废弃引起的大气、水体污染、交通安全事故或造成较大社会影响的，得6分；每发生一起，扣2分，扣完为止。省级及以上环保督察通报或省级及以上媒体曝光的重大环境影响问题，不得分
21			服务对象满意度	试点县所涉及的主体满意度	4	在所有实地考察试点县中，随机抽取10户农户，满意度达到90%（含）以上，得4分；每有一个县低于90%，扣1分，扣完为止

续表

序号	一级指标	二级指标	三级指标	评价标准	分值	评分细则
22	扣分项	违规违纪违法行为	在资金使用方面存在违规违纪违法行为		-20	经各级监察、审计、财政监督等机构查实在资金使用方面存在违规违纪违法行为,一次性扣20分
			合计		100	

附件1 农作物秸秆综合利用试点补助资金绩效指标评分细则

中央财政农作物秸秆综合利用试点补助资金绩效评价,针对每一个评价指标制定了客观统一的评分标准,既考核试点省份,也考核试点县,精确到每一分该怎么打,确保不同的人、在不同的省份,能够以同一把标尺来衡量绩效情况,力求考核结果客观真实、公平合理。

(一)实施准备评分细则(15分)

序号	二级指标	三级指标	评价标准	分值
1	政策目标	实施方案	实施方案科学合理	3

1. 试点省份制定了秸秆综合利用专项实施方案,方案中应包括实施条件(试点实施的主要内容)、补助对象(试点资金的使用方向)、补助标准(试点县资金分配额度和秸秆不同利用方式的补贴额度)、实施要求(试点县秸秆利用目标和建设要求)、监管措施等5方面内容,得1分,每少一项扣0.2分,扣完为止。2. 所有试点县均制定专项实施方案,得2分,每有1个试点县未制定扣0.5分。

序号	二级指标	三级指标	评价标准	分值
2	决策过程	决策程序	试点县遴选	4

1. 试点省份公开组织试点县申报的得1分(以发文为准)。2. 公开发布试点县申报条件的,得1分(发文中应明确试点县申报要求,如种植业面积、秸秆产量、经济条件、高速公路机场周边等指标)。3. 组织专家确定试点县的,得2分(核实档案中专家评审意见及打分表等)。

序号	二级指标	三级指标	评价标准	分值
3	决策过程	决策程序	实施方案报送	2

1. 省级专项实施方案规定日期前报送农业部、财政部备案得 2 分，否则不得分。

序号	二级指标	三级指标	评价标准	分值
4	信息公开	政策公开	实施方案和补助资金使用情况向社会公开	6

1. 省级专项实施方案在政府或部门网站上公开得 2 分，否则不得分。2. 试点县实施方案在政府或部门网站上公开，得 2 分，每有一个县未公开，扣 0.5 分，扣完为止（实地进行网上核实或提供截图）。3. 试点县对补助对象进行公开公示的得 2 分，每有一个县未公开，扣 0.5 分，扣完为止（实地进行网上核实或提供截图）。

（二）试点实施评分细则（31 分）

序号	二级指标	三级指标	评价标准	分值
5	组织实施	组织领导	试点地区成立由农业、财政等部门组成的试点协调推进机制	3

1. 试点省份成立了由农、财两部门组成的协调推进机制，且分工明确，得 1 分；农业或财政部分成立单一部门推进机制，或分不明确，分别扣 0.5 分（核实档案资料中的正式发文或方案附件）。2. 所有试点县均成立以政府相关负责同志牵头的领导小组（要求至少是主管农业的副县长牵头），得 2 分，每有一个县未达到要求的扣 0.5 分，扣完为止。

序号	二级指标	三级指标	评价标准	分值
6	组织实施	工作培训	开展试点工作培训	2

1. 省级财政、农业部门联合对试点县至省开展一次试点培训的得 2 分，否则不得分；单一部门开展的技术培训得 1 分（请省级提供培训通知及试点县签到表）。

序号	二级指标	三级指标	评价标准	分值
7	组织实施	技术支撑	秸秆综合利用技术支撑	1

1. 试点省份成立了技术支撑专家组的,得0.5分(以发文或实施方案为准)。
2. 专家服务机制发挥实际作用的(如协助制定省县实施方案,开展实地技术指导、授课等),得0.5分(提供照片或技术报告等证明材料为准)。

序号	二级指标	三级指标	评价标准	分值
8	项目执行	资金到位	中央财政补助资金下拨时间	2

1. 试点省份省级财政在收到中央财政补助资金后30日内下拨补助资金的,得2分,否则不得分(查看省级财政拨款凭证或县财政到账凭证)。

序号	二级指标	三级指标	评价标准	分值
9	项目执行	资金执行	资金执行进度	6

1. 试点省份补助资金执行进度达100%的,得6分;90%—99%的得5分;80%—89%的得4分;70%—79%的得2分;低于70%的不得分。

序号	二级指标	三级指标	评价标准	分值
10	项目执行	项目监督	对试点县政策落实情况开展监督检查	2

1. 省级财政、农业部门联合组织对试点县至少开展一次政策落实、资金使用方面的监督检查,得2分,否则不得分;单一部门开展的项目监督得1分。

序号	二级指标	三级指标	评价标准	分值
11	项目执行	档案资料	项目管理工作档案以及相关文件资料齐全	3

1. 试点省份项目档案清晰易查,包括专项实施方案、省级评审、资金拨付、项目检查、总结材料等,得1分,否则不得分(每少1项扣0.2分)。2. 所有试点县项目档案清晰易查,包括实施方案,资金到账、拨付凭证、项目检查、项目验收、试点总结等材料,得2分,每有一个县不符合要求,扣0.5分,扣完为止(每个县赋0.5分,每少一项扣0.1分)。

序号	二级指标	三级指标	评价标准	分值
12	资金管理	资金使用	资金支出符合相关规定	6

1. 所有试点县资金支出符合相关要求的,得6分。2. 每有一个试点县存在虚

列或套取、截留、挤占、挪用资金行为，或擅自扩大资金支出范围的，每有一项扣3分，扣完为止。

序号	二级指标	三级指标	评价标准	分值
13	资金管理	资金使用	财务管理规范	6

1. 所有试点县财务资料完整、会计核算规范，得6分。2. 每发现一个问题扣1分，扣完为止。

(三) 实施效果评分细则（54分）

序号	二级指标	三级指标	评价标准	分值
14	项目产出	产出数量	试点县秸秆综合利用率	10

1. 所有试点县秸秆综合利用率均达到90%以上，或较上年提高5个百分点，得10分。2. 每有一个试点县低于目标，扣2分，扣完为止。

序号	二级指标	三级指标	评价标准	分值
15	项目产出	产出质量	试点省份秸秆焚烧情况	10

1. 试点省份全年秸秆焚烧火点数少于100个或较上年降低20%，得10分。2. 试点省份通报火点数降低10%—19%的，得8分。3. 试点省份通报火点数较上年下降10%以内的，得6分。4. 试点省份通报火点数未下降且超过100个的，不得分（以环保部提供的两年的火点数为准）。

序号	二级指标	三级指标	评价标准	分值
16	项目产出	产出质量	试点县秸秆焚烧情况	10

1. 平均每个试点县全年通报火点数小于1个，得10分。2. 平均每个试点县全年通报火点数小于2个，得8分。3. 平均每个试点县全年通报火点数小于3个，得6分。4. 平均每个试点县全年通报火点数大于3个，不得分。

序号	二级指标	三级指标	评价标准	分值
17	项目效果	社会效益	建立完善的秸秆综合利用体系	6

1. 每个试点县秸秆还田、利用和收储等社会化服务组织达到5个（含）以上的，得6分；每有一个试点县低于5个的，扣1分，扣完为止。

序号	二级指标	三级指标	评价标准	分值
18	项目效果	社会效益	提炼形成县域可复制、可推广的秸秆综合利用模式	4

1. 所有试点县均提炼了秸秆综合利用典型模式，得2分，每有一个县未提炼，扣0.5分，扣完为止（请省里提供所有试点县模式）。2. 实地考察的试点县模式应包含技术体系、政策体系和工作体系三个主要方面，得2分，有一个县不符合要求，扣0.5分，扣完为止。

序号	二级指标	三级指标	评价标准	分值
19	项目效果	社会效益	新闻宣传	4

1. 试点成效得到中央媒体宣传报导，得4分；试点成效得到省级媒体宣传得2分。

序号	二级指标	三级指标	评价标准	分值
20	项目效果	环境效益	试点县未发生因秸秆焚烧、废弃引起的大气、水体污染或交通安全事故	6

1. 所有试点县均未发生因秸秆焚烧、废弃引起的大气、水体污染或交通安全事故造成较大社会影响的，得6分；每发生一起，扣2分，扣完为止；省级及以上环保督察通报或省级及以上媒体曝光的重大环境问题，不得分。

序号	二级指标	三级指标	评价标准	分值
21	项目效果	服务对象满意度	试点县所涉及的主体满意度	4

1. 在实地考察的试点县中，随机抽取10户农户，满意度达到90%（含）以上，得4分；每有一个县低于90%，扣1分，扣完为止（随机抽取农户填写满意度调查表）。

序号	二级指标	三级指标	评价标准	分值
22	扣分项	违规违纪违法行为	在资金使用方面存在违规违纪违法行为	-20

1. 经各级监察、审计、财政监督等机构查实在资金方面存在违规违纪违法行为，一次性扣20分。

附件2 中央财政农作物秸秆综合利用试点区满意度调查表

农户（企业、合作社）所在地：_____省_____县_____乡_____村

姓名：_____调查时间：_____联系电话：_____

1. 你是否了解中央财政秸秆综合利用试点项目？
   是（   ）　　　　　　否（   ）

2. 你对该项目的工程质量满不满意？
   满意（   ）　　　　基本满意（   ）　　　　不满意（   ）

3. 该项目建成后，您的家庭农业收入有没有提高？若有请填问卷第4项，若没有跳至第5项。
   有（   ）　　　　　　没有（   ）

4. 2016年你的家庭农业总收入_____万元，2017年度你的家庭农业收入_____万元。

5. 该项目建成后，是否能满足现在的农业生产实际？
   满足（   ）　　　　基本满足（   ）　　　　不满足（   ）

6. 该项目建成后，周边生活环境是不是比以前更好？
   是（   ）　　　　　　不是（   ）

7. 你认为秸秆综合利用试点资金应该以_____。
   国家补助为主（   ）　　企业出资为主（   ）　　多方筹资为主（   ）

"十四五"时期深化绩效评价改革的路径

厦门国家会计学院　郑涌

内容提要：《中华人民共和国国民经济和社会发展第十四个五年规划和2035年远景目标纲要》明确提出，要强化预算绩效管理、健全重大政策事前评估和事后评价制度。本文从深入分析实施绩效评估评价的重要意义，提出事前评估和事后评价的主要内容和方法，在总结"十三五"时期我国事前评估和事后评价工作取得的成效的基础上，借鉴英国绩效评估评价经验，提出我国"十四五"时期深化绩效评估评价改革的路径，对缓解财政收支矛盾，推进国家治理体系和治理能力现代化，建设人民满意的服务型政府具有较强的现实意义。

关键词： 评价制度　绩效评价　预算管理

《中华人民共和国国民经济和社会发展第十四个五年规划和2035年远景目标纲要》明确提出，要强化预算绩效管理、健全重大政策事前评估和事后评价制度，这是完善预算管理制度和转变政府职能的重要举措，也是推进国家治理体系和治理能力现代化的必然要求。

一、实施的重要意义

"十四五"时期，我国经济社会以推动高质量发展为主题，以深化供给侧结构性改革为主线，坚持质量第一、效益优先。尽管经过几十年的深化改革，我国政府效能不断提升，特别是在行政效率方面，我国与其他国家相比具有显著优势。但不可否认的是，当前一些部门和地方绩效理念和意识淡薄、重大决策评估和事后评价方面仍存在一些短板。如决策程序不规范、缺乏科学研究和论证、重投入不重绩效、社会公众参与不足等，导致一些低水平决策、错误决策屡见不鲜，一些决策"朝令夕改""决而难行""效果寥寥"。此外，由于政策缺乏常态化的跟踪问效评价机制，部分政策和项目执行效果达不到预期，人民满意度不高，不仅造成财政资源的损失和浪费，而且严重损害了政府公信力。

（一）保证做"正确的事"

俗话说：好的开始等于成功的一半。行政决策是行政权力运行的起点，决定着政府部门的工作方向和任务目标。健全重大政策事前评估制度，有利于从源头提高行政决策和预算安排的科学性、合理性，保证公共部门在合适的时机、利用稀缺而宝贵的资源做"正确的事"。表面上看，事前绩效评估增添了行政程序和时间成本，实则有利于提升重大政策决策机制的规范性，畅通专家、社会机构和公众参与政策制定的渠道，使重大政策和项目的决策权在阳光下运行，不仅对决策的权力行使者形成有效约束，也有利于增进政府部门与社会公众之间的沟通和理解，提高决策科学化、民主化、法治化水平。

（二）保证"正确地做事"

对照科学的政策目标实施事中监控，事后评价政策目标实现程度和资金使用效果，及时反馈给决策层和执行单位，有利于及时堵塞漏洞，保证公共部门"正确而有效地做事"，从而如期实现政策目标。同时，对决策机关违反规定造成决策严重失误，或者当断不断、执行不力，以及造成重大损失、恶劣影响的，实行责任倒查和终身追究机制，有利于通过制度约束倒逼提升重大政策实施效果，提高政府执政效能和效率，促进经济社会事业长远发展。

二、事前评估和事后评价的主要内容和方法

事前评估一般是指依据规范的程序，对政策和项目目标备选方案的成本、收益、风险进行量化与比较的过程，旨在为决策者提供客观证据基础，帮助其了解备选方案的潜在问题、机会成本和总体影响，评估结果作为行政决策和预算安排的重要参考，以及事中监控及事后评价的基础。事后评价是指根据政策和项目的绩效目标，对政策决策、执行过程、产出与效果进行系统和客观的评价，评价结

果作为下一步完善政策和追责问责的重要依据。近年来党中央、国务院和中央部门有关文件对事前评估和事后评价的内容和方法提出了明确要求，主要包括：

（一）重大政策和项目事前绩效评估和事后绩效评价要求

2018年印发的《中共中央 国务院关于全面实施预算绩效管理的意见》（以下简称《意见》），是新中国成立以来我国第一个专门关于预算管理方面的中央文件，具有重要的里程碑意义。"财"为"政"服务，预算是政府活动和宏观政策的集中反映，全面实施预算绩效管理是政府治理方式的深刻变革。《意见》中关于全面实施预算绩效管理的相关要求，与"十四五"规划建议稿中关于健全重大政策事前评估和事后评价制度的要求一脉相承。

《意见》规定，各部门各单位要对新出台的重大政策、项目开展事前绩效评估，重点论证立项必要性、投入经济性、绩效目标合理性、实施方案可行性、筹资合规性等。各部门各单位要对政策、项目实施效果和预算执行情况开展绩效自评，财政部门和预算部门均可组织第三方机构开展外部绩效评价，评价重点是政策、项目的投入、过程、产出、效果和满意度。为提高事前评估和事后评价的客观性和专业性，必要时可以组织第三方机构独立开展绩效评估评价，评估评价结果作为预算安排的重要依据。绩效评估评价的方法主要包括成本效益法、比较法、最低成本法、标杆管理法等，具体实施过程中，可采用一种或多种方法。

（二）重大行政决策评估相关要求

2019年印发的《重大行政决策程序暂行条例》（国务院令第713号，以下简称《暂行条例》），是我国第一次以行政法规形式对重大行政政策评估程序做出明确规定①。一是重大行政决策事前评估的范围不仅包括制定有关公共服务、市场监管、社会管理、环境保护等方面的重大公共政策和措施，也包括经济和社会发展等方面的重要规划、重大公共建设项目，以及涉及重大公共利益或者社会公众切身利益的其他重大事项等。二是评估主要采用成本效益法。一方面，评估事项实施期内的成本，如人财物投入、资源消耗、环境影响等；另一方面，预测其未

---

① 财政政策、货币政策等宏观调控决策，政府立法决策以及突发事件应急处置决策不适用本条例。

来一定时期内所带来的经济、社会和生态效益等。对专业性、技术性较强的决策事项，应当组织专家、专业机构论证其必要性、可行性、科学性等，对直接涉及公民、法人、其他组织切身利益或者存在较大分歧的决策事项，可以召开听证会。三是《暂行条例》对重大行政决策风险评估提出专门要求，特别是可能对社会稳定、公共安全等方面造成不利影响的，应根据实际情况采取多种方式，运用定性分析与定量分析等方法，进行科学预测、综合研判，并提出风险防范措施和处置预案，风险评估结果应当作为重大行政决策的重要依据。

（三）政府投资项目评估相关要求

《政府投资条例》（国务院令第712号）规定，政府投资项目评估审查主要包括：项目建设的必要性、技术经济可行性、投资概算适合性、社会效益以及项目资金等。对重大政府投资项目，应当开展中介服务机构评估、公众参与、专家评议，并进行风险评估。

三、"十三五"时期我国事前评估和事后评价工作取得的成效

按照党中央、国务院有关要求和法律法规规定，"十三五"时期我国以全过程预算绩效管理为突破口，重大政策、项目事前绩效评估和事后评价工作取得明显进展，对提升决策科学性、提高财政资金使用效益、增强风险防控能力发挥了重要作用。

（一）中央财政事前评估和事后评价步入常态化

一是中央财政对新增政策和项目广泛开展事前评估评审，逐步提高预算安排科学性、精准性。2020年财政部对170个项目开展预算评审，涉及资金1 700亿元，平均审减率超过30%。二是中央财政建立常态化重点政策和项目事后绩效评价机制，"十三五"时期累计对约200个重点政策和项目开展绩效评价，涉及资金超2万亿元。三是中央部门预算事前评审和事后重点绩效评价的范围逐步扩大，绩效自评范围实现了全覆盖，评审和评价结果得到应用。此外，国家发展改革委对"十三五"规划的年度跟踪评价、对各地援疆和援藏工作的年度绩效评价，国

务院扶贫办对地方开展的财政专项扶贫资金绩效评价，国家卫生健康委对三级公立医院的绩效考核等，也都是利用绩效评估评价的管理方式，对重大政策的执行效果进行跟踪问效，检验并督促政策目标的实现。

（二）地方财政事前评估和事后评价工作取得积极成效

截至目前所有省级政府都开展了重大政策和项目预算评估评审和绩效评价工作，并结合地方实际，积累了可复制的经验。一是事前绩效评估评审工作取得积极进展。例如，北京、上海、江苏、广东等地在财政支出决策阶段对部分项目进行综合绩效评估，砍掉不必要、不合理的资金投入，提高财政预算安排的科学性，避免资金浪费。北京市委办公厅印发的《关于人大预算审查监督重点向支出预算和政策拓展的实施意见》明确，预算绩效监督要进一步向事前延伸；市、区政府相关部门要对重大支出政策、重点支出及重大投资项目开展事前绩效评估，并逐步实现评估范围的全覆盖。二是事后绩效评价取得明显成效。"十三五"时期，地方财政绩效评价范围逐步扩大，质量逐步提升，结果越来越多得到应用。2018年以来所有有脱贫攻坚任务的省份均开展扶贫项目绩效自评，西藏拉萨等地对所有扶贫项目开展第三方评价。2019年四川统筹实施项目和政策绩效评价等，调整低效无效财政资金63.7亿元；广东立足民生实事创新重点绩效评价，对评价结果为"中""低""差"的项目，原则上压减下一年度预算规模或不予安排，2019年全省削减低效无效资金150亿元；山东对省级绩效评价结果为"良"以下的项目，在预算统一压减的基础上再压减10%，2020年全省通过绩效管理调整、收回、压减低效无效资金168亿元。

四、英国绩效评估评价经验

在OECD国家中，英国的绩效预算管理改革实施最早，成效最为显著，引领了世界绩效预算改革的潮流。近半个世纪以来，英国财政部通过编制《财政绿皮书》（中央政府评估和评价指南），持续改进成本效益分析方法，注重实施方案的稳健性评估，旨在为政府部门实施透明、客观、基于实证的评估和评价提供指导，对我国行政决策和预算管理具有较强的借鉴意义。

(一)评估评价的范围(见表1)

英国财政部要求对每一个重大事项进行客观评估以及成本核算,评估范围包括公共支出、税收、监管法规变更以及现有公共资产和资源用途变更等,评估结果作为政府制定透明、客观和基于实证的决策依据。

表1	适用范围
1. 政策和规划的制定;	
2. 公共支出政策的设计;	
3. 立法或监管条例类提案;	
4. 出售或者适用包括金融资产在内的政府资产;	
5. 对规划与重大项目评估;	
6. 政府组成机构改革;	
7. 税收和社会福利政策;	
8. 重大政府购买服务;	
9. 对现有公共资产与资源用途变更。	

(二)评估的步骤

事前绩效评估是对实现政府目标的备选方案的成本、收益和风险量化与比较过程,以帮助其了解备选方案的潜在问题、机会成本以及总体影响。事中及事后的重点是建立政策效果监测与评价机制。评估评价的关键步骤如下专栏1:

专栏1

评估评价框架

一、干预的理由

1. 分析现状并对现行做法进行预测作为"对照"方案。
2. 明确干预的理由:是否有利于保证市场效率,如促使企业将污染内部化;是否有利于实现收入分配目标,如促进受教育机会均等化;是否保证市场机制失灵下公共物品的供给,如国防等。
3. 确定干预措施的绩效目标和指标。

二、初步评估

1. 确定初步评估阶段的备选方案；

2. 确定约束性因素与依赖性因素；

3. 考虑再分配目标或效应；

4. 确定关键成功因素（CSF）：包括战略契合度、物有所值、供给能力、可负担性、可实现性等；

5. 考虑不可货币化因素；

6. 依据关键影响因素进行初步筛选，确认首选方案，并生成正式评估名单。

三、正式评估

1. 选择社会成本收益分析或社会成本效益分析之中的一种作为分析方法；

2. 确认并评估所有方案的成本与收益；

3. 对不可货币化的成本与收益进行定性评估；

4. 以名义价格估算公共部门的财务成本；

5. 所有成本和收益进行预期通胀调整，以便进行经济分析；

6. 确定合适的乐观偏差；

7. 对风险和收益记录情况进行维护更新；

8. 对可避免、可转移和可保留的风险进行评估，增加对应的风险成本，同时降低相应的乐观偏差系数；

9. 对成本与收益进行时间贴现；

10. 以贴现值计算净现期社会价值（NSPV）或收益成本比（BCR）；

11. 将财务成本与预算约束进行对比，分析可负担性；

12. 如果有必要，则进行单独的地区再分配分析。

四、确定最优方案

1. 依据社会净现期价值、收益成本比、风险以及非货币化因素确定最优方案；

2. 进行敏感性分析，确定临界值，以检验最优方案是否最优。

五、监测和评价

1. 实施前：将现有证据基础整合在一起，建立对比基础（基线）；

2. 实施中：根据新证据对干预方案、运营过程进行调整；

3. 实施后：对干预效果进行评价，并总结经验。

(三) 成本效益分析方法的应用

成本收益分析（CBA）或成本效益分析（CEA）是正式评估的核心。要对初步筛选出的所有备选方案进行详细的成本与收益评估，对不可货币化的成本与收益进行定性评估，估算公共部门的财务成本（投入），评估可避免、可转移、可能存在的风险并增加防风险成本；将财务成本①与预算约束进行对比。

1. 成本收益估值。社会成本收益分析要求对方案所能产生的一切影响进行估值，包括社会影响、经济影响、环境影响、财务影响等（见表2），这些影响是相对于在无额外干预措施的正常方案而言的。一是净现值法。比较不同方案的净现值 [净现值（NPSV）＝总贴现收益－总贴现成本]，这是对方案整体影响的度量；二是收益成本比。即收益的现值与成本的现值之比 [收益成本比（BCR）＝收益/成本]，这是对相对收益的度量，衡量每元公共支出所获得的收益。如果是在限定的预算额度下选择项目，则"收益产出比"的方法更合适。评估的基本要求：

（1）全面性。需要评估的成本和收益是指整个社会所面临的成本和收益，而不仅仅是公共部门或者发起机构的成本和收益，应该涵盖企业、家庭、个人以及非盈利部门的成本与收益情况。之所以要评估所有受影响群体的成本收益，是因为如同一项新监管条例的出台，对于公共部门来讲可能是一种低成本的选择，但是可能给家庭或企业带来巨大的成本。

（2）衡量性。应尽可能对备选方案的成本与收益进行量化以及货币化，以便于统一比较权衡。市场价格通常是成本收益估值的起点，可衡量商品或服务最佳替代用途所产生的价值，即机会成本。对于某些成本与收益，可能没有市场价格与之对应，或者市场价格无法充分反映社会成本与收益，就需要采用"影子价格"法进行评估。例如，生态环境价值可以采用非市场价值估值技术，还可以参考一系列给定的标准值。如果成本与收益的价值不可量化，或者可量化范围不对等，需要将其记录在评估结果中。

（3）时效性。在干预方案或者资产的全生命周期内来计算成本与收益。对于一般方案而言，将时间跨度设定为10年是合适的。若涉及重大的固定资产项目，

---

① 公共部门财务成本是在一项支出提案的预期生命周期内对所用资源和资本成本的估计。财务成本既包括自有资产也包括拨款，但不包括广义的社会成本。

如建筑项目以及基础设施项目,那么将时间跨度设为 60 年也可能是合适的。

表 2 成本与收益分类

社会成本	社会收益
1. 发起部门的会计成本: # 资本成本; # 业务成本。 2. 其他公共部门的间接成本: # 资本成本; # 业务成本。 3. 英国社会的广义成本: # 包括现金在内的可货币化成本; # 可量化但不可货币化的成本; # 无法量化的成本。 4. 总风险成本(即风险缓释与风险管理的成本): # 乐观偏差(因乐观偏差而被低估的风险成本); # 已估计或量化的风险成本。	1. 发起部门的会计收益: # 现金收益; # 可货币化的非现金收益; # 可量化但是不可货币化的收益; # 不可量化的收益。 2. 其他公共部门间接收益: # 现金收益; # 可货币化的非现金收益; # 可量化但是不可货币化的收益; # 不可量化的收益。 3. 社会的广义收益(含家庭、个人、企业): # 包括现金成本在内的可货币化收益; # 可量化但不可货币化的收益; # 无法量化的收益。

注:上述框架给出了社会价值评估中可能涉及的成本与收益类型,但并不是每一个方案的评估都会涉及到这些类型的成本与收益。

2. 确定最优方案。依据净现值、收益成本比、风险及非货币化因素,确定最优方案。

案例:政府正在讨论 39 英亩污染土地的修复方案,资金来源为财政拨款。土地的修复会大大提高新企业的生产效率,所以干预的收益可以通过土地价值的上升程度来进行估算。下表 3 提供了土地修复前后的价值数据。为简化分析,假设所有数值均为贴现后的现值。

表 3

变量	数值
土地面积	39 英亩
当期土地价值估计	30 659 英镑/英亩
未来期土地价值估计	200 000 英镑/英亩

续表

变量	数值
每英亩土地价值增值额	169 341 英镑/英亩
土地增值总额	660 万英镑
广义社会收益	140 万英镑
现期收益（PVB）——包括土地增值与广义社会收益	800 万英镑
现期成本（PVC）	600 万英镑
收益成本比（BCR = PVB/PVC）	1.3
净现期社会价值（NPSV）	200 万英镑

3. 监测和评价。

（1）监测是一个收集方案执行数据的过程，贯穿方案实施的全过程。即以方案评估期预测的数据作为对照基准，将收集到的数据反馈到方案执行、当前决策和评估过程中，同时作为未来决策的参考依据。

（2）评价是对方案的设计、实施和效果的系统性评估。主要包括：一是干预措施正在发挥作用还是已经完成；二是成本与收益是否与预期相同；三是是否产生了其他影响；四是执行情况和效果如何。

五、"十四五"时期深化改革的路径

尽管取得了上述积极进展，但必须认识到我国重大政策事前评估和事后评价工作刚刚起步，评估评价制度还不健全，绩效理念和意识尚未牢固树立，行动自觉和约束机制仍未形成，尤其是事前绩效评估工作尚未全面开展，事后绩效评价质量仍需提升，评估评价的"利剑"作用亟待充分发挥。"十四五"时期，在财政收支矛盾异常突出、部分地方政府性债务负担沉重的情况下，以绩效为导向，加强重大政策事前评估和事后评价工作的必要性和紧迫性尤为明显。

（一）全面推动，突出重点

各级政府各部门各单位要深入贯彻落实党中央有关决策部署，健全全方位、全过程、全覆盖预算绩效管理体系，健全事前评估评价制度办法，推动重大决策、重大政策和项目、重大政府投资项目事前评估、事后评价制度和各项措施落地生根，评估与评价结果作为政府决策、完善政策、改进管理、优化预算安排的重要依据。

（二）创新方法，降本增效

加快健全基本公共服务标准、支出标准和绩效标准体系，建立绩效指标库，积极推进成本效益指标量化、货币化。立足于行政决策、预算管理、政府投资等多维视角，依托大数据分析技术，创新评估评价方法。逐步推动重大政策和项目成本效益分析，提高绩效评估评价结果的客观性和准确性，降低行政管理和公共支出成本，提升资金使用效益和政策实施效果。

（三）广泛参与，公开公正

畅通专家、公众和第三方机构参与渠道，通过广泛参与、集体讨论等程序，提高事前绩效评估和事后评价的公正性、独立性和公信力。通过计量经济学等科技信息等技术手段开展建模分析、风险概率分析，提升评估评价质量。同时，积极引入人大代表、政协委员参与，依法主动接受党委巡视、政府督查、审计和社会公众监督。

绩效视角：构建应急管理财政政策的若干思考①

中国财政科学研究院研究员　王泽彩

内容提要： 当前决战新冠肺炎疫情，对政府治理能力和治理体系提出严峻考验。财政作为国家治理的基础和重要支柱，及时出台"加强重点物资供应，强化医务人员激励，实行鼓励社会捐赠的税收优惠，建立政府采购绿色通道系列应急财税政策，为决胜疫情防控和经济社会发展提供了坚实的物质保障。探索健全和完善应急管理财政政策体系，尝试前置预防投入绩效目标，强化疫情过程评估，注重灾后教训总结等，成为构建应急管理制度体系的重要内容。特别是，探讨在应急管理全过程健全预算安排、提高预备费安排比例、创新税式支出、设立应急管理基金、规范社会捐赠等制度安排，通过财政政策对冲公共风险具有重要现实意义。

关键词： 健全完善　应急管理　财政政策

2月14日，习近平总书记主持召开中国全面深化改革委员会第十二次会议强调，要完善重大疫情防控体制机制②。财政是国家治理的基础和重要支柱，承担着公共产品和公共服务供给职能。健全和完善突发事件应急管理财政政策体系，调整优化应急管理支出结构，统筹安排应急管理资金或物资，"充分运用宏观政策对冲公共风险"③，进一步提升应急管理能力显得尤为迫切。

一、应急管理财政政策体系建设有序推进

进入21世纪以来，财政部门积极贯彻落实党中央、国务院有关决策部署，按

---

① 王泽彩，王敏：《创新应急管理财政政策的若干思考》，《中国行政管理》，2020年第5期。
② 习近平：2020年2月14日召开的中央全面深化改革委员会第十二次会议发表的重要讲话。
③ 刘尚希：《充分运用宏观政策对冲疫情影响》，《经济日报》，2020年2月8日。

照深化财税体制改革总体要求,制定和完善应急管理"一案三制"财政法规政策,为实现经济恢复性增长、保障和改善民生急需发挥重要作用。

(一)基本厘清应急管理财政事权与支出责任

为加强突发事件应急管理财政管理,按照问题导向、目标导向、绩效导向原则,各级政府在应急保障预案指导下,不断规范和完善应急管理财政政策。财政部制定了《突发事件财政应急保障预案》,成为财政部门应急管理的"基本法"。具体包括:根据突发公共事件响应等级和影响程度,确定了采取不同的财政收入政策、财政支出政策以及快速拨付资金等方式进行支持;确立了按照现行事权、财权划分原则,实施分级负担。属于中央政府事权的经费由中央财政负担,属于地方政府事权经费由地方财政负担;按照"特事特办、急事急办"原则,及时拨付处置突发公共事件资金,专款专用,禁止挪用截留。

(二)依法依规制定应急管理财政政策制度

与应急管理的监测预警阶段、应急处理阶段和恢复重建阶段相对应,建立了公共财政预警、公共财政紧急处置和公共财政善后处理三个财政运行机制。(1)公共财政预警机制。在监测预警阶段,财政职能主要体现在日常工作机制的建设中,监测、分析公共风险和财政风险,旨在推迟危机状态的到来,或使危机状态变得平缓。(2)公共财政紧急处置机制。对造成全局性影响的公共危机,可采取财政收入政策、支出政策和资金快速拨付等措施;对局部性危机,可采取部分财政支出政策或资金快速拨付等措施。(3)公共财政善后处理机制。公共财政职能主要体现为灾情评估、灾后恢复重建拨付资金、开展补偿救济工作、兴建公共基础设施、实行财政税收优惠政策等。

(三)进一步拓宽应急管理财政支出筹资渠道

经费、物资保障是公共危机应急管理的重要内容。一是预备费。它是应急管理财政储备的主要形式,是专门用于财政预算不可预测的突发公共事件的重大支出,主要解决未列入预算需要临时追加的支出而设置的不安排具体用途的专项资金。按照《预算法》分别设置中央预备费和地方预备费。二是预算支出。《国家突发公共事件主体应急预案》中明确规定，要保障公共危机的应急准备和救济工作。各级政府和部门把危机管理部门日常运转的经费纳入财政预算，并为应对公共危机建立专门支出预算。三是税式支出。税收减免是指国家根据一定时期的经济、社会管理要求，对生产经营活动中的某些特殊情况给予减轻或免除税收负担。公共危机的出现，为了扶持特定行业，国家会采用税费减免的措施来应急。同时，还可以通过发行专项债券、再贷款贴息等措施支持企业发展。

（四）财政应对突发事件管理能力不断增强

为加强应急管理能力建设，我国确立了居安思危、预防为主的方针，明确了预防与处置并重、常态与非常态结合的原则，建立了统一领导、综合协调、分类管理、分级负责、属地管理为主的应急管理体制。首先，中央财政投入大量资金，重点加强了应急物资储备和应急队伍装备、灾害监测网络日趋完善，预警系统建设、灾害恢复重建能力建设等工作。其次，各级财政部门安排专项资金，用于支持应急管理部门的日常工作需求，推进应急管理工作的法制化、规范化建设，支持应急队伍建设。最后，财政部门积极支持重大疾病预防、防汛抗旱、抗震减灾、森林防火、安全生产、公安反恐、反劫机等专业机构应急指挥能力的建设。

（五）规范应急管理的财政预算执行

首先，卫生健康、自然资源、水利、地震、气象、海洋等部门和地方政府了解灾害发展情况，派出专家和工作人员赴现场开展灾情和灾区需求评估，提出资金需求规模。其次，根据了解的信息对受灾地区灾情状况、受灾程度、危及范围进行全面细致的考察，并及时分析出灾害可能造成的实际危害，特别是对群众生命财产造成的危害，做实资金需求强度。最后，相关部门要根据分析结果制定灾害报告，及时向上级主管部门以及通过有关新闻媒体向社会通报灾情和救灾工作信息，并向社会公布资金需求。对于灾害应急资金申请、划拨，由省、自治区、直辖市人民政府向国务院申请，并报上级主管部门批准，及时下达拨款通知。同时，通过预算管理、财政监督、审计监督、专项检查等建立了应急管理财政资金全过程监管体系。

二、应急管理财政政策体系建设亟待加快

截至 2 月 14 日,各级财政已安排疫情防控补助资金 901.5 亿元,其中中央财政 252.9 亿元①。总体看,我国应急管理事权与支出责任划分有待进一步细化、财政资金筹措渠道相对单一、应急管理项目支出绩效目标缺失、应急管理资金分配偏重事发处置、应急管理物资设备储备不足等问题亟待解决。

(一)事权与支出责任划分模糊削弱了应急管理能力

当前,我国危机管理遵循属地管理原则,虽然理论上事权与支出责任统一归属于地方,但在现行财政体制下,突发事件预警、处置和重大基础设施建设等方面事权中央与地方不清晰,地方甚至等待、观望。尤其是中西部地方政府高度依赖中央,基本没有安排或较少安排应急管理支出。而中央希望地方加大应急管理财政支出,减轻中央财政专项救助负担,这种博弈难以保证中央和地方做到应急财政资源的最优配置。中央与地方之间、部门之间因应突发事件预警、处置和灾后重建等事权与支出责任不清晰,存在应急管理各参与主体的共同事权"共而不同"的"大锅饭"现象。如患者救治、科研攻关、设备运维支出,武汉火神山、雷神山医院建设等事权与支出责任边界模糊(如表 1 所示)。因机构改革影响,应急、发改、财政、科技、工信、民政等应急管理参与主体的事权不明了,存在"推诿扯皮""官僚主义""形式主义"等现象。

表 1　　2020 年公共卫生突发事件事权与支出责任划分表

项目	事权		支出责任		备注
	中央	地方	中央	地方	
1. 患者救治费用补助	√	√	60%	40%	财社〔2020〕2 号
2. 防治医务人员和防疫工作者补助		√	100%		财社〔2020〕2 号
3. 防护、诊断和治疗专用设备及快速诊断试剂采购经费		√	视情况给予补助	100%	财社〔2020〕2 号

---

① 财政部官方网站。

续表

项目	事权		支出责任		备注
	中央	地方	中央	地方	
4. 参保患者异地就医个人负担财政补助		√	亟待明确	亟待明确	财办〔2020〕7 号
5. 未参保患者医疗费用补助		√	亟待明确	亟待明确	财办〔2020〕7 号
6. 试剂、疫苗、有效药物等科研攻关支出	√	√	亟待明确	亟待明确	财办〔2020〕7 号
7. 新建医院等基础设施投资		√	亟待明确	亟待明确	火神山、雷神山医院
8. 物资、设备、医护等运行经费	√	√	亟待明确	亟待明确	
9. 医疗废物应急处置费		√	亟待明确	亟待明确	

注：以上来自财政部发布的系列政策。

（二）轻事前预防、重事后投入的格局亟待调整

据业界专家分析，应急安全预防性支出与事后处置支出比例是1∶5，即预防性支出1元钱所能达到的效果相当于事后处置支出5元钱的效果，可见事前预防支出比事后处置支出更具效率，更应给予足够重视。目前，我国应急管理财政预算支出包含事前的预防性支出、事中的应急响应支出和事后的灾后恢复重建支出三个部分。财政将较多资金用于事发应急响应支出，事前预防性支出的投入比例较少，难以发挥应急财政政策应有的效能。据悉，中西部地区为"保工资、保运转、保民生"，年初预算较少安排应急管理事前预防性支出，大多待突发事件发生后，财力好的地方动用本级预备费、预算稳定调节基金加以解决，财力差的地方只能等待上级政府或国内外捐赠救助。因此，应研究应急管理支出由事发处置、事后重建向事前预防性支出转变，即统筹考虑突发事件事前预防性支出、事发处置应急性支出和事后恢复重建支出预算安排。

（三）应急管理项目支出绩效目标明显缺失

危机发生后，各级政府提供人、财、物等服务，职能部门和企事业单位等承担包括交通恢复、搜索和救援、通讯畅通、信息发布、医疗服务、商业保险、物资保障、审计监督等。由于突发紧急事件，大多项目支出来不及编制项目支出绩效目标，且由于应急财政支出资金大多分散在相关职能部门，各职能部门没有按

照绩效目标分配、使用资金,忽略投入产出、效果和受益对象满意度。从政策效果看,不同程度地出现了资金重复投入问题,而且由于职能部门多,资金比较分散,"集中力量办大事"的政策效果大打折扣。应急项目支出没有编制绩效目标,不利于事后的绩效评价。如在新冠肺炎疫情防控期间,非医护人员戴N95口罩等过度防控问题。再如,对企业多生产的重点医疗防控物资实行政府"兜底"收储,如N95口罩、防护服等,虽解除了企业生产后顾之忧,鼓励企业保质保量增加紧缺医疗物资生产供应,"缓解小微企业融资难融资贵有关情况"①,但同时也增加了财政支出负担。这迫切需要健全应急管理物资储备绩效目标体系。

(四)突发事件应急物资储备管理制度仍有短板

为疫情处置阶段或灾后恢复重建等储备物资、筹集资金,中央和地方常需要采取重新分配预算、增发政府债券或募集捐赠等措施。然而,这些措施存在一定局限性。重新分配预算难以提供足够物资或资金,而且还会从其他重点公共支出中抽走资金。如选择发行政府债券,巨灾之后借款成本比较高,而且政府债务会加剧宏观经济、金融体系风险隐患。募集捐助相当一部分会以物资和服务形式提供,因到达时间不能确定,且数额无法预估,造成乱发放、不及时、强征用等现象。如湖北省红十字会捐赠物资发放的"堰塞湖"现象、湖北鄂州官员私分捐赠物资、云南大理市卫健委强制征用重庆"口罩"等无序问题必须加以解决。因此,统筹应急管理资金、物资集中统一管理是个迫切解决的问题,最好统筹归口管理。

(五)突发事件应急管理各类资金监管偏弱

由于突发公共事件发生以后,着眼于"应急"目标,更多精力要及时处理突发事件,在资金调配上缺少前期项目支出可行性分析,普遍存在只算政治账、社会账、民生账,事后再算绩效账现象。同时,一些单位借应急管理之名,行超预算申请财政性资金之实,造成财政资金闲置,不利于提高资金整体绩效。"将绩效管理覆盖所有财政资金,延伸到基层单位和资金使用终端,强化资金使用单位

---

① 余蔚平:国务院联防联控机制举行新闻发布会答记者问,2020年2月7日。

的绩效责任"①。一些地方存在"重拨付、轻监管"现象，在预算执行中专款专用监管缺位，没有对拨付的财政性资金进行动态绩效跟踪监督，恐难以杜绝违规使用、挪用资金及浪费现象。

三、构建应急管理财政政策体系的国际借鉴

目前，各国政府都将应急管理作为政府的重要公共职责，高度重视应急管理工作，尤其是依法处置应急管理、廓清政府间事权与支出责任、巨灾商业保险等相关财政政策较为完备②，对于完善中国应急管理财政政策具有较强借鉴意义。

（一）应急管理财政政策法律体系健全

"依法应急"是发达国家共同的做法。多数国家均制定了一部统一的紧急状态法律，成为应急法制领域中的"基本法"，其他相关危机管理方面的专业法律都以此为依据和准则。通过建立应急法律体系，规范危机管理参与主体权利和责任，规定了危机管理程序和限制公民权利以及救济等内容，确保危机发生后能够建立起一个指挥有序、程序规范、保障有力、快速高效的应急保障机制。如美国已经制定了《紧急状态管理法》《联邦应急计划》《灾害对策基本法》等公共危机应对法律法规约 227 部。

（二）中央与地方之间应急管理事权和支出责任明确

多数国家中央与地方之间事权和支出责任十分明确。从事权上来看，突发事件的前期准备、预防以及采取措施减少灾害损失等责任主要在中央，而突发事件应急发生过程中的应急救援和灾后重建责任主要在地方。从支出责任来看，地方政府是应急管理支出的责任主体，只有公共危机超出地方政府财力承受能力时，地方政府才会向上一级政府寻求援助。但是，地方不会过度依赖中央，而中央也

---

① 刘昆：《财政运行仍将处于紧平衡状态》，《求是》，2020 年第 4 期。
② 王泽彩：《应急管理财政政策研究》，财政部、亚洲开发银行，2014 年委托课题。

只是给予地方一定的资金支持，承担地方财力不足时的兜底责任，英国、日本、印度等国家均明析了政府间应急管理支出责任。

（三）注重预防性支出投入，建立防灾减灾基金

许多国家不断加强预防性的支出安排，一方面在财政一般支出中注重公共领域的建设，增强公共领域基础设施和服务防御能力，以降低突发性公共事件的破坏性。另一方面，对于突发性公共事件的预警投入也尤为重视。如日本每年有近1/4的灾害管理预算用于灾害预防，如增强通信系统、鼓励信息分享、建设灾害管理库使政府集中应对灾害、编制撤离计划和开展救灾演习和演练等。

（四）通过巨灾保险分级共建风险分担机制

巨灾保险制度的建立和健全可以在一定程度上减少未来个人、家庭、企业财产遭受灾害损失，会大大减轻财政资金压力。美国已有较为完善的巨灾保险制度，它针对不同的巨灾风险分别立法，在灾害救助方面发挥着巨大作用，私营保险覆盖的范围也非常广，一些保险的保费（如重大疫情保险），大部分由联邦政府补贴。日本类似于美国，引入灾害保险制度，利用公私合营方式建立了保险系统，除了原保险公司承担一部分风险，再保险承担一部分，剩余部分由政府承担，减轻了政府应急管理支出压力，分散或转移了一部分公共财政风险。

（五）应急管理财政投入实施严格监督评价

一些国家对应急管理财政投入，实行多形式、分层次、全方位的监督和管理。如美国政府为加强对应急管理财政投入资金的监督管理，采取司法监督、议会监督和审计监督等几种方式，以保障应急管理资金安全、有效使用。再如印度，强制要求编制说明受益人详细情况和救灾数量和质量的清单，并将其提供给乡村自治委员会和市政当局的地方代表，另外还需将其张贴在乡村自治委员会和市政当局办公室，以及在街区单位张贴出合并表，这些表格清单需向普通大众公布。

四、健全和完善应急管理财政政策体系对策思路

习近平总书记指出,"确保人民群众生命安全和身体健康,是我们党治国理政的一项重大任务","抓紧补短板、堵漏洞、强弱项","完善重大疫情防控体制机制,健全国家公共卫生应急管理体系"①。加快构建应急管理财政政策体系,是推进国家治理体系和治理能力现代化不可或缺的重要内容。

借鉴成功应急管理实践经验,建议采取以下措施:

(一)支持加强应急管理能力建设

第一,廓清应急管理事权与支出责任。制定《突发事件事权与支出责任划分改革方案》,明析突发事件预防与应急准备、监测与预警、应急处置与救援、事后恢复与重建四个阶段政府间、部门间的事权与支出责任,夯实应急管理的"硬核"基础。第二,强化政策保障能力建设。研究国内外突发事件应急管理财政政策成效与教训,剖析单一财政政策与财政政策组合利弊,建构科学高效的应急管理"政策池"(如图1所示),按事件等级相机选择政策工具组合。第三,支持加强应急管理信息化能力建设。借助大数据、云平台、智能化等,进一步完善应急平台体系,进一步推进国家、省、市、县政府应急平台和军队突发事件处置应急指挥手段建设。加强包括应急人才队伍、应急物资保障等信息在内的基础数据库建设,完备的基础数据库可以为应急管理决策提供重要辅助作用。第四,支持加强应急管理超前预警能力建设。进一步扩大信息监测覆盖面,提高预警的实效性和准确性,强化对国家重点基础设施和保护目标的实时监控。建立一个能够全面覆盖公共卫生、自然灾害、事故灾难、社会安全等多种突发事件的预警体系。第五,支持加强应急管理处置能力建设。健全应急管理经常性培训、专业培训和突发事件演练常态化制度,全面提升全社会防灾救灾意识和自救互救综合素养,更加注重提升基层干部应急管理处置能力。第六,支持应急储备物资、资金保障能力建设。"统筹疫情防控和经济社会发展,促进大中小企业合作协同,进一步扩

---

① 习近平:《在中央全面深化改革委员会第十二次会议讲话》,2020年2月14日。

大医疗防控防疫物资产量,有力保障疫情防控、有序复工复产的需要"①。拓宽应急储备物资资金来源,探索 PPP、商业保险、医疗保险、巨灾保险、再贷款补贴等对应急管理财政补贴政策。

图 1　应急管理财政政策池

(二) 创新应急管理财政预算制度

应急管理预算编制应建立在深入分析和谨慎评估未来一个时期可能的突发性支出基础上,科学、合理、精准地加以编制。"今年的赤字安排已经考虑了不确定因素"②,"财政政策的新思路,应是超越经济和社会领域,用一个综合性的概念来管理公共风险"③。应急管理预算要努力做到:一是规范预算安排。要保证应急管理相关部门正常运转,就 2020 年公共卫生 COVID-19 来说,就是调整结构,打足"患者救治"疫情经费支出预算,保证应急管理部门职能发挥。同时,通过出台的一系列税收优惠政策调动企业、社会组织等复工复产积极性,引导应急管理领域的政府与社会资本合作。二是加大预防性投入。要坚持预防与应急相结合,常态与非常态相结合,完善预测预警机制,建立预测预警系统,开展风险分析,

---

① 李克强:2020 年 2 月 21 日,李克强总理在北京海淀考察医疗防控物资生产供应保障情况时强调指出。
② 余蔚平:国务院应对新冠病毒肺炎疫情联防联控机制新闻发布会上答记者问,2020 年 2 月 7 日。
③ 刘尚希:《公共风险是未来发展必须着力解决的问题》,2020 年 2 月 20 日,【CAFS 专家视点】。

做到早发、早报告、早处置。三是强化预算执行。保证突发公共事件发生以后，应急管理资金及时拨付到位，基本满足有关部门应急处置资金基本需求。"要加强库款形势分析研判，有序规范组织资金调度，必要时可采取预拨、垫付等措施，优先保障疫情防控资金拨付"[①]。四是狠抓恢复重建。支持恢复与重建工作，对突发公共事件中的伤亡人员、应急处置工作人员，以及紧急调集、征用有关单位及个人的物资，要按照规定给予抚恤、激励补助或补偿，并提供心理及司法援助。如为抗击COVID-19英勇牺牲的医护人员、公安干警、辅助人员等的褒奖和安抚、救助。

（三）研究设立国家应急管理基金

目前，我国设立了科技成果转化、文化产业、农业产业、中小微企业发展、集成电路产业、铁路发展、政企合作、亚洲投资、融资担保基金等19支只基金，为促进经济社会发展奠定坚实基础。鉴于"补短板"考虑，建议专门设立"国家应急管理基金"，专项用于自然灾害、事故灾难、公共卫生事件和社会安全事件。一是多元筹措机制。中央和地方从每年财政收入增量中按一定比例划拨，亦可引入国际国内金融资本、社会资本、私人资本入股模式，中央设立母基金，各省设立子基金。二是组建股份公司。按照《公司法》《政府投资基金管理暂行办法》等相关规定，组织应急管理基金股份有限公司，各省设立分公司，隶属财政部，实施垂直管理。三是实行市场化运作。正常年景通过市场化运作实现保值增值，偶遇突发事件年度则集中发力，以解决千头万绪的应急之需。通过预备费、预算稳定调节基金应对自然灾害、公共卫生事件等较为普遍，一些地方"现上轿，现扎耳朵眼"。四是规避风险。目前，应对突发事件"临时找钱"、多个部门花钱可谓"九龙治水"，在一定程度上存在产出效率低、透明度差、公信力弱的风险隐忧。

（四）完善应急管理预备费制度

预备费功能的强弱直接影响到突发事件应急管理实施效果，同时还会间接影

---

① 财政部：《关于进一步做好新型冠状病毒感染肺炎疫情防控经费保障工作的通知》，财办〔2020〕7号。

响国家财政运行稳定。因此，应尽快完善现有预备费制度。首先，探索调整预备费提取比例。在《预算法》修订之前，各级财政部门要按照《预算法》规定的上限足额提取预备费。探讨修改《预算法》适当提高预备费比率的可行性，将预备费提取比率设置为4%。其次，探索对预备费跨年结转管理模式。每年安排的预备费，对年末出现结余，原则上不再用于一般性预算支出，将剩余的部分结转到下年度继续使用，使其滚存积累，以备筹措充足资金应对未来突发公共事件。这样，既实现了预备费的应急使命，又帮助财政实现稳定运行，提高政府突发事件应急管理能力。再次，探索扩大预备费的来源。财政预备费除按本级支出额的一定比率设置外，对每年预算超收收入和财政盈余等，探讨从预算稳定调节基金中按一些比例提取预备费基金。最后，可研究推行应急管理的PPP模式，打造公共产品或公共服务多元供给的"减振器"，以纾解近几年"紧平衡"状态下的财政收支矛盾。

（五）严格突发事件收支全面绩效管理

第一，树立用绩效对冲风险的意识。应急条件下的绩效管理就是遏制风险蔓延，应急支出绩效目标就是对冲公共风险，防止衍生风险、贪腐、大包大揽、极端防控导致的浪费等。"疫情防控工作结束后，各地要及时对相关财税政策落实和财政资金使用效果开展绩效评价"[①]。按照《中共中央 国务院关于全面实施预算绩效管理的意见》，根据突发事件处置的轻重缓急，探索构建应急管理预算支出框架（EMBF）[②]，严格绩效目标和绩效指标导向下的支出管理。第二，分层级设计绩效目标。区别中央和地方设计不同绩效目标和指标，对公共卫生防疫支出、基础设施服务能力建设支出、先进自然灾害预警体系支出、专业救援人员的训练和民众的危机培训演练费用支出、救灾物资储备仓库和产品储备支出、专业机构科研支出等，"要围绕政策落实和资金管理使用的时效性、公平性、有效性开展评价"[③]。第三，分区域评价政策和资金产出效果。在加大对中西部地区转移支付力度基础上，要考虑中西部经济发展水平限制，无力弥补在经济发展进程中造成的公共卫生、严重自然破坏所需支出。因此，在绩效目标导向下，突出对中西部

[①③] 财政部：《关于加强新冠肺炎疫情防控财税政策落实和财政资金监管工作的通知》，财办〔2020〕11号。

[②] EMBF·Emergency Management Budget expenditure Framework.

地区公共卫生、基础设施建设、环境保护等方面支出绩效评价，提高抵抗公共卫生、自然灾害的能力。当然，在具体评价过程中，要"重点关注政策和资金是否及时、精准到位，资金补助标准是否科学合理"①。第四，要突出基层政府落实政策绩效评价。由于我国城乡二元结构差异大，农村发展缓慢、经济落后，公共资源占有率低等特点，导致我国农村基本公共服务均等化体系未能全面建立，公共卫生环境差，传染病预防与控制困难，基础设施薄弱等问题。所以，应着重加大农村公共卫生、基础医疗设施投入，加快实现基本公共服务均等化，以有效应对各种公共危机事件。当然，"资金分配是否公开透明、公平公正，防控政策和资金是否达到预期效果"② 是基层政府公共卫生支出绩效评价重点。第五，建立灾后预算绩效评价报告制度。建立应急管理财政绩效评价报告制度，健全重大应急管理项目支出绩效动态监督机制和终身责任追究机制。"系统总结政策落实和资金使用中好的做法和经验，分析存在的不足和问题，有针对性的提出意见建议，作为调整完善财税政策、加强资金管理的重要参考和依据"。

（六）建立应急管理巨灾保险制度

科学合理的灾前风险转移工具能够缩小实际经济损失和投保损失之间的差距，有助于降低政府预算的波动，减少政府在巨灾后筹集资金压力，并相应增加预算确定性。巨灾保险就是灾前风险融资的主要金融工具，不仅是提供损失补偿，它还能有效分担政府在救灾领域的财政风险，其意义重在于平抑政府支出的波动性、减少政府预算的不确定性。同时，巨灾保险的快速理赔也为政府筹措救灾资金解决燃眉之急。研究构建我国巨灾保险制度：一是确立巨灾保险制度框架。国际上现有的巨灾保险体系有政府主导、市场主导、政府和市场结合三种模式。中国应建立政府参与的保险、再保险三位一体的巨灾保险制度框架。二是完善巨灾损失评估机制。建立必需的保险技术支撑体系，增强保险技术支持，以公正客观的巨灾损失指数作为开发标准化巨灾保险产品的基础。三是发挥"大数据"绩效。在巨灾保险制度设计中突出数字绩效，更多地依靠社会和实时数据、用更加准确的维度去预测风险和判断损失。

---

① 财政部：《关于加强新冠肺炎疫情防控财税政策落实和财政资金监管工作的通知》，财办〔2020〕11号。
② 同上。

（七）完善应急财政征用补偿制度

建立科学的应急财产征用补偿制度，合理、规范地实施应急财产征用补偿，对于充分调动单位、个人和社会各界的积极主动性，增强政府应对突发事件的处置能力具有非常重要的作用。首先，明确应急财产征用补偿职责分工和工作程序。参照《突发事件应对法》对应急事件管理体制规定，实行分级负责、属地管理的分工体系，制定征用决定书、送达征用决定书、办理征用物资交接、完善财产返还程序、及时实施补偿和建立补偿结果公示制度。其次，制定公正合理的应急财产征用补偿标准。针对征用财产对象、被征用主体和征用财产使用情况的不同情况，要按照"分类管理、科学核定、市场为主"等原则，科学合理地制定应急财产征用补偿方式和标准。再者，建立稳定充足应急财产征用补偿机制。充分发挥市场配置资源的决定性作用，建立层级政府、政府与企业合理风险分担机制，明确各自的风险责任，以减少道德风险。最后，实施公开透明的应急财产征用补偿监督核查制度。加强社会监督，加大征收补偿工作的社会公开力度，建立公开透明的申报程序，扩大第三方中介机构评估范围，建立补偿结果听证制度和社会公开制度，提高社会公众对补偿工作的监督力度。

从2003年SARS，到2019年的COVID，"今人哀之而不鉴之，亦使后人而复哀后人也！"[①]。可以预期，经过全国各族人民共同奋斗，一定能够打赢新冠肺炎疫情防控阻击战，经济社会也将快速回归稳中向好、长期向好的发展轨道。特别是，随着应急管理财政政策效应的进一步释放，必将助推国家治理体系和治理能力现代化，促进全面建成小康社会、决战脱贫攻坚宏伟目标的实现。

---

① ［唐］杜牧：《阿房宫赋》，出自《樊川文集》，上海：上海古籍出版社，2007年。

地方预算绩效管理改革的背景、路径、实践及启示

中国财政科学研究院研究员　石英华

内容提要：预算管理制度关乎政府治理，全面实施预算绩效管理对于推动国家治理能力和治理体系现代化具有重要意义。作为深化预算管理制度改革的重要方面，我国的预算绩效管理改革是在中央的倡导下推进的，但一些地方的积极探索和成功实践，为绩效预算管理改革的推广和实施提供了借鉴参考。解析地方绩效预算管理改革的逻辑，对于丰富预算管理制度改革的相关理论，推进预算管理制度的进一步深化改革，全面实施预算绩效管理具有一定价值。基于此，本文分析了地方预算绩效管理改革的背景、路径、典型做法，分析异同，得出启示。

关键词：地方财政　预算绩效管理改革　政府治理

改革开放以来，在中央统一领导下，不同区域经历着不尽相同的改革发展之路。很多领域的改革遵循渐进式的路径，地方在中央倡导下开展改革试点，或自发地先行先试，积极进行改革创新探索，地方一些成功的经验和做法被吸纳到国家层面出台的政策、制度里，换言之，中央出台的制度、政策在一定程度上体现了一些地方成功的实践和探索。从这个角度看，地方的改革实践也是推进预算制度变迁的重要驱动力。从财政支出的总体格局看，地方支出占大头，加上转移支付资金，地方财政支出占全国支出的比重超过80%。因此，对典型地方改革实践的比较分析有重要的借鉴意义。

预算管理制度是财政改革的先行步骤，随着绩效管理改革的推进，绩效信息逐渐渗透到政府活动的方方面面。总体看，预算绩效管理改革作为深化预算管理制度改革的重要方面，是在中央的倡导下推进的，但一些地方的积极探索和成功实践，为绩效预算管理改革的推广和实施提供了借鉴参考。对典型地区典型案例的比较，分析其异同之处，能够更好地厘清地方预算绩效管理改革的逻辑。

一、推动地方预算绩效管理改革的关键背景

财政收支矛盾日益尖锐是实施绩效预算管理改革的内在动因。2000年以后，我国经济持续快速增长。2001年GDP突破10万亿元，2006年GDP超过20万亿元，2015年GDP超过60万亿元，2020年GDP超过100万亿元。在经济高速增长的过程中，财政收支快速增长，且财政支出以快于财政收入的速度增长。财政支出快速增长，财政收支矛盾尖锐，放在全国大背景下看，与城镇化的快速发展相关。2000年以后，我国城镇化加速发展，2003年全国城镇化率首次突破40%，达到40.53%。2020年城镇化率超过60%。短短17年，城镇化率上升了20个百分点。部分省市城镇化率上升幅度更大。上海、北京、广东、浙江的城镇化率远高于全国平均水平。随着人口向城市的迁移，对城市公共服务的需求也急剧增加，财政支出的压力不断加大。财政收入的盘子越来越大，而支出的压力并没有减少，反而越来越大，优化预算资金配置，提升财政支出绩效变得日益迫切，探索财政支出绩效维度的改革，向管理要效益，成为日益显见的现实需求。

对部分绩效预算改革的典型案例地区的分析发现，较早推行绩效预算相关改革的省市并不是财政经济状况差的地区，而是财政经济状况较好的省市。财政收入少时，部门支出扩张的冲动不明显。财政收入持续增加，政府部门办事创业的积极性更高，争基数、争盘子的冲动更明显，收支矛盾反而更加尖锐。通过预算绩效管理约束部门支出扩张的冲动，缓解日益尖锐的财政收支矛盾，成为推动预算绩效改革的内在动力。2000年以后，地方财政收支增长迅速。特是地方财政支出以快于财政收入的速度增长，地方财政支出的占比也在快速提高。近几年，我国经济增速不断放缓，各地区经济增长已经进入一个相对平稳的发展时期，财政收入也不会有大幅的提高，加之持续大力度的减税降费，"十三五"时期我国减税降费总规模达7.6万亿元，而用于教育、社保、医疗卫生、环保、扶贫等领域的财政支出刚性增长，财政收支矛盾进一步加剧，强化绩效预算管理，提升财政支出绩效变得尤为重要。

通过考察较早实施预算绩效管理改革的省市，来自财政支出方面不断加大的支出压力是这些地方在中央倡导下积极推行财政支出绩效管理改革的主要动力。

一方面，当地领导的重视与支持是实施改革的重要推动力。绩效预算改革涉及对有限资源的监管与再分配，涉及部门间利益的调整。加之在预算制度改革进

程中，预算编制、执行、决算等管理制度尚在完善中，将绩效理念引入财政管理制度具有难度，各职能部门对待绩效预算改革的态度和行为不同，在这种环境背景下，政府部门主要领导的支持对推动绩效预算改革起至关重要作用。

另一方面，人大立法机构积极参与至关重要。对上海市闵行区、广东省等多个案例的考察发现，立法机构的积极参与是绩效预算管理改革的重要推动力。以上海市闵行区为例，该区在实施绩效预算改革过程中，人大积极参与，发挥预算监督作用，与行政部门形成了良好的互动机制。

第三方面，经济较发达，市场化程度高，公众支持改革等因素为改革营造了良好的外部环境。

首先，民营经济发达，市场经济相对较为成熟，绩效管理的理念更容易被接受和推广。广东、浙江、上海的市场化进程一直在全国领先，这为预算绩效管理改革提供了良好的外部环境。其预算绩效管理改革进展顺利，取得明显成效。对各地改革的比较分析显示，各地方政府在预算绩效管理改革的力度、方式和成效等方面都存在较大的差异性，在一定程度上与有利的改革环境相关。以较早推行绩效预算改革的浙江省、广东省为例，两省商业文化浓，民营经济发达，市场经济相对较为成熟，绩效管理的理念更容易被接受和推广，这种以产出和结果为导向的绩效预算改革顺应了经济社会发展需要。

其次，较为发达的经济发展水平为预算绩效管理改革提供了良好的基础。以较早推行预算绩效管理改革的广东为例，优越的经济发展和经济增长基础带来了财政收入的稳定增长，相对充裕的财政资金为更加科学合理高效的预算分配提供了条件，这些是广东省成为预算绩效管理领跑之地的重要基础。

最后，社会公众的关注与支持提供了有利的改革环境。随着经济发展水平的提高，为提升公共服务水平，改善人民生活，让广大民众共享改革开放的成果，政府在相关民生领域的财政支出不断增加。而政府增加相关民生领域的财政支出，使得社会公众对于预算绩效的关注度越来越高。推进预算绩效管理改革，提高预算透明度，更好地回应了公众对预算绩效的关切。

二、地方预算绩效管理改革的路径和阶段

1. 中央顶层设计与地方试点探索的改革路径。在2003年中央明确提出建立预算绩效评价体系之前，部分地方在财政部的倡导下，自发开展了绩效评价的试

点工作。

党的十六届三中全会通过的《中共中央关于完善社会主义市场经济体制若干问题的决定》中,明确提出了"建立预算绩效评价体系",此后,财政部陆续出台了规章制度,开展中央部门预算支出绩效评价试点。2003 年发布了《中央级行政经费项目支出绩效考评管理办法(试行)》,2005 年发布《中央部门预算支出绩效考评管理办法(试行)》。在中央提出建立预算绩效评价体系之后,一些地方积极探索,开展财政项目支出绩效评价工作。

随着我国预算绩效管理不断深入,2009 年财政部印发《财政支出绩效评价管理暂行办法》,开始指导地方财政部门对财政支出进行绩效评价工作。以此为标志,大多数地方开始逐渐建立财政支出预算绩效评价体系。2011 年出台《中央部门财政支出绩效评价工作规程(试行)》,出台《财政支出绩效评价管理暂行办法》,对《财政支出绩效评价管理暂行办法》(2009)进行修订,确定了预算绩效管理的指导思想、基本原则和主要内容。这标志着我国预算绩效管理工作在全国范围内展开。2012 年财政部发布了《绩效预算管理工作规划(2012—2015)》,明确提出我国绩效预算改革的总体目标与主要任务。在中央做好预算绩效管理的顶层设计的同时,各地方也在积极推进预算绩效管理,特别是建立科学的财政支出绩效管理机制,加强省级财政支出预算管理。

2014 年新修订的《预算法》首次将绩效入法,突出了"绩效原则""绩效评价结果"和"绩效目标管理"等内容。截至 2016 年年末,按照政府绩效管理试点任务分工和工作要求,财政部积极组织地方各级财政部门和中央各部门全面开展预算绩效管理工作试点,在组织机构建设、规章制度建立、管理机制创新等方面取得了积极进展。

2017 年党的十九大报告提出,"建立全面规范透明、标准科学、约束有力的预算制度,全面实施预算绩效管理"。2018 年 9 月,中共中央 国务院发布的《关于全面实施预算绩效管理的意见》,明确指出全面实施预算绩效管理是推进国家治理体系和治理能力现代化的内在要求,是深化财税体制改革、建立现代财政制度的重要内容,是优化财政资源配置、提升公共服务质量的关键举措。明确了全面实施预算绩效管理的指导思想和基本原则,并要求构建和完善全方位、全过程、全覆盖的预算管理体系。

2. 绩效评价经历"项目支出—部门整体支出—支出政策评价"等阶段。从支出绩效评价的实践看,我国的绩效评价经历了项目支出绩效评价、部门整体支出绩效评价、政府绩效评价以及支出政策绩效评价四个阶段。由于各地经济发展状况、财力基础差异显著，政府及相关部门对预算绩效管理的理念和认识不同，财政预算管理能力不同，因而，各地方处于不同的绩效管理阶段。各地均是从项目支出绩效评价试点开始，逐步探索建立了较为完善的项目支出绩效评价的职能机构、制度体系和操作规范，项目支出绩效评价开展规范，与预算管理过程有机结合。

三、地方预算绩效管理制度支撑、技术保障等方面的主要做法

对地方预算绩效管理改革评估发现，在改革成效显著的地区，多层次的预算绩效管理制度框架提供制度支撑，科学的预算绩效目标管理发挥源头把控作用，完备的绩效评价指标体系提供技术保障，绩效评价的结果应用机制强化绩效评价的约束力。

1. 多层次的预算绩效管理制度框架提供制度支撑。实施预算绩效管理改革，制度先行。在预算绩效管理改革的探索过程中，地方建立了多层次的预算绩效管理制度框架，为规范有序地推进预算绩效管理提供了有力的制度支撑。

2. 科学的预算绩效目标管理发挥源头把控作用。预算绩效目标体系是实施预算绩效管理的首要环节，也是实施预算绩效管理的重要基础。只有目标合理，预算绩效管理才能可行。地方政府在实施预算绩效管理的改革中，注重预算绩效目标管理，为预算绩效管理的有效实施提供了基础保障。

3. 完备的绩效评价指标体系提供技术保障。绩效评价指标体系是考量部门预算支出绩效目标实现程度的工具，也是绩效评价的关键技术。地方在推进预算绩效管理进程中，除建立制度规范操作流程之外，还逐步建立了完备的项目支出绩效评价指标体系，部门整体支出绩效评价指标体系、政策绩效评价指标体系。绩效评价指标体系主要由分级指标、指标权重和评分标准构成。指标既包括共性指标，也包括个性指标。权重是具体指标所占的分值，反映具体指标在指标体系中的重要性。评分标准则应依据计划标准、行业标准和历史标准等评价标准进行制定。

4. 绩效评价的结果应用机制强化绩效评价的约束力。预算绩效管理真正具有生命力，关键在于预算绩效管理结果的应用。地方在推进绩效预算管理的过程中，强调结果导向，注重绩效评价的结果应用，推动绩效预算管理真正从由"重结果"到"用结果"的转变，从"好看"到"管用"的转变。

四、地方预算绩效管理进展不一，成效各异

回顾地方预算绩效管理的改革进程，比较研究发现，各地方政府预算绩效管理无论在改革试点、改革力度、改革方式，还是在改革进展和成效等方面都存在较大的差异性。各地预算绩效管理改革有先有后，进展不平衡，成效差异大。

从横向看，不同省市之间、不同地区之间进展不平衡，改革成效存在明显差异。部分预算绩效管理工作开展较早的省份实现了试点范围全覆盖，对所有部门、所有财政资金都开展了预算绩效管理试点，预算绩效管理不断向纵深推进；但还有部分地区预算绩效管理起点不高，绩效管理各项工作进展缓慢，有些省份只在一些部门和用部分资金开展试点，少部分省份试点范围很小，涉及的资金规模非常有限。一些地方的绩效预算管理改革力度较大，实施成效显著。随着预算绩效管理改革的推进，绩效目标、绩效评价、绩效管理的信息已嵌入政府治理流程中，正在推动政府治理体系的重塑。但大多数地方的绩效评价更多的是一种日常工作，限于人员和机构力量，开展好绩效评价工作都不是很容易，更不用说以此约束部门的预算或施政行为。有一些地方政府预算绩效管理改革成效甚微，改革流于形式，现实中表现出"为评价而评价"花钱走过场情况，财政支出绩效未能真正提高，僵化、固化、低效的预算支出结构未能真正优化，基数加增长的预算编制模式未能真正改变，预算绩效管理制度的效应未能真正发挥。

从纵向看，省市县不同级次政府之间预算绩效管理改革进展不平衡。省级部门的工作整体开展较快、较好，绝大多数省都开展了试点工作，覆盖部门广，试点项目较多，但在市、县层面则相对落后，预算绩效管理试点覆盖面小，仅有部分市县财政部门开展了预算绩效管理试点工作，对预算绩效管理的认识还不到位，工作尚未取得实质性进展。

五、地方实践带来的重要启示

1. 绩效预算改革充分体现中央地方联动，地方先行先试的改革路径。20世纪绩效预算改革的探索和实践在我国兴起。一些地方率先开始绩效预算的探索。从地方预算绩效管理改革的实践看，在中央统一领导，地方分级管理的行政管理体

制下,特别是在分级财政体制条件下,预算管理改革的深化,都是中央与地方联动。预算绩效管理改革的很多实践是在地方率先探索,或中央在地方试点,形成局部经验后推动中央全面实施。在某种程度上说,我国目前实施的预算绩效管理的很多制度安排,是地方成功经验的系统集成。即使改革的总体思路、改革理念由中央确定,这些理念在实践中如何具体化,也是通过地方的实践体现的。从这个意义上讲,总结地方实施的逻辑路径、成功经验、典型案例,对于未来全国改革政策的更好落实至关重要。

2. 全过程绩效理念和管理机制逐步形成。随着预算绩效管理实践的推进,绩效理念日益普及,注入了预算管理的全过程,预算分配、执行与监督之间的关联更为紧密。财政部门内部的预算分配部门、财政支出部门与财政监督部门形成了较之从前更为紧密的业务合作关系,财政部门内部的绩效合力初步形成。

在预算编制环节,预算部门在项目实施之前已经形成经过科学论证的与预算金额相匹配的绩效目标,部门职能、项目安排、资金匹配之间建立了有机联系。在财力有限的情况下建立科学合理的项目筛选机制,预算分配决策较从前更加趋于科学合理。在预算执行环节,通过及时、系统地反映预算执行过程中的项目绩效目标的运行情况和实现程度,纠正绩效运行偏差,促进绩效目标的顺利实现。项目完成后,及时开展绩效评价,对项目财政支出的经济性、效率性和效益性进行客观、公正的评价。

3. 预算绩效管理提高了预算透明度,推动政府决策的民主化、科学化。绩效预算管理推动了预算制度的完善,也为提高预算透明度创造了条件。实施绩效预算管理改革后,除了政府及其职能部门的预算、决算向社会公开之外,还可向社会公开绩效评价结果以及行政成本等社会高度关注的财政信息,预算公开的内容更为丰富,财政透明度进一步改善。一些地方公布了重点项目(政策)的绩效评价结果。依据这些公开信息,社会公众不仅可以知晓政府的钱花在哪里,而且知晓钱花的效果如何。这为各利益相关方决策提供了更全面的信息。通过强化绩效目标管理、执行监控、绩效信息公开和绩效结果应用,倒逼政府职能部门提前筹谋预算,进一步提高预算支出与部门职能履行的匹配度,推进政府治理能力提升和政府决策的科学化。

4. 通过绩效预算改革推动政府治理体系重塑。预算绩效管理为提高政府治理能力提供了重要工具。绩效评价为政府部门提高政策的科学性、准确性提供了依据,为政策设计科学、执行有效提供技术保障。预算绩效管理为优化政府管理流程提供可能。预算绩效管理对财政支出政策,甚至宏观经济社会政策形成一种外部制约。部门等相关主体都始终面临着接受绩效评价的压力，从而迫使他们在项目、政策的决策和执行等阶段，都能严格按照规定的运行程序开展工作。绩效评价信息为政策制定、调整、修正、延续和终止提供依据，提高财政支出政策的有效性和精准度。预算绩效管理为人大预算监督提供了新的载体，地方人大以绩效评价信息对政府部门进行预算监督。绩效评价结果的公开丰富了预算公开的内容，进一步提高了财政透明度，更有利于社会公众监督。绩效预算管理真正嵌入政府治理体系中，推动政府治理体系和治理能力的现代化。

党的十八大以来我国预算管理改革进展情况

中国财政科学研究院研究员 程瑜

内容提要：预算管理改革是推进国家治理体系和治理能力现代化的重要体现，是深化财税体制改革、建立现代财政制度的重要基础。党的十八大以来，我国不断深化预算管理改革，优化制度设计，基本确立了现代预算制度的主体框架，初步形成了现代预算治理格局。

关键词：预算管理　财税体制　预算治理

一、基本确立现代预算制度主体框架

现阶段，我国预算编制更加科学，预算执行更加注重法治，预算监督机制不断创新，现代预算制度主体框架基本确立。

1. 完善预算编制（决策），管理更加科学化。预算编制是预算管理改革的基础，也是预算执行和预算监督的前提。近年来，我国预算管理体系和预算编制流程不断优化。尤其是新《预算法》实施以来，我国建立了定位清晰、分工明确、以四本预算为主体的政府预算体系，四本预算之间的统筹力度不断提升。部门预算制度不断完善，各部门预算收支范围不断细化，"三公"经费不断压缩，坚持非必要不得列支。绩效关口不断前移，对新出台重大政策、项目，结合预算评审、项目审批等开展事前绩效评估力度不断加大，将评估结果作为申请预算的必备要件，防止了"拍脑袋决策"，从源头上提高预算编制的科学性和精准性。

建立跨年度预算平衡机制，实施中期财政规划，进一步确保财政可持续。十八届三中全会通过的《中共中央关于全面深化改革若干重大问题的决定》中明确提出"建立跨年度预算平衡机制，建立权责发生制的政府综合财务报告制度"。新《预算法》进一步强调各级政府应当建立跨年度预算平衡机制。新《预算法》

明确规定"各级政府应当建立跨年度预算平衡机制",将预算审查重点从收支平衡、赤字规模向支出预算转变,从而改进了年度预算控制方式。《国务院关于实施中期财政规划管理的意见》(国发〔2015〕3号)和《财政部关于推进中央部门财政规划管理的意见》(财预〔2015〕43号)强调要以坚持以现行财政政策为导向来编制中期财政预算,统筹兼顾眼前利益与长远发展,强化中期财政约束要求中期财政规划。按照三年滚动方式编制,第一年规划约束对应年度预算,后两年规划指引对应年度预算。年度预算执行结束后,对后两年规划及时进行调整,再添加一个年度规划,形成新一轮中期财政规划。

这一系列预算编制流程的优化,是我国财政预算管理的重大制度创新,标志着我国正式走上编制中期预算的道路,这也意味着政府将在未来相对年度预算而言更长的特定时期内依照政策重点进行财政资源优化配置,有利于实现预算编制的合理性和科学性,避免政府突击花钱、提高资金使用绩效,真正体现政府预算平衡的长期性、动态性和整体性。

2. 预算执行和调整程序化、法治化。预算执行是预算编制的具体落实,是预算从理论到实践的转化过程。近年来,我国预算执行法治化程度不断提升,预算执行逐渐做到有法可依,有法必依。新《预算法》为预算执行法治化程度奠定了法律基础,具体规定了预算执行的相关内容。预算收入执行方面,《预算法》明确规定预算收入征收时不得多征、提前征收或者减征、免征、缓征应征的预算收入。不得截留、占用或者挪用预算收入。预算支出执行方面,《预算法》强调应加强对预算支出的管理,不得擅自改变预算支出的用途。财政、税务、海关等部门在预算执行中应加强对预算执行的分析,严格管理预算支出。

为防止预算执行出现偏差,进一步规范预算调整相关程序,新《预算法》明确规定对于必须进行的预算调整,应当编制预算调整方案,同时说明预算调整理由、项目和数额。对于突发事件需要增加预算支出的,应当先动用预备费;预备费不足的,可以先安排支出,属于预算调整的,列入预算调整方案。应将预算调整方案送交本级人大有关专门委员会进行初步审查,并提交本级人大常委会会议审查和批准。从程序上对预算调整进行了严格管控,加强了我国预算调整的法治化水平。

预算结转结余资金管理力度不断加强,财政专户管理工作纵深推进。《国务院办公厅关于进一步做好盘活财政存量资金工作的通知》(国办发〔2014〕70号)要求清理一般公共预算和政府性基金预算结转结余资金,加强对转移支付和部门预算结转结余资金的管理。同时要求从2014年起,地方各级政府除国库集中支付年终结余外，一律不得按权责发生制列支，严禁违规采取权责发生制方式虚列支出。同时，不断加强对预算执行的监测，更加科学调度资金，简化审核材料，缩短审核时间，推进国库集中支付电子化管理，预算执行效率得到了切实提升，预算执行的科学化水平也大幅提升。

3. 预算监督机制不断健全。预算监督是预算执行的有利约束，也是各方协同参与预算的重要途径。党的十八大报告提出"加强对政府全口径预算决算的审查和监督"，党的十八届三中全会明确"审核预算的重点由平衡状态、赤字规模向支出预算和政策拓展"的改革方向，党的十九大报告进一步提出"建立全面规范透明、标准科学、约束有力的预算制度，全面实施绩效管理"，2018年9月发布的《中共中央 国务院关于全面实施预算绩效管理的意见》也要求以全面预算绩效管理来提升预算监督能力。我国预算监督机制不断健全，对预算执行的约束力度也不断加大。

人大监督效能不断提升，监督方式不断创新。我国宪法和法律赋予各级人大及其常委会的一项重要职能便是审查批准预算和监督预算执行。新《预算法》强化了人大代表的预算监督权，从预算的管理、预算的编制，到预算的审查和批准、预算的执行调整以及决算监督，都明确了人大的监督职权，为人大代表监督预算提供了法律保障。十八届三中全会《中共中央关于全面深化改革若干重大问题的决定》进一步明确提出"加强人大预算决算审查监督"的改革任务，2018年3月中共中央办公厅印发的《关于人大预算审查监督重点向支出预算和政策拓展的指导意见》明确人大对支出预算和政策开展全口径审查和全过程监管，审查的主要内容包括支出预算的总量与结构、重点支出与重大投资项目、部门预算、财政转移支付、政府债务等。近年来，人大不断创新预算监督方式，采取了财政专题询问、预算信息联网、审计与绩效考核等多种形式，切实增强了监督实效，大力推进了对政府预算决算的审查监督工作。

社会参与热情不断加强，第三方监督力度不断加大。新《预算法》明确规定人民代表大会举行会议审查预算草案前，应当采用多种形式，组织本级人民代表大会代表，听取选民和社会各界的意见。公民、法人或者其他组织发现有违反本法的行为，可以依法向有关国家机关进行检举、控告。《关于贯彻落实〈中共中央 国务院关于全面实施预算绩效管理的意见〉的通知》（财预〔2018〕167号）强调引导和规范第三方机构参与预算绩效管理，加强执业质量全过程跟踪和监管。搭建专家学者和社会公众参与绩效管理的途径和平台，自觉接受社会各界监督，促进形成全社会"讲绩效、用绩效、比绩效"的良好氛围。这一系列措施增加了预算透明度，提升了普通公众和第三方机构对政府预算的监督意愿，全面增强了社会监督力度。

二、初步形塑预算治理格局基础

随着我国不断深化预算制度改革，预算治理主体更加明晰，权责边界进一步厘清，激励约束机制不断健全，预算依法追责机制更加完善，初步形成了现代化预算治理格局。

1. 形塑预算治理主体。近年来，基于《预算法》的修订以及预算绩效管理的全面实施，我国预算治理主体的权责不断明晰，进一步打破了"风险大锅饭"，向着建立现代预算制度迈出了坚实的步伐。新《预算法》继续规定国家实行一级政府一级预算，设立中央，省、自治区、直辖市，设区的市、自治州，县、自治县、不设区的市、市辖区，乡、民族乡、镇五级预算。全国预算由中央预算和地方预算组成，地方预算由各省、自治区、直辖市总预算组成。这一规定将我国五级政府全部纳入预算中来，为我国预算体制的完整性奠定了法律基础。

以财政事权与支出责任划分为抓手，进一步优化预算主体权责。2016年8月，国务院发布了《关于推进中央与地方财政事权和支出责任划分改革的指导意见》（简称《指导意见》），不仅对央地财政事权和支出责任如何划分提出了原则性的指导意见，如明确了"谁的财政事权谁承担支出责任""适度加强中央的财政事权""减少并规范中央与地方共同的财政事权"等重要原则。《指导意见》对中央财政事权、地方财政事权、中央地方共同事权进行了明确划分；在此基础上，文件还为央地事权与支出责任改革的分步实施勾画了具体的时间表和路线图，即2016年先从国防、国家安全等领域着手，2017—2018年深入到教育、医疗、环保、交通等领域，2019—2020年基本完成主要领域改革，形成央地事权和支出责任划分的清晰框架。目前，央地事权和支出改革实践正沿着上述原则和路线图循序渐进地展开，并初步总结出了一些改革经验。

明确发债主体，防范和化解债务风险，着重构建地方政府的激励相容机制。按照疏堵结合、"开前门、堵后门、筑围墙"的改革思路，新《预算法》从举债主体、用途、规模、方式等多个方面作了明确的规定。具体包括：落实债务限额控制，严格限定举债主体、程序和资金用途，推动政府债务分类纳入全口径预算管理；逐步剥离融资平台的融资职能，确保融资平台政府债务余额不再增加；妥善处理存量债务和在建项目后续融资,开展存量债务置换工作。《关于对地方政府债务实行限额管理的实施意见》(财预〔2015〕225号)也做了相应的规定。这些举措有利于建立规范合理的地方政府举债融资机制,及时防范债务风险、筑牢防火墙。

随着一系列改革的深入推进,我国中央和地方的事权与支出责任不断明晰,预算主体的权责得以更加明确,各预算主体之间的权责交叉性大大降低,为预算治理格局的形成奠定了良好基础。

2. 健全权责匹配的激励约束机制。近年来,各预算主体对预算理念的理解不断深化,向建立现代预算制度迈出了一大步。政府在公共事务和公共服务中,一是涉及"事",二是涉及"钱",而"事"和"钱"如何有效地匹配,关乎激励机制的有效性问题。应该说通过新《预算法》的实施,"事"与"钱"的匹配以及权与责的匹配得到了很大改进。尽管还很难说通过新的预算管理制度可以做到全面规范政府的活动范围和活动方向,但新《预算法》突出预算的完整性,增强预算的约束力,使预算管理从一个"分钱工具",不断转变为"约束政府活动范围和活动方式"的制度,这也是现代预算理念的集中体现。

全面实施预算绩效管理,构建激励相容机制。预算绩效管理的使命是提升资金使用绩效,优化资源配置,推动实现高质量发展,促进解决发展不平衡不充分问题。2018年9月发布的《中共中央 国务院关于全面实施预算绩效管理的意见》强调建立责任约束制度,明确各方预算绩效管理职责,清晰界定权责边界。健全激励约束机制,实现绩效评价结果与预算安排和政策调整挂钩。增强预算统筹能力,优化预算管理流程,调动地方和部门的积极性、主动性。各预算主体更加注重结果导向、强调成本效益、硬化责任约束,从转变观念开始,实现制度、组织、技术、标准、行为模式等的变革。

强调健全绩效评价结果反馈制度和绩效问题整改责任制,形成反馈、整改、提升绩效的良性循环,深入贯彻权责一致的预算理念。《关于贯彻落实〈中共中央 国务院关于全面实施预算绩效管理的意见〉的通知》(财预〔2018〕167号)指出各级财政部门要会同有关部门抓紧建立绩效评价结果与预算安排和政策调整挂钩机制,按照奖优罚劣的原则,对绩效好的政策和项目原则上优先保障,对绩效一般的政策和项目要督促改进,对低效无效资金一律削减或取消,对长期沉淀的资金一律收回,并按照有关规定统筹用于亟须支持的领域。

3. 预算依法追责机制初步建立。落实预算法治,建立预算依法追责机制。例如,《财政部关于进一步规范地方国库资金和财政专户资金管理的通知》(财库

〔2014〕175号）明确要求各级财政部门要建立到期借款预警机制，督促借款单位按期还款。对于不能按期还款的，要采取扣减预算等方式确保及时收回借款。存在逾期借款未偿还的单位，不得再新增借款。要建立财政对外借款终身负责制，对于相关责任人违规对外借款造成出借财政资金损失的，要依法提请有关部门追究其法律责任。《国务院办公厅关于进一步做好盘活财政存量资金工作的通知》（国办发〔2014〕70号）指出对于截留、占用、挪用或者拖欠应当上缴国库的预算收入，未将所有政府收入和支出列入预算或者虚列收入和支出，违法违规开设财政专户等行为，对负有直接责任的主管人员和其他直接责任人员依法给予处分，构成犯罪的依法追究刑事责任。

新《预算法》的第10章专门规定了与预算相关的法律责任。修改前的法律，只对三种预算行为做了法律责任的规定，新法对4个方面、18种情况负有直接责任的主管人员和其他直接责任人员追究行政责任和给予处分作出了法律规定。第九十六条明确规定违反本法规定，构成犯罪的，依法追究刑事责任，直接形成了预算依法追责的法律基础，这也意味着我国预算依法追责机制初步建立。

地方预算绩效管理取得实效　改革仍需进一步深化

中国发展基金会副研究员　朱美丽

内容提要：我国预算绩效管理改革呈现出中央大力推动、地方积极探索创新的好势头。北京市、浙江省、河北省以及广东的广州市在绩效管理模式、优化财政资源配置、改革管理结构等方面取得了显著的成效。但是，目前我国推进预算绩效管理改革仍面临巨大的困难与挑战，包括绩效意识尚未完全转变；绩效信息质量不高；绩效管理落地难；部门绩效管理能力不足；与问责相容的激励机制尚未建立等等。针对上述问题，应着重从以下几个方面建设中国特色的预算绩效管理体系：重新定义预算绩效；从需求端出发设计指标体系；简化预算绩效管理体系；完善绩效激励机制；明晰各参与主体职责；提高对科技的运用。

关键词：预算绩效管理　财政资源配置　地方创新　深化路径

我国预算绩效管理已正式进入全面实施阶段。中央和省级层面预算绩效管理的框架已基本建立，全国人大、审计署也在增加对预算绩效的审查与监督，各方协同推进的局面逐渐形成。从全球预算绩效管理改革实践看，我国地方政府在预算绩效管理上的创新是非常有价值和特色的。同样，我国与其他国家在推进预算绩效管理时也面临相似的难题和挑战，下一步应从全球化及中国的实际情况出发，完善中国特色的预算绩效管理体系。

一、我国地方政府逐步探索出具有中国特色的预算绩效管理模式

当前，各地区预算绩效管理积极性空前高涨，部分地方先行先试、大胆创新，涌现出一批可供借鉴的绩效管理新经验。

（一）北京市抓住事前绩效评估龙头，构建全成市预算绩效管理

北京市自 2002 年开始实施预算绩效评价试点，2010 年在全国率先推行事前绩效评估的模式。2011 年，全面推进全过程预算绩效管理，2018 年探索开展了全成本的预算绩效管理的改革，并逐渐摸索出一套适合我国国情的全成本预算绩效管理模式。

一是全面推进事前绩效评估，对 500 万元以上所有新开展的项目，包括以前没有开展过事前评估的项目，以及涉及预算追加 500 万元以上的项目进行全面实现绩效评估，取得了很好的进展。2010 年至今，北京市共对 491 个项目，791 亿元的资金开展了事前的绩效评估。其中，不予支持的项目或政策 61 个，资金达到 77 亿元。从源头上有效屏除了没有预期绩效的资金和项目，提高了部门绩效的意识，实现了绩效关口或是一些重大决策关口的前移。

二是开展预算绩效全成本分析。2018 年 4 月北京市财政选取学前教育和养老机构运营两个项目进行了全成本的分析。在此基础上形成了幼儿园的运营、养老机构运行财政补助的定额标准，并作为成本标准运用到 2019 年预算编制中。

三是构建量化评估指标体系，从立项必要性、投入经济性、绩效目标合理性、实施方案可行性、筹资合规性等 5 个维度设计 35 个定量的具体指标形成评价体系。

四是硬化评估结果的运用。将评估的得分排序作为预算安排必备的条件。评估结论不予支持的，本年度内不得安排项目预算。同时，将评估过程中发现的问题及时反馈部门整改。

北京市预算绩效管理取得较好的成效，一方面，严控了项目成本，将项目的成本压缩幅度达到 6.3%。另一方面，调整修订旧的支出标准 7 项，新增支出标准 24 项，逐步建立起了定额标准体系。

北京市预算绩效管理做法与 OECD 国家的成本效益分析制度和绩效预算管理制度有高度契合的地方。其核心价值在于将成本、质量、结果和效益等等这些绩效信息深度用于预算决策，有效地促进绩效管理和预算管理的融合，提高了财政资金的配置效率和使用效益。

（二）浙江省优化财政资源配置，集中财力办大事

浙江省自 2003 年就开展财政支出绩效评价探索，2010 年从事后绩效评价向事

前绩效目标管理延伸,2017年初步建立了全过程预算绩效管理机制,2018年启动实施预算绩效三年行动计划,构建集中财力办大事的预算绩效管理模式。其主要做法包括:

首先,在政策绩效层面,着力构建集中财力办大事财政政策体系。从2018年开始,浙江省财政厅在省委省政府主要领导的大力支持下,聚焦"三大攻坚战"、富民强省十大行动计划等党中央、国务院和省委省政府的重大决策部署。对未来几年可用财力进行测算,对现有政策进行全面梳理整合重构,构建2018—2022年集中财力办大事财政政策体系,共安排重大财政支出政策129项,其中整合政策55项,资金710亿元,涉及10个部门、22个市县。

其次,在部门绩效层面,着力推进部门整体绩效预算改革。坚持一个部门一套指标体系,在设置部门整体绩效指标时,引入同级党委政府绩效管理考评指标,逐步将行政绩效两大指标体系融为一体,最终使用同一套考评指标。同时,赋予部门更多自主权,建立经选取的产收结果类部门整体绩效指标目标与预算总额挂钩机制。

最后,在管理基础层面,着力推进预算标准体系建设。在进一步完善基本支出标准基础上,浙江省搭建了项目支出标准体系框架,按项目类别的支出范围制定支出标准。

浙江省预算绩效管理取得的成效是显著的,通过改善决策机制,2019年预算中用于集中财力办大事的预算资金占省本级可用财力比重达到60.5%。同时,构建了166项明细开支范围标准框架,实现了80%以上的财政支出都有标准。

(三)河北省改革预算管理结构,推动预算管理与绩效管理相融合

河北省在国内属于探索预算绩效管理较早的省份,2004年开始,在借鉴国际经验的基础上,在部门层面进行了一些试点;2009年起,在省级全面推进预算绩效评价探索;2014年,全面启动绩效预算管理改革,目前已基本搭建起了全过程绩效预算管理架构,并实现省、市、县全覆盖。2017年河北省打造出20个预算绩效管理示范县,并以此为样板,在全省所有市县开展绩效预算管理改革对标活动,以对标促达标,取得了很好的成效。其主要做法有:

第一,建立科学规范的新型预算管理结构。改变过去以项目为单一层级的预算管理模式,全面建立"部门职责—工作活动—预算项目"三个层级的预算管理结构。实行三级预算管理结构,在部门职责层面厘清了部门"干什么"的问题,

在工作活动层面厘清了部门"怎么干"的问题,在预算项目层面厘清"花什么钱、花多少钱"的问题,部门职责、工作活动梳理清了,预算项目安排自然就简单清晰了,从根本上解决了过去部门申报项目杂乱无序、大大小小"一个筐",财政审核无从下手、苦于应付的状况,部门干什么、怎么干、该不该花钱,逻辑清晰、一目了然,过去通过"编故事、报大数"申报资金的空间没有了,财政资金配置效率、预算编审工作效能明显提升。

第二,建立科学的绩效目标指标体系。与三级预算管理结构相对应,实行部门职责、工作活动、预算项目三个层级的绩效目标指标管理。绩效目标指标、评价标准的设定要求细化量化,要达到可审核、可监控、可评价。

第三,改变预算审核方式。将财政预算审核由过去审项目、审额度为主,转变为先审绩效、再定额度。改变了以往预算安排就事论事、一事一议的状况。

第四,实行全过程绩效监控。依托自主研发的一体化管理信息系统,预算项目全部纳入项目库管理,各级数据库实行统一存储,将预算管理由原来单一的资金指标维度,转变为资金指标、预算项目两个维度,对每个项目实行全过程跟踪管理。

第五,全面强化绩效评价及结果应用。将绩效评价由过去的项目评价一个层级,转变为预算项目绩效评价、工作活动绩效评价、部门职责绩效评价、部门整体支出绩效评价四个层次。同时,实行预算挂钩制度,推行评价结果公开。

(四)广州市以"全公开"为抓手,打造部门预算绩效全闭环管理

广州市是全国最早开展预算绩效管理实践探索的城市之一,也是2004年全国首批设立绩效评价处的城市。广州市依托自身积累的制度与环境优势,逐步构建"全方位、全过程、全覆盖、全公开"预算绩效管理体系。

一是抓住部门整体绩效关键点,构建全方位绩效管理的格局。部门整体绩效是连接政府预算和项目预算的关键枢纽,广州从2016年启动了部门整体预算绩效管理试点,2019年已覆盖全部部门。以部门履职尽责为部门整体绩效管理的出发点,围绕部门落实中央省市的核心任务,建立部门职责、工作任务、支出项目的部门整体绩效目标体系,实现政府预算、部门预算、项目预算绩效指标体系建设的全方位的管理格局。

二是构建制度体系支撑点,完善全过程的预算绩效管理链条。广州市各个阶段均制定了适应改革需求的制度规定,目前形成了以《广州市预算绩效管理办法》为主体,涵盖目标管理、运行监控、绩效评价、结果应用四个环节及内部管

理的"1+5"预算绩效管理制度体系,为推进全过程预算绩效管理提供了完善的制度保障。

三是找好区域协同着力点,推动预算绩效管理全覆盖。从做项目开始,推出了签订绩效目标承诺书,开展政策性评价,评价结果和公用经费挂钩等一些特色做法,推动市区镇预算绩效管理的协同发展,以促进全市的预算绩效管理实现财政资金、部门预算管理区域的全覆盖。

四是瞄准信息公开切入点,促进预算绩效管理提质增效。全公开是广州在全面预算绩效管理方面自加的动作。财政信息公开是建设透明政府的一个突破口,2009年广州在全国已经开创了部门预算公开的先河,继而全面推进预算绩效信息的公开,以公开促绩效,以公开促管理。目前已实现绩效目标公开全覆盖,评价结果公开常态化,并主动接受人大监督。

广州通过多年的多点发力推进全面预算绩效管理,坚决削减低效无效的资金,为新增支出创造了空间,缓解了因减税降费带来的影响。2019年广州市实施以绩效审核部门预算,11个市人大专题审议部门的预算核减率达10.5%,选取98个支出项目实行预算金额绩效目标双评审,核减无效低效资金比例达到17%。

这四个地方的改革实践表明,中国预算绩效管理改革呈现出中央大力推动、地方积极探索创新的好势头。充分体现了中国改革所具有的中央指方向、定思路、出基本制度,地方探索试水创经验反推改革全面落地的制度优势。

二、全球预算绩效管理改革面临共同的困难与挑战

预算绩效管理已经成为各国财政改革的方向,中国与各国推进预算绩效管理改革一样面临着巨大的困难与挑战。

(一)绩效意识尚未完全转变

OECD国家的绩效预算改革经验显示,预算绩效管理是一种文化或者思维方式的转变。有些国家开发了很全面的预算绩效指标,但其内部相关部委并不清楚使用这些指标来干什么,部门不确定利用绩效信息是用于编制预算,还是用于提升和改进管理。我国也面临这样的问题,很多地方尚不明确绩效管理的目的是什么,不确定绩效管理是为了节省开支还是提高治理能力和水平。

（二）绩效信息质量不高

从绩效预算的发展变迁过程来看，绩效信息质量不高是全球绩效预算实践改革普遍面临的难题。OECD 各国在实践绩效预算的时候，负责部门常受无效信息的干扰，对于公众和社会来说，绩效信息的质量同样过于低下，他们并不能从绩效信息中获得所需要的信息。绩效指标所驱动的实践是产生较低绩效信息的原因之一。我国也面临类似的问题，目前预算绩效管理产生的数据越来越多，但是数据并不能让部门充分有效的使用起来，也不能让公众读得懂。

（三）绩效管理落地难

绩效管理要落地是非常困难的，需要管理好预期。OECD 国家绩效预算改革实践经验显示，让两个机构为同一个目标或者同一个项目的预算而努力是非常困难的，在实际执行预算绩效管理过程中，政府的绩效体系可能会给工作人员带来沉重的工作负担，影响绩效管理的真正落地。此外，预算绩效管理和政府战略规划之间的脱节问题也会导致落地难。我国也面临着同样的挑战，政府规划与预算绩效管理如何融合，如何充分调动中央政府与地方政府两个积极性都是难题。

（四）部门绩效管理能力不足

绩效管理是有一定专业门槛的管理工具，需要部门具备相应的绩效管理能力。绩效分析能力的建设是全世界财政部门面临的主要挑战。从全球绩效预算改革实践经验来看，很多国家的绩效信息系统过于复杂，技术虽然很美好，但也给预算分析和决策带来了很多的挑战。预算绩效管理的流程并不是只把信息纳入进去，而是必须要考虑在预算管理的全过程中，是否能够真正接纳或使用这些绩效信息进行决策。我国这方面问题较为突出，基层政府普遍反映绩效管理能力不足，难以适应高绩效要求。

（五）与问责相容的激励机制尚未建立

国际经验显示，激励机制缺乏是多数预算绩效管理失败的主要原因，但单纯的激励机制无法获得想要的绩效结果，必须在激励和惩罚之间找到一个平衡。我国也面临与问责相容的激励机制尚未真正建立的问题，这体现为两个方面的不足：一是压力不足，需要尽快建立健全责任机制、考核机制，把部门责任压实；二是动力不足，需要让部门特别是领导层面切实认识到，预算绩效管理对提升部门整体工作绩效的重要作用，变"要我有绩效"为"我要有绩效"。虽然已经明确，部门单位是预算绩效管理的责任主体，但由于激励约束机制尚不健全，工作中仍然是财政推着部门走，财政"单兵作战"的局面需要尽快改变。

三、深化中国预算绩效管理改革的政策建议

面对挑战，应从全球化及中国的实际情况出发，形成中国特色的预算绩效管理体系。

（一）重新定义预算绩效，依据价值确定财政分配优先序

应该重新定义预算绩效，而不是简单的只依靠绩效指标。预算绩效应真正发挥建立更好的公共资源分配机制的作用，建立更符合公众需求的财政分配优先序管理机制。预算绩效或财政绩效不是单一维度的，涉及经济、社会、政治、环境等多个维度，最终的绩效应该由人民来判定。当前预算绩效指标体系中，财政的工具性很明显，而价值导向不足。公共性无论在什么时代，永远是财政本质性第一性的要求，预算绩效应更多体现公共性价值。

（二）从需求端出发设计指标体系，提升绩效信息质量

绩效信息是贯穿预算绩效管理全过程的基础要素，决定着整体绩效管理的质量。绩效指标是收集和利用绩效信息的抓手，针对绩效信息质量不高的问题，应转变绩效指标的设计理念，不只从供给侧出发设计绩效评价指标，而应当更多从需求端、用户端考虑绩效指标的框架与设计，应针对不同的公共服务对象开发不同的绩效指标体系，从更好实现公共需求的角度设立绩效指标体系，建立面向公众的绩效信息收集和使用系统。此外，还应当注意不仅依赖绩效指标，可以利用绩效信息形成绩效故事来提升绩效分析的质量，从而实现与公众的良好沟通与互动。

(三)简化预算绩效管理体系,减轻基层工作负担

"少则得,多则惑",预算绩效管理应容易理解,便于操作。进一步减轻基层工作负担是确保预算绩效管理可持续的根本措施,应运用日落法则,定期梳理各种政策、规定、流程、指标、标准,该废的废,该并的并,该调的调。注重与基层政府的沟通,及时回应基层预算绩效管理改革执行人员的诉求,避免重复评价。

(四)完善绩效激励机制,激发内在动力

应建立激励约束相容机制,这对于巩固和完善预算绩效管理的动力机制十分重要。一方面,应建立相应的激励约束机制,给地方政府更多预算绩效管理自主权,进一步鼓励和推动地方预算绩效改革创新;另一方面,应赋予预算绩效管理执行人员更多灵活度,给予预算部门更多自主权,进一步强化预算部门的主体责任,同时调动所有人员的积极性,共同形成深化预算绩效管理改革的内在推动力。

(五)明晰各参与主体职责,协同推进改革

在预算绩效管理改革进程中,所有利益相关方之间的合作非常重要。一方面,应进一步改变财政部门"单兵突进"的局面,明确各参与主体的职责与目标,并推动形成共同的改革目标,财政部门应该和预算部门相互分享信息和数据,形成内部合力;另一方面,应大力推动政府与人大、专家学者、社会公众等绩效互动与沟通,形成推动预算绩效管理的外部合力。

(六)提高对科技的运用,推动基于证据的预算决策

使用最新的技术可以有效提高绩效管理系统效率,并使绩效管理成为基于证据辅助决策制定的系统。对大数据的有效应用可以帮助政府实现从绩效管理到主动治理。应加强对新技术特别是大数据技术的应用,提升绩效信息质量,实现预算绩效管理重塑公共资源分配机制的功能。

地方政府性基金预算绩效管理

——浙江案例

浙江大学公共管理学院教授 李金珊
浙江大学财税大数据与政策研究中心教授 吴超

内容提要：按照公平性、可持续性、效率性和效果性的绩效评价框架，以浙江省扶持体育发展专项资金为例的绩效评价显示，存在政策项目的公共性不足，资金来源与服务持续性不够，项目合理性与预算过程管理有待规范，对政策目标群体的回应机制不完善等现实问题。从评价过程和制度设计两方面追溯了其作为政府性基金预算绩效管理的绩效反馈，前者反映了预算规模与项目扩张之间的矛盾，部分项目的运营管理存在问题，预算管理过程的操作性不足等评价过程环节的绩效信息，后者揭示了专项资金的政策过程与预算过程二元分离，不同部门之间的政策项目重叠与资金拼盘，体育产业类项目的补助目标发生漂移等制度设计方面的绩效信息。基于此，针对性提出对地方政府性基金预算绩效改进的相关政策建议。

关键词：政府性基金预算 评价过程 制度设计 绩效信息

一、绩效为何：评价对象、原则与指标

（一）评价对象

本次评价对象为2018年度和2019年度浙江省扶持体育发展专项资金项目。本次绩效评价旨在全面了解掌握相关支出政策、资金安排使用、支出项目实施等情况的基础上，通过对专项转移支付资金支持的政策项目进行绩效分析，对资金的使用投向、分配方式、管理流程和支出内容提出优化建议，规范专项资金的管

理和使用，提高资金使用效益。同时分析专项资金支持项目的必要性、科学性与公平性，支出方向的合理性等问题，优化资金支出结构，提高资金项目实施的社会满意度，推动该专项资金更好地支持浙江体育事业发展。

（二）评价原则

第一，注重政策性与社会性的考量。注重"结果导向"和"公众满意导向"，侧重资金投入对社会实际情况所产生的效果，以及资金投入是否对政策目标地区与政策目标群体提供了预期的服务水平等。

第二，注重共性与个性相结合。在指标设计时，将一级指标和二级指标高度统一，便于后期分析与对比；另外，充分尊重不同项目在公共支出绩效上所呈现的特点，使三级指标对各个项目进行有针对性的描述。

第三，突出服务以人为本。公共部门产出的难衡量性特点，需要我们在研究与调查中寻求一个可靠的工具。"公民的期望决定政府设计的蓝图，公民的需求决定政府服务供给的内容，公民的满意度决定政策执行的成效，公民的评价决定着政策变迁的方向"①。所以，政策目标群体的需求是我们调查的重点。

第四，指标与问卷的设计的专业性。不同地区的同一项目、同一地区的不同项目的比较，仅靠简单的数据无法真正反映其中深层次的问题，故而我们更加注重对询问查证法和现场核查法的运用。同时，考虑到体育事业政策目标群体这一特殊性，所以问卷设计更具针对性和专业性，将通过访谈形式辅助完成问卷调查。

（三）指标体系

2018—2019年浙江省扶持体育发展专项资金项目的绩效评价指标体系从公平性、可持续性、效率性和效果性四个维度设定指标，评价结果将从这些维度分别给出结论。其中，公平性是指政策项目和供给的设施或服务能否体现体育事业发展的公共责任，同时专项资金的分配、支出方向和政策目标群体的考虑是否有利于缓解体育事业发展的差异化。可持续性指项目能否长期、持续运行，包括未来资金投入的持续性、项目设施或服务的可替代性、与其他相关政策项目的可替代性。效率性主要考察资金效率与政策效率。效果性指资金投入所达到的预期结果

---

① 李蕾：《论公共服务型政府构建与公民参与》，《学理论》，2011年第18期。

与社会影响，分为回应性和满意度，包含与政策目标群体需求的匹配度，执行者的反馈调整机制，以及政策目标群体和项目执行者的满意度（详见表1）。

该指标体系综合体现了政策绩效评价的"时空—结构"逻辑。公平性是对财政预算结构逻辑的考察，反映的是政策项目的结构性表现；效率性、效果性和可持续性是对时间逻辑下的财政政策项目"过去、现在和未来"立体化的考察，效率性表达的是特定财政政策项目的过去绩效表现，效果性考量的是具体项目取得结果的当下表现，可持续性是指特定政策项目持续性表现和发挥作用的未来可能性。

表1 省扶持体育发展专项资金政策绩效评价指标体系与指标解释

一级指标	二级指标	三级指标	指标解释
公平性 （30分）	公共责任	政策项目的公共性	考察专项资金支持的政策项目是否符合国家与省级使用办法规定，以及项目申报过程是否对公众需求进行识别
		设施或服务可及性	考察彩票公益金所资助设施的可及性和知晓度来判定其是否履行了保障体育发展的基本公共责任。根据问卷调查进行评价。 当比例小于25%，得零分；比例大于25%—50%，得一半分；当比例大于75%，得满分
	差异化公平	地区间资金分配	考察该专项资金分配时是否考虑了各市县之间的财力不同，以及地方体育发展的程度不同
		资金支出方向	考察专项资金支持领域与对象的合理性
		资金支持群体	考察针对特定群体或公益类项目的支持情况
可持续性 （20分）	资金	未来资金保障	考察政府性基金未来收入能否持续支持该专项支出
	可替代性	设施或服务可替代性	考察公益设施与服务的实际使用情况，以及是否存在市场化的替代选择。根据问卷调查进行评价。①使用过公益设施或服务的比例超过50%，得满分；低于50%，得一半分。②是否存在可替代性选择，当比例小于25%，得满分；比例大于25%—75%，得一半分；当比例大于75%，得零分
		政策项目可替代性	考察公益金支持的现有政策项目中是否存在多部门、多口径支持等情况

续表

一级指标	二级指标	三级指标	指标解释
效率性 （30分）	资金效率	资金使用合理性	考察专项资金的管理、支出等制度是否健全，是否严格执行相关项目管理制度
		预算过程管理	考察是否存在支出依据不合规、虚列项目支出的情况；是否存在截留、挤占、挪用项目资金情况
		目标合理性	考量省扶持体育发展政策的目标是否清晰、可衡量与可操作
	政策效率	目标完成情况	考察专项资金项目支出绩效目标的实现情况
效果性 （20分）	回应性	需求匹配度	考察考察政策支持项目与公众需求的匹配度。根据问卷调查和调研情况综合评价。①项目符合需求的比例大于等于50%，得满分；②大于等于30%小于50%，得一半分；③小于30%，得零分
		政策反馈机制	考察主管业务部门对专项资金分配与投向的回应情况和适应性调整情况。根据调研与座谈时项目执行者对公益金使用投向的回答情况给分
	满意度	政策目标群体满意度	考察项目适用对象对设施或服务的满意度。根据问卷调查和调研情况综合评价。①比例大于等于50%，得满分；②大于等于30%小于50%，得一半分；③小于30%，得零分。同时，根据调研实际进行扣分
		项目执行者满意度	考察体育部门工作人员对专项的满意度。根据问卷调查和调研情况综合评价。①比例大于等于50%，得满分；②大于等于30%小于50%，得一半分；③小于30%，得零分。同时，根据调研实际进行扣分

二、地方政府性基金预算绩效管理之绩效几何

（一）总体评价结论

根据评价指标体系及评价标准，结合资料研究和实地调查情况，得出评价结果，如表2所示。根据财政部《关于规范绩效评价结果等级划分标准的通知》（财预便〔2017〕44号）规定，评价结果显示，省扶持体育发展专项政策绩效评价总体得分，87分，结果为良。

表2　　　　　　　　省扶持体育发展专项政策绩效评价得分表

一级指标	二级指标	三级指标	分值	得分
公平性（30分）	公共责任（公益性）	政策项目的公共性	7	5
		设施或服务可及性	7	6
	差异化公平	地区间资金分配	6	6
		资金支出方向	5	4
		资金支持群体	5	5
可持续性（20分）	资金	未来资金保障	6	5
	可替代性	设施或服务可替代性	7	6
		政策项目可替代性	7	6
效率性（30分）	资金效率	资金使用合理性	7	6
		预算过程管理	8	6
	政策效率	目标合理性	7	7
		目标完成情况	8	8
效果性（20分）	回应性	需求匹配度	5	4
		政策反馈机制	5	4
	满意度	政策目标群体满意度	5	5
		项目执行者满意度	5	4
合计			100	87

（二）具体评价过程

1. 公平性：政策项目的公共性不足。该指标包含 2 个二级指标以及 5 个三级指标，共 30 分。具体见下表 3。

表 3　　　　　　　　　公平性指标得分表

一级指标	二级指标	三级指标	分值	得分
公平性	公共责任	政策项目的公共性	7	5
		设施或服务的可及性	7	6
	差异化公平	地区间资金分配	6	6
		资金支出方向	5	4
		资金支持群体	5	5
		总分	30	26

（1）政策项目的公共性。考察专项资金支持的政策项目是否符合国家与省级使用办法规定，以及项目申报过程是否对公众需求进行识别，分值 7 分。

①政策依据是否充分（4 分）。根据省体育局提供的各年度专项资金下拨文件以及各市县上报的专项资金使用明细汇总，资金分配的政策依据主要看"是否符合省级政策要求"，但与公益金的本身属性可能存在冲突。该指标约 3/4 的公益金资金使用符合公共性特征，得 3 分。

②项目是否进行需求识别（3 分）。省扶持体育发展专项按照因素法有五个大因素，大致可以分为：社会支持类项目与设施服务类项目。该专项支持的许多项目与群众或者企业的需求相符，尽管项目的申报与落地缺少了把需求识别程序前置的安排。因此，该指标扣 1 分，得 2 分。

（2）设施或服务的可及性。通过社会公众对专项资金支持的体育设施与服务的知晓情况，以及是否方便获得和使用，考察是否履行了基本公共责任，分值 7 分。

①社会公众对设施和服务的知晓情况（3 分）。77.5% 的受访者表示知道附近有体彩公益金支持的公共设施或服务，大部分受访者知晓，根据评价标准，多数受访者知晓，得 3 分。

②设施或服务是否方便获得和使用（4 分）。72.7% 认为体彩公益金支持的设施和服务方便获取，根据评价标准，得 3 分。

（3）地区间资金分配。考察该专项资金分配时是否考虑了各市县之间的财力不同，以及地方体育发展的程度不同，分值6分。该指标已经考量了地方存在的财力和体育发展水平差异。故不扣分，得6分。

（4）资金支出方向。考察专项资金支持领域与对象的合理性，分值5分。由于"体育产业发展因素"所支持的对市场化的体育产业企业的补助项目并不合理，而且调研也发现，补助资金下达后的绩效追踪无从谈起，几乎衡量不出项目资金的实际绩效。故该指标扣1分，得4分。

（5）资金支持群体。考察针对特定群体或公益类项目的支持情况，分值5分。调研发现，市县体育部门不仅使用转移支付资金支持了"工青妇老残"等各类公益性活动与项目，而且也经常与残联共同主办一些赛事活动，积极支持特殊群体和公益项目建设，效果较好。故该指标得5分。

2. 可持续性：资金来源与服务持续性不够

可持续性指标包含2个二级指标与3个三级指标，共20分。可替代性本意为负向指标，可替代性越高，说明项目可持续性越低。但为了统计方便，正向给分，不以负分计算，即可替代性越高，分数越低；可替代性越低，分数越高。具体得分情况见下表4所示。

表4　　　　　　　　可持续性指标得分表

一级指标	二级指标	三级指标	分值	得分
可持续性	资金	未来资金保障	6	5
	可替代性	设施或服务的可替代性	7	6
		政策项目的可替代性	7	6
		合计	20	17

（1）未来资金保障。在该专项资金来源的构成中，政府性基金占比97.2%，该指标主要考察政府性基金未来收入能否持续支持该专项支出，分值6分。对于该专项来说，未来资金规模基本能维持，但是项目规模不断扩张可能会影响项目效果。故该指标扣1分，得5分。

（2）设施或服务的可替代性。考察公益设施与服务的实际使用情况，以及是否存在市场化的替代选择，分值为7分。根据调查问卷中的回答评分。

①设施或服务的实际使用方面（4分）。68%的受访者表示使用过该专项支持提供的设施或服务，超过总人数的50%，设施和服务的实际使用情况较好，该指

标得 4 分。

②是否存在替代性选择方面（3 分）。51.2% 的受访者表示有其他替代选择或是不需要，根据评价标准，可替代性较高。该指标扣 1 分，得 2 分。

（3）政策项目的可替代性。考察公益金支持的现有政策项目中是否存在多部门、多口径支持等情况，分值为 7 分。由于多部门、多口径的项目资金导致项目最终管理运营维护责任出现问题，影响整体性的项目可持续性。该指标扣 1 分，得 6 分。

3. 效率性：项目合理性与预算过程管理有待规范。效率性指标包含 2 个二级指标与 4 个三级指标，共 30 分。具体得分情况如下表 5 所示。

表 5　　　　　　　　　　效率性指标得分表

一级指标	二级指标	三级指标	分值	得分
效率性	资金效率	资金使用合理性	7	6
		预算过程管理	8	6
	政策效率	目标合理性	7	7
		目标实现程度	8	8
		合计	30	27

（1）资金使用合理性。旨在考察专项资金的管理、支出等制度是否健全，是否严格执行相关项目管理制度，分值为 7 分。根据调研，部分地市反应资金下达到地市的文件中没有附上审批表附，地市财政局没有资金下达依据难以按程序下达，还要体育部门再向地市财政局进行项目审批上报。因此扣 1 分，该项指标得 6 分。

（2）预算过程管理。考察是否存在支出依据不合规、虚列项目支出的情况；是否存在截留、挤占、挪用项目资金情况。分值为 8 分。根据地市上报材料，专项资金支出依据明确，文件齐全。但根据调研，专项资金管理由于"先建后补"中的问题，扣 1 分；二是项目执行过程中的资金管理问题，扣 1 分。因此，预算过程管理指标得 6 分。

（3）目标合理性。考量省扶持体育发展政策的目标是否清晰、可衡量与可操作，与资金属性是否相符，分值为 7 分。资金绩效指标明确、可衡量、可操作。项目产出指标可以使用新建场地数量、场地设施建设完成率、后备人才基地数量、赛事活动数量及参加人数衡量，项目效益指标可以使用公共体育服务水平、体育产业影响力、竞技体育水平等提升情况衡量。故不扣分，该指标得7分。

（4）目标实现程度。专项资金项目支出绩效目标的实现情况，分值为8分。根据各地上报的绩效目标表和项目情况汇总，体育产业对经济贡献率进一步提升；全民健身公共服务体系进一步完善。各种设施供给和赛事举办的数量、场次、人数等达标。因此，该指标按照资金下拨规定的硬性目标都已完成，得8分。

4. 效果性：对政策目标群体的回应机制仍需完善。效果性指标包含2个二级指标与4个三级指标，共20分。具体得分情况如下表6所示。

表6　　　　　　　　　　　效果性指标得分表

一级指标	二级指标	三级指标	分值	得分
效果性	回应性	需求匹配度	5	4
		政策反馈机制	5	4
	满意度	政策目标群体满意度	5	5
		项目执行者满意度	5	4
		合计	20	17

（1）需求匹配度。旨在考察考察政策支持项目与公众需求的匹配度，分值为5分。使用者是否需要方面，70%的受访者认为需要体育设施和服务，项目符合需求的比例也超过50%。同时，88.24%的工作人员认为群众体育项目满足了公众多样化的体育活动需求，需求匹配度高。

根据对工作人员的问卷调查，11.76%的受访者表示专项资金支持的群众体育项目并没有做前期需求调研。并且根据座谈，部分工作人员反映有些项目是省里按指标分配下来的，但地方并不需要，不能做到"因地制宜"。此外，所调研地市均反映拆装式游泳池的安全性问题，难以推广。扣1分。

因此，该指标得4分。

（2）政策反馈机制。旨在考察专项支出政策落实情况，以及主管业务部门对专项资金分配与投向的回应情况和适应性调整情况。分值为5分。

是否向社会公开专项资金的使用投向（2分）：浙江省扶持体育发展专项资金下达、管理办法及项目申报标准流程等各方面均公开，各地市对专项资金金额、入库项目和获得补助机构也进行公开了公示。

是否建立反馈机制与渠道并进行适应性调整（3分）：根据对工作人员的问卷调查结果，23.53%的受访者认为省扶持体育发展资金使用投向应该改变，并提出使用投向建议。另一方面，项目需要向上申报，短期内难以根据使用者需求调整专项资金分配。此外各部门反映的专项资金"撒胡椒面"问题仍然广泛存在。扣1分。

因此，该指标得4分。

（3）政策目标群体满意度。考核评价的主要项目适用对象对设施或服务的满意度，分值为5分。

根据公众调查问卷，认为体育设施和服务好用的受访者占79.1%，且72.12%认为方便获取，比例均大于50%。因此，该指标得5分。

（4）项目执行者满意度。主要考察体育部门工作人员对专项的满意程度，分值为5分。

根据工作人员问卷调查结果，82.35%认为浙江省扶持体育发展政策效果显著，17.65%认为效果较好，对于专项资金按因素法分配，100%工作人员认为合理，其中76.47%表示非常合理。工作人员满意度高。

另一方面，对于省扶持体育发展项目，部分工作人员认为存在资金上存在地方财政没有专款专用、资金下达时间较晚等问题，项目上存在没有按需分配、实用性待增强、器材质量较差等问题。扣1分。

因此，该指标得4分。

三、地方政府性基金预算绩效管理之绩效反馈

（一）基于评价过程的绩效反馈[①]

1. 预算规模与项目扩张之间的矛盾。总体来看，省扶持体育发展专项预算的规模在过去三年的周期里较为稳定，但地方的体育设施建设、赛事活动等项目建设任务却越来越多。"钱确实没有少，比如说我还是这一个蛋糕，项目多了，只是用别的地方去了。"这导致单个项目的资金逐年减少，项目质量也有所下降，项目的实际效果自然也得不到保证。

"就是他把支出面扩大了，可能先是百姓健身房，又搞文化礼堂，然后体育设施进公园。"像百姓健身房建设项目，项目是自上而下按常住人口指标压下来

---

① 部分引文来源于调查问卷结果。

的，部分行政村早就出现了没人使用的情况，且下达任务时没有对政策目标群体开展需求调查，因此该项目在部分地方出现了脱离政策目标群体实际需求的情形。

2. 部分项目的运营管理存在问题。

第一，采购的硬件设施或器材的质量出现了下滑趋势。调研发现，在体育设施或器材全面采用招投标形式以后，一些器材经销商供应的质量明显下滑，而且项目整体招标的资金也少了，"原本可能2万元配一套4万元的这种器材，现在变成可能1万元就能配起来这么多件，但是它绝对是质量差的，稍微一下雨，刮擦一下，然后就全部生锈了"。有些地方"为了应付检查，自己搞油漆，把生锈的器材刷一下，就是为了摆在那里看看"。

第二，部分项目还存在项目难达标、安全管理等问题。以拆装式游泳池为例，这些项目的建设不仅要符合国家泳池场地建设标准、排污标准等行政许可，可能对使用频率最高的儿童而言还存在安全风险，这需要地方体育行政部门进行安全管理。这导致了"有的地方不敢造，也完不成"的现象。

第三，个别项目的持续性效果不好。以社会体育指导员为例，专项资金主要用于对入选人员的授课、餐饮、住宿等日常培训相关的经费的支持。现在指导员培训分为三级，三级指导员是县市区负责，二级是市级负责，一级是省级负责。该项目的大部分内容是教广场舞唱歌的，以及一些健身锻炼培训等。调研发现，在培训上岗之后，实际的上岗率比较低，因为"只有培训的时候补培训费，他们是没有工资之类的"。由于缺乏必要的激励机制，地方工作人员表示，"这种事情做公益、尽义务是没有持续性的"。

3. 预算管理过程的操作性问题。

第一，基层体育设施的"先建后补"方式与地方财力不足之间的不协调。在2017年群众体育项目补助方式由"先补后建"改为"先建后补"之后，存在之前年度的资金补贴后项目没有建设，但是资金已经使用到其他地方收不回来的现象。"他后面相当于他压任务了，越压越多了，但前面补下去的钱收不回来了，很多县市区的钱被统筹掉，就是原来可能留在财政，没完成任务。"而这两年，不少"财力不好的县市区，任务压下来，由于要先建后补，没有钱，就不建了。"

第二，主管部门与财政部门在专项资金使用时沟通不畅。有地方体育主管部门工作人员反映，在跟本级财政申请专项资金时需要详细的项目明细表，虽然省级体育部门审核通过的项目明细和绩效目标，已经在各级体育部门之间公布，但是并未在资金分配中体现，地方财政部门在安排预算支出时需要提供相应的"政策依据"。此外，在地方体育部门各科室之间安排项目资金时，也会出现同样的情况。

第三，省级转移支付存在未足额拨付的情况。"按照道理应该是每年提前下达70%这样的，大部分的本来就是都已经明确了，剩下30%第二年下达。但是2020年，比如社区多功能运动场应该补20万元/个的，他（省里）今年给我们就是10万元，然后有一些留着明年给。"

（二）基于制度设计的绩效反馈

1. 专项资金的政策过程与预算过程二元分离现象严重。该专项政策项目存在明显的自上而下的倾向，即由省级体育部门主导制定，市县对于绝大多数项目并无否决权或建议权。与此同时，从资源或资金的分配来看，省级部门归集的资金占地方留成部分的一半左右，但是具体使用却在市县层面或者基层，体育彩票公益金留存比例很少。横向各级政府间的业务部门与财政部门的不协调也造成了政策安排与预算分配的障碍。从项目管理方面来看，几乎所有的设施建设项目和绝大多数的赛事活动都安排在市县层面，最终任务压到了街道和社区，他们最了解目标政策群体的实际需求，可是自上而下安排的预算项目常常出现与当地需求脱节的情形。

2. 不同部门之间的政策项目重叠与资金拼盘。

一方面，部分地区和项目存在利用多个部门资金建设同一类政策项目的情况。比如体育部门的健身步道项目、农业部门的游步道项目、住建部门的绿道项目等，其实质就是建设成可供游玩健身锻炼的塑胶步道，但却有分属于不同部门的项目资金支持。

另一方面，多个政策项目资金进行"拼盘"的现象。比如社区多功能运动场可能是利用已有运动场地改造成集羽毛球、网球、篮球于一体的运动场，或者在已有场地上添置部分新的运动功能，相当于不同阶段使用了不同的项目资金，这些资金可能来自同一部门的也可能不是同一部门的。

3. 体育产业类项目的补助目标发生漂移。

一方面，原先省里有专门的体育产业引导资金，2014年整合进入省扶持体育发展专项，单设"体育产业发展因素"，主要用于补助与体育产业发展相关的企业。评价结果显示，这类项目补助有着明显的"撒胡椒面"形式，并且往往是为需要做大做强的企业"锦上添花"，而不是为小微企业、初创类企业等"雪中送炭"。此处便是对"体育事业"补助范围目标的漂移。

另一方面，省扶持体育发展专项的资金取自于体育彩票销售筹集的公益金，纳入政府性基金管理。根据国家与省级有关文件的规定，集中用于补助群众体育、竞技体育、青少年体育等类别的公共性项目，而体育产业并非公益金的主要补助方面。因此，这是一种"资金来源"公益属性目标发生漂移的现象。

四、地方政府性基金预算绩效管理之政策建议

（一）针对绩效改进的具体建议

1. 协调好专项资金预算项目安排，做好符合地方需求的项目。当前许多工作任务安排主要依据"十三五"规划的建设目标进行摊派，比如按照常住人口指标等，这是非常不合理的。以基层体育基础设施建设项目为例，强制性的项目并不一定能取得好的项目绩效，评价发现了一些项目在各地的差异化较为明显，同时政策执行也出现异化现象，如财力不充足的市县会选择不完成、项目供给的设施无人使用等。建议未来在安排政策项目时优先开展需求调研，取消安排指标数据强行摊派的做法，将项目落到真正需要的地方，真正需要的社区或街道可以建得好一些，不需要的农村也真的可以不建。

2. 改进项目落地、项目管理、后续运营等，促进项目绩效的良好实现。

第一，加强对落地项目的设施或器材招投标的监督、管理与验收工作，在需求调研确定要建的项目，足额安排项目资金。将项目验收结果或绩效结果应用在后续项目资金安排上，取消一部分存在偷工减料、招投标程序不完善等问题实施单位或资质企业的承接项目资格。

第二，对于难以达到国家资质或标准的项目，不再单独建设安排，可以与成熟的市场化的模式相结合，建议考虑按照人头补助的方式进行项目推进和服务供给。

第三，加快完善制定社会体育指导员管理办法，构建相应的组织体系、激励体系和评估体系，解决社会体育指导员的后续激励问题。

3. 理顺预算管理流程，改进地方使用专项资金的具体操作问题。

第一，从地方财力是否能完成项目的角度出发，重新考虑和改进"先建后补"的补助方式，避免项目资金沉淀、项目完不成、资金被统筹等问题。

第二，加强与地方申请使用预算资金流程的协调。将项目资金明细和具体科

室资金规模等附在通知文件中一起下发，减少地方体育部门与财政部门的"政策依据"之争。

第三，在预算资金安排受限的情况下，拨付部分项目资金不仅不能有利于项目落地，还可能造成资金闲置现实问题，因此可以考虑取消部分项目安排，或者优先保障重点项目。

（二）针对制度设计的完善建议

1. 推动体育部门和财政部门建立协调政策与预算的机制。在"两上两下"预算编制过程中，体育部门在安排下一年度项目时主动提前开展项目需求调研或者论证地方自主申报项目的科学合理性，将具有可行性的项目清单和需求情况汇总到预算编制环节上，与财政部门联合确定下年度政策项目安排盘子，以减少后期政策过程与预算过程不断分离的现象出现。

2. 以规划融合的手段发挥政策项目综合效应。参考借鉴宁波市的做法，协调体育、住建、城管、水利等部门，根据相关法律、法规和技术规范要求，将体育设施和公共服务融入公园、绿地、绿道网等分散在各部门支持公共设施的整体规划中。在编制控制性详细规划时，与体育设施专项规划做好衔接，并将相关内容在控制性详细规划及地块条件中予以明确。

3. 将体育产业发展因素整合成为体育产业投资基金。目前体育产业专项补助资金只能做到发现好项目，并不能正在发挥其四两拨千斤的作用，更看不到项目回报及项目效果。建议改变原先将补助资金直接拨付到企业账户的模式，以市场化的产业投资基金的形式来促进产业发展。让产业投资基金的专业程序来跟踪财政资金的项目审核、投资回报、项目效果等，从根源上减少财政资金的损耗。

大数据技术推动全过程预算绩效管理改革

南开大学经济学院教授　马蔡琛
南开大学经济学院博士　赵笛

内容提要： 大数据作为数字化社会发展的重要内容，从思维和技术层面广泛影响着公共预算绩效管理的发展方向。大数据从绩效管理理念、绩效数据收集、目标指标设置、动态绩效跟踪以及绩效评价等多个方面，提出了预算绩效管理的新命题，自动化、实时化的预算绩效分析体系，成为大数据时代预算绩效管理的发展目标。就未来发展而言，可以循着预算决策、预算审批、预算执行和预算评价这样四个维度，逐步推进大数据条件下的全过程预算绩效管理体系建设。

关键词： 大数据　预算绩效管理　绩效评价　政府预算

一、引言

预算绩效管理贯穿于预算编制与执行过程的始终，绩效评价的结果影响着预算循环中的资金分配、拨付以及项目执行等多方面。自2003年党的十六届三中全会第一次提出建立预算绩效评价体系以来，预算绩效管理在中国取得了长足的进步。2018年9月，《中共中央 国务院关于全面实施预算绩效管理的意见》提出"力争用3—5年时间基本建成全方位、全过程、全覆盖的预算绩效管理体系"，为构建同国家治理体系和治理能力现代化相匹配的预算管理制度进一步指明了方向。

大数据作为继互联网之后的又一次时代浪潮，正在深刻改变着传统思维方式。就像《连线》杂志主编安德森所指出的，理论的时代已经终结了，在海量数据面前，通过假设、模型、计量测试的传统方法已经过时，大数据以及数据统计技术提供了一种理解世界的全新方式。① 尽管这种说法存在某些夸张的成分，但随着在社交网络、自媒体、预测分析等领域的迅速发展和普及，大数据确实已成为变革时代的重要存在。在公共治理领域，大数据同样引发了公共治理方式的全新变革。早在2011年，麦肯锡公司的研究报告《大数据：下一个创新、竞争和生产率的前沿》中就显示，通过利用大数据可以实现政府行政运作效率的提高，估计欧洲发达经济体可以节省开支超过1 000亿欧元。② 随着大数据在公共安全、公共服务领域不断得到应用，我们可以进一步思考，当大数据走入公共财政管理领域，预算绩效管理将面对什么样的机遇和挑战，如何迎接机遇、直面挑战。大数据的数据来源、分析技术、预测能力将从根本上改变现有的预算绩效管理运行模式，并通过预算编制和执行的全周期融入到预算绩效管理之中。

二、预算绩效管理大数据应用的国际视野

从历史上看，政府是计算机技术的早期使用者。这种新技术的最初广泛使用出现在20世纪50年代，到60年代形成了完整的信息技术（IT）部门，出现了中央数据中心和大型数据输入组织。大数据在公共部门中最早且目前仍是最先进的使用是在欺诈和错误检测领域，由于并非每年都能对所有文件进行有效审核，因此政府机构早在70年代末就根据复杂的公式运行其平面文件，以筛选确定应审核哪些案件。数据驱动型政府可以更加有效地衡量服务交付渠道的有效性和效率，进行更有效的政策影响评估。③ 大数据的开发和利用是数据驱动型政府发展的关键，政府的开放战略和举措基于透明、诚信、问责和利益相关方参与的原则。OECD通过提供有关如何将这些核心原则纳入公共部门改革的政策建议，支持政府设计和实施政策，各国也愈发重视大数据战略在国家治理中的应用（如表1所示）。

---

① Anderson C. The End of Theory: The Data Deluge Makes the Scientific Method. [2008-6-23]. https://www.wired.com/2008/06/pb-theory/.
② James M. et al. Big data: The next frontier for innovation, competition, and productivity. McKinsey Global Institute, 2011.5.
③ IBM Analytics Government White Paper. Data-Driven Government: Challenges and a Path Forward. https://www.ibm.com/downloads/cas/BJE8Z48J.

表1 部分国家和地区的大数据发展战略

时间	国家和地区	战略及政策
2011年	欧盟	《开放数据：创新、增长和透明治理的引擎》
2011年	澳大利亚	《国家数字经济战略报告》
2012年	日本	《面向2020年的ICT综合战略》
2012年	美国	《大数据研究和发展倡议》
2012年	美国	《数字政府战略》
2013年	澳大利亚	《公共服务大数据战略》
2013年	英国	《英国数据能力发展战略规划》
2014年	欧盟	《数据驱动经济战略》
2016年	美国	《联邦大数据研究与开发战略计划》

资料来源：邓中华：《大数据大创新：阿里巴巴云上数据中台之道》，北京：电子工业出版社，2018：11-12。

在预算绩效管理领域，数据驱动的概念最早出现于1994年的纽约市警察局。但目前各国在预算绩效管理领域的大数据应用，更多停留在对数据公开和数据共享上。主要体现在以下几个方面：

——在预算绩效的数据来源方面，各国开始摆脱传统上来自主管部门这个单一的数据来源，探索多源（也称为360度）绩效评价系统、同行评审、自我评价、主管（也称为180度）系统的从属评价等多种评价方式，特别是多源绩效评价系统和同行评审受到极大的关注，多样性的数据来源提供了更多的有用信息。

——在预算绩效管理的大数据技术创新层面，美国农业部（United States Department of Agriculture，USDA）的2020财年年度绩效计划和2018财年报告中显示，美国农业部与美国创新办公室（OAI）合作，并担任总务管理局（GSA）信息技术（IT）现代化卓越中心（CoE）计划的灯塔机构。在这些IT现代化工作的第一阶段中，确定并分析了5个主要领域：联络中心、客户体验、数据分析、云提取和基础架构优化。

——在绩效报告的公开、绩效信息透明以及政府预算使用的公众反馈方面。目前，绩效结果的公开已经成为多数国家各部门每年度需要完成的工作之一，OECD成员国中有12个国家开始在绩效信息报告中使用信息与通讯技术。英国绩效平台（Performance Platform）要求各公共部门的服务应该对其交易成本、公众满意度、完成率、数字化使用程度这四个关键绩效指标进行度量，并上传到绩效平台上加以公开。

总体而言,各国对于数据驱动预算绩效管理的理念已然不断深化,通过对量化数据和量化指标分析得出评价结果,优化预算决策的过程。但如何将大数据这一新兴技术融入预算绩效管理的实际操作仍旧欠缺,尽管某些公共部门已然开始同技术公司合作进行技术创新,其具体成效仍旧不够显著。

三、大数据对预算绩效管理的影响分析

2018年9月颁布的《中共中央 国务院关于全面实施预算绩效管理的意见》强调建设全过程的预算绩效管理体系,包括建立绩效评估机制、强化绩效目标管理、做好绩效运行监控、开展绩效评价和加强结果应用等。同样,大数据的影响也深入到预算绩效管理的各个阶段和领域,主要体现为对于传统预算绩效管理理念的冲击、数据收集技术的推动、标准化的指标体系建设、实时性的绩效运行监控,以及自动化的绩效评价和结果应用等多个方面。

(一)预算绩效管理的理念变革

预算绩效管理理念是贯穿绩效评价、管理以及预算编制和决策的核心。近年来,绩效理念和方法深度融入预算编制、执行、监督的全过程,注重结果导向、定性与定量相结合、外部评价与内部自评相结合等现代绩效理念,成为当前预算绩效管理发展的时代潮流。恰如大数据专家迈尔-舍恩伯格在《大数据时代》一书中所指出的,大数据也是一场重要的思维变革,改变了人们的生产生活理念。同样的,大数据的数据思维方式、自动化分析理念也引爆了预算绩效管理的理念变革。

目前,大数据理念以及数据收集、数据存储和数据分析的相关制度和经验已然深入企业、社会生活和政府的诸多领域,包括互联网企业对于客户喜好的大数据分析、大数据推荐以及政府数据公开等方面,都融入了大数据思维和应用。同样,预算绩效管理也离不开数据的收集、处理和分析,大数据思维的冲击必定会带来预算绩效管理的理念变化。在大数据的发展战略上中国并不落后,早在2011年就提出重点发展信息处理技术,其中就包括海量数据存储、数据挖掘等,以支撑大数据相关技术创新。2016年,"十三五"规划纲要明确提出实施"大数据战

略",目前在国家安全、医疗卫生、教育等领域都不断引入大数据理念。实际上,相比私人企业,政府部门运用大数据其实是困难最小而收益最多的。2019年5月,财政部发布了《关于推进财政大数据应用的实施意见》,要求各部门推进财政大数据应用,以支撑建立现代化财政制度,这也是第一次从顶层设计层面对财政大数据的应用做出要求。财政部门对于大数据的使用理念和相关数据采集、整理、存储和分析能力以及相关人才的缺失,是传统绩效预算管理迎接大数据时代新考验的重要挑战。

从目前的预算绩效管理研究和实践来看,绩效跟踪、数据收集、指标设置等方面仍然没有脱离小数据的思维限制。大数据的思维变革其实是一个渐推渐进的过程,就像大数据概念形成之初,因为需要处理的信息量已超过了普通数据处理中所能使用的内存量,由此推动着工程师开发出新的数据处理工具和平台。大数据在政府和财政领域的发展也倒逼预算绩效管理中建立大数据思维,用大数据的技术和方法,建立以数据为基础导向的预算绩效管理新模式。其中就包括目标管理数据化、指标管理数据化、结果呈现数据化等多方面的内容,并随着大数据技术的不断进步,其评价方式和技术手柄也需要不断革新。

(二)预算绩效管理的多样化数据来源

数据来源是预算绩效指标设置的原材料,也是评价过程实现的重要基础,只有具备了充分的资金投入、产出和结果的相关数据,才能对资金的使用情况进行绩效评价。目前,数据可获得性制约了一些关键绩效指标的设计。随着数据采集技术的不断发展,来自各个领域和各种结构的数据提取成为现实,为适应风起云涌的数据风暴,预算绩效管理需要持续更新数据收集技术,不断丰富绩效数据来源。

体量大和种类多是大数据的最基本特征,从中央本级财政来看,截至2013年的数据体量就达到约40T,每年的数据增量约1T,而这仅仅是各类财政信息系统及数据库中的业务数据,也就是财政部门自己生产的结构化数据。如果扩展到文本、图片、音频和视频等非结构化数据,以及省市县乡多级财政部门,应该说财政数据规模早已跨上了大数据的门槛。[①] 此外,数据结构也包括了结构化数据(SQL等传统数据库)、半结构化数据(带有标签和标记,但没有像数据库这样的

---

① 财政部国库司:《大数据时代:推开财政数据挖掘之门》,北京:经济科学出版社,2013年。

正式结构),以及非结构化数据(无组织的数据)。① 据估计,小数据时代只有5%的数据是结构化的且能适用于传统数据库,剩下95%的非结构化数据都无法被利用。② 大数据有望打破政府间数据的信息孤岛和信息烟囱,促进各业务部门、财务、资产等信息互联互通,职能部门与财务部门实现信息共享,为共同实施预算绩效管理创造了条件。但同时,大数据时代数据数量的增加、结构多样以及数据形式的丰富,也对预算绩效评价的数据收集技术提出了新的挑战。

在传统的预算绩效管理中,评价数据主要来自于具体支出部门的相关汇报以及数据统计,财政部门以及第三方评价主体的预算绩效评价也是建立在支出部门自评基础上的。然而在大数据时代,移动设备、远程感应、软件日志、射频识别(RFID)阅读器和无线传感器等硬件设备,为预算绩效数据的搜集提供了新的方法。包括交通、环境等部门都开始依赖于对物理现象的传感器测量来提供公共服务。此外,过去已然存在的以非数字化形式存储的信息(历史档案、视频影像、设计图纸等)以及呈现公民情绪、兴趣和观点的个性化互联网数据,也成为预算绩效评价中结果数据的重要来源。③ 为适应数据的增加趋势,就需要预算绩效评价的数据收集技术提升,从而实现对涵盖支付体系、非税征管体系、国库收付体系和税收征管体系等多个系统,以及互联网、传感器、媒体、公众调查等多个来源的数据进行收集。④ 使其成为预算绩效评价的基础数据,从而可以更加客观地分析项目、政策以及资金使用的绩效结果。

(三)预算绩效管理的标准化指标建设

绩效指标的设置不仅构成了预算绩效评价的依据,也体现了政府管理的价值导向。⑤ 大数据除了为绩效指标提供了更加丰富的数据来源之外,也从政府间数据共享的角度提出了指标设置标准化的要求,以构建充分体现横向和纵向可比性的绩效指标库。

---

① Kim G H et al. Big Data Applications in the Government Sector:A Comparative Analysis among Leading Countries. Communications of the ACM, 2014.
② [美]迈尔·舍恩伯格,库克耶:《大数据时代》,杭州:浙江人民出版社,2013年。
③ 武源文等:《区块链与大数据:打造智能经济》,北京:人民邮电出版社,2017年。
④ 刘琦:《大数据视阈推行财政预算绩效评价研究》,《改革与战略》,2015年第7期。
⑤ 马蔡琛,赵笛:《大数据时代的预算绩效指标框架建设》,《中央财经大学学报》,2019年第12期。

大数据时代的数据存储以数据库为基础，可以对来源多样的数据进行集中储存和搜索使用。同样地，对于政府间共享数据库的建设，是实现政府间数据共通、打破数据孤岛的重要形式，而这也对预算绩效指标体系的设置提出了新要求。但指标库的形成，需要以标准化的指标设置为基础。目前各地方、各部门对于项目支出、部门整体支出等方面的绩效标准和指标的设置上存在较大差异。这种差异性源于不同部门对相同指标的定义不同、评价标准不同或者评价信息使用不同。以广东省和河北省的预算绩效指标库为例，广东省在设计预算绩效指标库的过程中，将指标分类为产出指标和效益指标，并细分为质量指标、数量指标、经济效益指标等二级指标，对每个指标设置了评分标准、标准值、历史值等参考数据；但河北省预算绩效指标库的设计并没有细分二级指标，也缺乏对指标标准的设置。此外，在同一类型指标的不同描述上，广东省文化类指标中"文化设施标准"指标反映文化设施建设的完成情况，但缺乏具体计算方法，而河北省类似的"文化设施达标率"指标则衡量"省内实际文化设施达标数量占文化设施总数的比率"。这种在评价指标名称、描述、测量方法及标准的差异，在一定程度上影响了同类型项目和资金使用在各部门、各地区之间的横向结果比较，也容易误导部门对资金分配的相关决策。指标设置的标准化要求包括了指标的定义、指标计算方法、标准值设置等多方面，从这个意义上讲，全国统一的预算绩效指标库建设，有可能成为大数据时代预算绩效管理的一个发展方向。

目前对于绩效指标数据库的形式和定义，大多存在小数据思维的局限。从数据库的形式来说，各省市的指标库多以 Excel 表格的形式呈现，这是数据库最基本的形式，且指标数据仅存在于数据层面，未能生成方便实际使用者的指标呈现方式。当几千个指标同时罗列时，若不能形成针对评价对象的指标搜索和展示平台，则会在指标实际选择上带来困扰。此外，目前的指标库形式也没有涉及各省市之间的比较衔接，缺乏对历史数据的追踪，难以对重点指标进行筛选。总的来说，目前各省市形成的预算绩效指标库，仅是将各部门及各类支出所需要用到的指标进行汇总分类，虽然这确实是一个向前一大步的适时推进，但对于后续指标库的呈现形式、指标的对比筛选以及指标的历史数据梳理等，还需要在真正意义上的 IT 技术研发以及操作流程上加以实现。

（四）预算绩效管理的实时性绩效跟踪

资金的绩效运行监控是预算绩效管理的关键步骤，贯穿了资金从审批、下拨、执行到产出的全过程。但目前的资金运行绩效监控仍停留在绩效评价之前的"临时总结",缺乏资金实时监控的技术与方法。在大数据时代,实时分析技术的不断进步,为资金使用的监控和资金产出及结果的动态反馈,提供了硬件和技术上的支撑。实时性是大数据的重要特征之一,在计算环境中,实时数据处理意味着在数据可用后的几毫秒内对数据执行操作。目前,实时数据分析的功能经常用于监视故障和提高安全性方面,实时捕捉问题并及时处理。例如,当涉及监视安全状况、检测威胁并启动快速隔离响应时,可以在黑客破坏系统或窃取数据之前,就采取必要的响应措施来缓解网络攻击。在大数据时代对政府资金使用的数据监控上,也体现了实时性的特征。

在传统的绩效管理实践中,往往是在项目实施之前进行预评估(也可称为绩效前评价),在项目实施中进行中期评价,并在资金使用结束之后,进行总体绩效评价(或称之为后评价)。这三阶段的绩效评价方式适用于在数据收集手段较差、数据难以实时更新的小数据情况。在财政资金使用可以做到实时跟踪的大数据时代,预算绩效评价便可以突破传统的事前、事中、事后三个阶段评价方式,而是随着资金的动态流转随时对其产出和成果进行评价。例如,可以通过来自传感器等实时上传设备的数据端口,对绩效资金的使用数据进行及时捕捉和获取,同时上传到数据库,通过实时数据分析技术对数据进行筛选、处理和分析,可以在最短的时间内获得所需要的绩效信息,以实现对每一笔资金的变化和使用以及每一单位产出和成果的获取。

(五)预算绩效管理的自动化评价与分析

绩效评价和结果的分析使用是预算绩效管理过程的最终阶段,也是实现动态预算循环的重要环节。绩效评价结果在预算决策中的有效运用,可以促使预算决策从"拍脑袋"决策转变为数据驱动、智能辅助、动态跟踪的更为科学的决策方式。大数据的预测技术和机器学习为预算绩效的自动分析提供了可能,从而提高了绩效评价的客观性以及结果呈现的多样性。

预测分析是大数据的推动力,预测功能是大数据技术的重要内容之一,大数据使用历史数据结合客户反馈来预测未来事件,并使用预测分析和数据挖掘技术将历史视图转换为前瞻性视图。① 此外,机器学习是人工智能(AI)的一个领域,

---

① Beal V. Predictive Analytics. https://www.webopedia.com/TERM/P/predictive_analytics.html.

通过软件应用程序的智能化学习来提高预测结果的准确性。大数据的机器学习和自动分析技术为预算绩效评价提供了新的技术手段。

其实，从目前的预算绩效评价实施来看，评价结果及报告具有较多的主观决定色彩，大多是通过绩效自评、部门评价或者专家评价之后，由评价人员撰写评价报告，并提出相应的整改意见，这就难免存在人为干预的问题。由于绩效提升的长期艰巨性与部门负责人员任职短期性的矛盾，即使是相对客观的绩效评价结果也仍旧可能会面对某些非理性化的因素。[①] 尤其是对于某些地方领导的"钦定项目"，即使绩效结果欠佳，也往往对之无可奈何，这就更加助长了个别支出部门"有恃无恐"的气焰。随着信息时代的不断成熟，公众愈发确信通过数字绩效信息的有效供给，可以改善公共服务的供给效率。基于用数据说话的绩效管理发展趋势，如果能够认同大数据是用来服务社会而不是用来控制社会的这样一种基本的公共治理理念，就有可能在一定程度上解决这种预算决策非理性化的问题。

随着新兴技术的不断发展，可以考虑使用人工智能的机器评价作为预算绩效管理的探索方向。对评价指标的各项结果进行系统性的机器分析，并对绩效结果报告设定统一的格式和内容，由机器评价后直接生成格式统一、类别丰富、内容齐全的评价报告，以期避免因评价人员主观标准不同而带来的评价差异，这种做法也便于资金分配和使用部门对绩效报告的后续反馈和应用。

四、大数据驱动预算绩效管理改革的政策建议——基于全过程视角

在预算编制和执行的循环周期中，需要经历预算决策、预算审批、预算执行以及监督评价四个过程。《中共中央 国务院关于全面实施预算绩效管理的意见》中明确指出，要建立全过程的预算绩效管理链条，将绩效理念和方法深度融入预算编制、执行、监督全过程，构建绩效管理闭环系统。

（一）预算决策中的绩效考量

上一期的绩效评价结果是当期预算决策的重要考量依据，支出部门在进行预算决策时，根据项目或政策的资金使用效果来判断资金分配的合理性。预算绩

---

① Curristine T. Government Performance: Lessons and Challenges. OECD Journal on Budgeting, 2005.

结果的内容以及表现形式,就成为影响预算决策的关键。大数据时代的绩效结果展现,可以考虑在简单的绩效报告公开基础上,采用数据可视化技术、图像图表以及数据库等形式来丰富结果展示的方式。英国政府开放数据门户网站 https://data.gov.uk 就是此类举措的范例,该门户网站采用了一些有趣且有用的移动应用程序来展示政府公共数据。此外,还可以尝试建立跨部门和跨地区的绩效评价结果库,以数据库的形式实现预算绩效评价结果的数据共享。这不仅便利了结果数据的提取使用,也有助于支出部门做出预算决策时的横向比较,了解类似项目在不同地区和部门的实施情况。但结果库的建立是以数据共享为前提的,譬如我国目前的信用信息系统建设,银行系统、司法部门、税务部门、公安部门等都有各自的信用信息数据,但由于系统之间的异构性和部门规定的差异导致信息共享存在诸多障碍。① 因此,预算绩效结果库的建设,首先需要各部门和地区彻底消除数据孤岛,避免以数据保密为名而导致部门间的数据封闭,进而实现在预算结果公开上的透明和合作。

除了上一期的绩效评价结果之外,公众对于预算项目的偏好和建议同样也是预算决策的关键参考。在企业大数据的应用中,顾客偏好分析是商业决策的主要考量方面。企业可以快速获取关于顾客购买、搜索等大数据信息,进而分析客户的偏好以及对产品的满意度。例如,在 2015 年,可口可乐公司通过建立以数字为导向的忠诚度计划来加强其数据决策,通过电话、电子邮件或社交网络等方式了解顾客的建议和意见。而 Netflix 公司则通过客户的搜索记录来分析客户喜好,并在视频网站上进行推荐。类似通过大数据对公众的偏好以及建议进行收集和分析的方法,在现代企业(特别是互联网企业)的运营决策中已经普遍使用。② 政府预算资金的使用是贴近民生的,预算决策也应该更多参考公众的建议。因此,通过数据收集以及数据分析,了解公众对于预算项目的偏好程度以及相关意见建议,自然也是大数据时代预算决策的题中应有之义。

(二) 预算审批中的绩效审核

我国在部门预算中普遍采取"二上二下"的编制方式,支出部门进行预算决

---

① 杜庆昊:《数字经济协同治理机制探究》,《理论探索》,2019 年第 5 期。
② Kopanakis J. 5 Real – World Examples of How Brands are Using Big Data Analytics. https://www.mentionlytics.com/blog/5 – real – world – examples – of – how – brands – are – using – big – data – analytics/. (2018 – 6 – 14) [2020 – 4 – 1].

策之后，需要经过财政部门和人大的逐级审核与批准。在预算审批过程中，对于项目和政策的风险进行评估是确定资金是否下拨的重要前置条件。在大数据时代，通过数据进行风险分析的方法已经融入到企业和政府的不少领域。美国国家税务局（IRS）一直将大数据分析功能集成到其退货审查程序中，该程序通过分析大量数据使其能够检测、预防和解决逃税和欺诈案件。[1] 新加坡也于2014年启动了风险评估和视线扫描（RAHS）计划，通过收集和分析大规模数据集来进行风险评估，从而预防包括恐怖袭击、传染病和金融危机等风险。[2] 同样地，在预算审批的决策风险分析中，也可以通过大数据的历史数据分析，来快速预测预算资金下拨之后可能存在的各类风险，进一步增加预算审批过程的客观性与审慎性。

此外，根据全面实施预算绩效管理的新要求，对于预算绩效目标的审核需要与预算审批流程同步推进。譬如，在《云南省省级预算绩效目标审核工作规程》中就明确规定，绩效目标审核结果与预算安排直接挂钩，项目预算绩效目标审核结果为"优"的，直接进入下一步预算编审流程，审核结果达不到60分的，不予立项，其余评价等级则均需要对目标进行调整，若审核后仍然不能达到良好水平，则会扣减该项目20%的预算资金。此外，在绩效目标审核中还应针对不同项目做出一般性审核和重点审核的区分。[3] 对于如何区分一般性和重点审核对象，大数据则为其提供了关键技术手柄。通过大数据对历史数据进行分析，筛选预算实施结果较差的项目和部门进行重点审核，而对于一般性审核对象也可以采取机器审核的方式，通过大数据技术快速分析，从而减少审核流程和相应成本。

（三）预算执行中的动态绩效跟踪

实时性较强的大数据技术为预算执行中的动态绩效跟踪提供了可能。通过传感器、检测仪等实时监测设备，对预算产出的相关数据进行动态监测，可以实现对于结构性和非结构性绩效结果的实时采集和传输。目前，在数据采集与传输领域渐渐形成了Sqoop、Flume、Kafka等一系列技术，可以兼顾离线和实时数据的采集与传输。在环境监测以及交通监管等公众广为关注的公共支出领域，环境变化

---

[1] Kim G H et al. Big Data Applications in the Government Sector: A Comparative Analysis among Leading Countries. Communications of the ACM, 2014.

[2] Habegger B. Strategic foresight in public policy: Reviewing the experiences of the U. K., Singapore, and the Netherlands. Futures, 2010.

[3] 云南省财政厅：《云南省省级预算绩效目标审核工作规程》，云财绩〔2019〕3号。

和交通状况的突发性质，对于实时数据传递技术的革新，也提出了更高的要求。大数据时代的预算绩效数据采集技术，既可以对来自资金拨付和使用部门所提供的内部使用数据进行实时跟踪和上传，也可以收集来自互联网、物联网等非结构性数据，扩充预算绩效管理的基础数据形式。

同时，大数据由于其数据体量大、来源广泛，导致收集获取的数据可能包含较多无用信息、数据形式繁复杂乱。因此，通过逐步筛选与排除的手段，针对大量繁杂数据中的可疑对象逐步进行排除，最终确定所需数据的数据挖掘技术。① 在数据处理技术中，数据采集 ETL（Extract 提取、Transform 转换、Load 加载）将分散的异构数据源中的数据（如关系数据、平面数据文件等）抽取到临时中间层后，进行清洗、转换、集成，最后加载到数据仓库或数据集市中，成为联机分析处理、数据挖掘提供决策支持的数据。② 之后，通过 Hadoop 分布式文件系统中 Redis、Cassandra、Neo4j 等数据库技术，对结构性和非结构性的数据进行存储和准备，可以方便绩效评价部门对绩效数据及时搜索、归类、整合。这样不仅实现了动态绩效监控中的数据提取和处理，也完成了绩效评价之前的数据准备工作，既提高了数据采集的及时性，也加速了数据的进一步上传和反馈。

（四）预算绩效结果的自动化分析

作为预算资金使用效率和效果的最终检验，绩效监督与评价是预算绩效管理中的关键一环。预算绩效评价需要筛选项目的具体评价指标，并通过对各项指标的定性和定量测评，得出预算资金使用的绩效结果。

首先，在指标筛选阶段，预算绩效指标库的建设成为指标筛选的前提。在整合和完善各部门和各地方的预算绩效指标过程中，逐步形成覆盖全国范围的统一的预算绩效指标库，实现评价过程中对指标历史值和目标值的考量，也方便了指标库中的快速筛选过程。预算绩效指标库所展示的内容，不仅包括各指标的类别、名称、标准值、历史值、关键词等信息，还应该包括大数据对历史数据分析得到的指标活跃度信息。通过有效识别各项指标在历次评价中的使用频次，筛选出适合被评价对象的关键绩效

---

① 谢佩君，金茜，段荷蓉：《基于数据挖掘的审计风险模型构建研究》，《湖南财政经济学院学报》，2018 年第 4 期。

② 大数据处理过程核心技术 ETL 详细介绍，2019 年 3 月 25 日，https：//www.cnblogs.com/sui776265233/p/10592693.html#_label6。

指标，并设计相应指标的权重，从而更加客观地完成指标自动化筛选的过程。

其次，在绩效评价过程中，自动化的数据分析也是只有基于大数据技术才能实现的自动化评价方式。目前，在数据查询和分析领域形成了丰富的技术手段，Hive、Presto、Spark SQL 等技术与传统的大规模并行处理（Massively Parallel Processor，MPP）数据库竞争激烈。大数据时代的预算绩效评价需要将整理过的基础数据，代入筛选出的指标中，通过数据分析过程，从而计算出该次绩效评价的结果打分。早在 2016 年，加利福尼亚州的 OpenGov Budget Builder 平台，就通过自动分析节省了预算团队需要花费数千小时来协调数十个 Excel 电子表格、交换基于电子邮件的投标书以及执行文书等工作。[1] 大数据及相关计算技术的不断进步，带来了机器计算的绩效评价方式。从长远发展来看，这或许会成为大数据时代预算绩效管理所追求的最终目标。

总体来看，预算绩效管理领域对于大数据思维的引入、相关制度的建设以及技术和平台的不断开发，都成为大数据技术应用的重要基础。此外，人才培养与政企合作也是不容忽视的两个重要方面。就人才培养而言，需要引进和培养既掌握大数据技术又了解预算绩效管理实践的复合型人才，加强对现有预算绩效工作人员的技术培训。就政企合作而言，可以通过引入企业管理中较为成熟的大数据分析技术，或者在有效处理数据安全性的前提下，由企业帮助政府部门进行数据分析和检测，以减少相应的技术学习成本。在预算绩效管理大数据技术应用的发展后期，则可以考虑出台预算绩效大数据管理的应用指南，进一步从制度层面规范相应的数据分析技术和方法。

---

[1] OpenGov. OpenGov Streamlines Budgeting Process for Local Governments with Launch of Budget Builder. ［2016 - 9 - 14］. https：//opengov.com/newsroom/press - releases/opengov - streamlines - budgeting - process - for - local - governments - with - launch - of - budget - builder.

项目绩效指标框架与绩效评价路径研究

上海财经大学中国公共财政研究院教授　马国贤
上海财经大学中国公共财政研究院副教授　曾纪茂
上海财经大学中国公共财政研究院教授　龚秀全

内容提要：本文指出，预算绩效管理的特点是按程序合规、花钱有效、结果导向、责任量化、以评促管的建设的新型管理模式。由于现行的绩效评价指标体系存在信度、效度、区分度不高，绩效指标框架有逻辑性缺陷等问题，这就阻碍了我国项目评价的全面实施，而其根源是评价制度存在着路径性缺陷。针对这点，本文提出：我国要建设标准科学的项目支出评价制度，首先是要实施对预算项目的分类管理、分类评价；其次是要以发展性项目为标杆，建设完善的项目绩效指标框架，并应用阶梯式组合原理，形成发展性项目的三环节指标体系；再次，要建设基于预算与绩效一体化的部门预算；最后，要在此基础上实施项目绩效监督和评价结果公开的措施，从而形成一个完整的制度路径方案。

关键词：项目绩效　指标框架　绩效评价

一、前言

预算绩效管理是以预算为抓手，以提高公共服务质量为目标的公共管理改革，是建设责任政府，提高我国公共服务水平和预算效率的关键。自 2003 年中共十六届三中全会"建立预算绩效评价体系"以来，我国开始了以项目评价为标志的绩效改革探索。2018 年在中共中央 国务院颁发《关于全面实施预算绩效管理的意见》（以下简称《意见》）后，进程明显加快。

预算绩效管理既是政府改革，又是财政改革。经验表明，在改革目标明确后，路径就是关键。目前，因一些关键的制度路径问题未解决，因而在实施上存在着

"重形式，轻实质"，绩效指标"外行看不懂，内行说不清"，评价结果信度、效度和区分度"三度"不高等问题。若这些问题不解决，那么，人们就会对绩效改革产生怀疑，甚至有夭折的危险——这决非危言耸听。本文将从制度建设的规范科学出发，对绩效制度路径的几个关键问题：项目的分类、标准科学的指标框架、部门预算配套改革、建设绩效监督、信息公开等做了研究并提出新的方案。以上成果仅供决策者参考。

二、项目预算绩效管理的现状和问题

（一）我国预算项目绩效管理的现状

在西方流行着：如果你跟踪金钱流动，就会获得真相。预算绩效管理就是跟踪金钱流动，而由于预算是政府用于购买有效公共服务的，因而预算绩效管理具有揭示政府的服务状态，提升公共服务水平和预算效率，即两个提升的作用。

我国的预算绩效管理是以 2003 年十六届三中全会"建立预算绩效评价体系"为起点，在财政部领导下，各地开展了项目评价试点。不过，当时仅将它理解为提升预算效率。2014 年来，随着中国特色社会主义理论的提出，各方对绩效管理的认识逐渐深化。（1）2014 年全国人大《预算法》（修订版）提出讲求绩效原则；（2）为落实预算法，2018 年中共中央办公厅印发了《关于人大预算审查监督重点向支出预算和政策拓展的指导意见》，要求各级人大转变监督方式，开展对预算支出绩效监督；（3）2018 年中共中央 国务院颁发的《关于全面实施预算绩效管理的意见》（中发 34 号文）指出："全面实施预算绩效管理是推进国家治理体系和治理能力现代化的内在要求"，要求"力争用 3—5 年时间基本建成全方位、全过程、全覆盖的预算绩效管理体系，实现预算和绩效管理一体化"。这就将绩效管理归结为国家提升两个水平的关键举措。可见，党和政府对它寄予了厚望。

制度经济学指出，制度包括理念、路径、工具等要素。在预算绩效管理"两个提升"的目标确立后，路径是关键。在项目绩效管理上，我国虽然经多年努力，形成了以共性指标为框架，以中介机构评价为主的评价制度，初步做到了项目评价的全覆盖，但是因一些重要的制度路径问题未解决，因而在实施中存在着绩效指标"外行看不懂,内行说不清",评价结果"三个度"不高,在管理中"用不上、用不了",治理项目多杂乱失效,项目评价过于追求形式,以"举例式"评价代替全覆盖评价,在中介市场上"劣币驱逐良币"等问题。

(二)对我国项目绩效测评信度、效度和区分度低的原因分析

1. 在项目指标框架上,指标与绩效理念脱节。绩效指标框架就是绩效指标体系建设的构架和蓝图,它具有解释绩效,引领指标建设两个作用。好的指标框架应具备:(1)它通过指标组合绩效,传达明确的价值信息,使人们对评价的适用指标、重点和方法一目了然。或者说,它将以指标方式将花钱买有效服务理念具体化;(2)引导指标体系建设。①明确指标的名称、计量单位、计算公式、评分方法、绩效分值等要素,避免评价时的争议;②形成合理的指标结构,用框架方式传达要什么指标,不要什么指标的信息,避免重复或遗漏;③有时为提高区分度,将设置否决性指标,向触及"高压线"的项目传达无绩效信息。

2. 从管理看,项目评价无力抑制项目膨胀。通常认为,绩效评价是治理预算项目多、杂、乱的有效路径,因为,好的评价体系将具有较高的信度、效度,是能从一堆项目中挑出那些无绩效和低绩效项目,给予曝光和追责,抑制"项目冲动"的。

我国的预算项目多杂乱是常见病,从部门预算诞生起就存在。"多"指项目数量多。目前省级财政有上万个项目,有的中央部委甚至多达上千个项目。理论上,项目是单位或组织的管理目标,而现在却成了"做什么都得有项目,否则宁可等着"。项目过多使部门变成了无目标;"杂"指项目性质混杂,四世同堂。从支出上亿元,包含上百个分、子项目的公共工程项目,到支出为几万元,甚至连子项目都算不上的会议费都是"项目";"乱"指管理乱。虽然财政部规定了专款专用,但形同虚设,从请客送礼、公款旅游到购买私人物品都由项目报销。总之"项目是个筐,什么都可以往里装"。项目泛滥使它失去了事人钱结合的优势,导致预算失控和低绩效,还成了官僚主义、形式主义和官员贪腐的温床。

再回到前面:我国的项目评价已17年,为何预算项目的多杂乱不减反增?我们的回答为:按现行办法,指标无"牙齿",评价成"摆设",那么,它靠什么去制止"项目冲动"?可见,从治理项目多杂乱看,也必须解决项目评价的路径问题。

3. 从评价市场看，我国存在着中介市场混乱，"劣币驱逐良币"效应。面对预算项目多杂乱，一些人提出了第三方评价。应当说，在信息不对称下，聘请专业机构评价是必要，但并非必须的：（1）中介机构评价是有成本的，而项目有大有小，对上亿元的项目来说，第三方评价或许必要，但对十几万元的会议项目，难道值得花3万元于中介评价吗？（2）若无科学的指标和方法，即使第三方也会陷入"评价困境"。此外，在信息不对称下，它还会产生吃了原先吃被告的"绩效寻租"。

随着第三方介入，我国评价市场还出现了"劣币驱逐良币"效应。因为，在一些人看来绩效评价不过是数字游戏，于是催生了编制假评价报告的产业，本来10万元的项目评价，部门花二三千元就能买到"报告"，而正规评价被逐出市场。总之，我国已在项目评价上投入了上百亿元，却未抑制项目多杂乱，这值得反思。

综合以上，我们的结论为：我国在项目绩效管理上存在着路径性缺陷，使其应有作用无法发挥。为此，我们要达到预算绩效管理的提升"两个水平"（政府治理、预算绩效）目的，就必须从完善指标框架开始，建设标准科学的绩效评价制度。

三、措施之一：实施预算项目的分类管理、分类评价

分类是科学管理首要问题。应用"同类对象同一管理，不同类对象不同管理"方法，就可以将复杂问题简单化、管理精准化。因为没有分类，我们就无法对1亿元项目、11万元项目采取不同的评价政策，没有分类，我们就无法确立典型项目，以此来建设标准科学的指标体系。

（一）搞好预算项目的分类

按原理，分类通常是按性质、管理、来源等维度进行。根据这点，我们对预算项目采用了按项目性质（常规性项目、发展性项目）——管理（限额以上、限额以下）——预算来源（本级预算、转移支付）三级分类法，形成了图1模式。

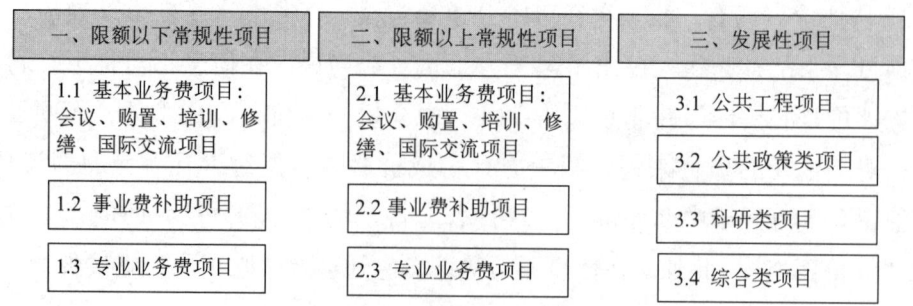

图 1　预算项目的按性质/管理分类模式

1.1/2.1 基本业务费项目：用于部门的基本业务支出，如会议费、购置费、培训费、修缮费、国际交流费项目等；

1.2/2.2 事业费补助项目：部门用于补助事业单位、中心等下属机构支出的项目；

1.3/2.3 专业业务费项目：部门用于购置专业设备、设施，如测试仪器、试纸、仪表等支出项目。

3.1 公共工程项目：旧称经济建设项目，如公共桥梁、道路、公路、水利等建设项目等；

3.2 公共政策类项目：用于补助个人、企业的支出项目，如社保项目、扶持农村合作组织项目等；

3.3 科研类项目：由政府资助的基础研究、应用研究项目，如科技部、社科基金、自然科学基金项目等；

3.4 综合类项目：兼有工程和政策特性的政府项目。

（二）实施分类管理、分类评价

图 1 表明，由于三类项目性质不同，为此要使评价"落地"，就应分类管理、分类评价。否则项目评价办法将缺乏针对性，产生"既冗余，又不足"问题。

1. 发展性项目，其特点：项目预算额大、经济社会影响大、项目三要素完整，虽其数量占总项目数 10%—20%，但占预算支出 70%—80%，因而属于管理上典型的项目。对其管理应采用"委托部门实施，财政评价"，但对符合条件的（如管理机制健全、信誉好、历年部门绩效为优等）项目，也可采用"财政监督，委托部门评价"。

2. 常规性项目，特点为数额小而项目多，有办事目标而无绩效目标，管理依附于部门。因而应采用"总额控制、部门立项、财政审查、部门实施和评价、绩效挂钩"的方式。（1）总额控制、部门立项指从长远看，财政应根据各项事业的标准成本核定部门预算限额，部门按限额编制预算，含常规性项目预算。就当前说，其限额可由财政按部门近三年平均数核定；（2）财政审查指部门编制的常规性预算方案，应经财政审查通过，并作为附件报经同级人大审议通过后实施；（3）部门实施和评价指部门为项目的实施和评价主体，但项目纳入绩效监督；（4）绩效挂钩指常规性项目绩效纳入部门整体绩效，财政按奖优罚劣原则增或减下年度部门预算限额。

总之，"分类管理、分类评价"是我国项目评价上缺乏重点，胡子眉毛一把抓，建设标准科学管理制度的关键。从评价制度建设看，它属于三阶梯模式。

四、措施之二：建设标准科学的项目指标框架

（一）以发展性项目为标杆，建典型的项目指标框架

设想，标准科学的项目指标框架将具备以下特点：（1）它是以发展性项目为标准标杆，适应三类项目评价的指标框架；（2）经过简单装配，它将能为立项评价、跟踪评价和结果评价和部门编制项目绩效目标提供适用指标；（3）它将是信度、效度和区分度高，有"牙齿"、有"温度"的，符合标准科学要求的指标框架。

为达到这些：我们将：（1）以发展性项目为标杆设计指标框架，其余两类项目则在此基础上做"加减法"；（2）为保持制度的衔接性，新框架将保留决策、过程、结果、效益维度，对过程性指标采取"充实内涵，降低分值"的淡化策略；（3）按"可量化尽量化"的原则充实指标内涵。如，用立项的四要素（可行性报告、项目概算、项目的绩效目标、项目的实施方案）具备、要素质量评价来替代原框架中内涵不确定的"绩效目标合理性""绩效指标明确性"等三级指标，用审计：有问题的资金占比指标替代原框架的"资金使用合规性、管理制度健全性"等指标（见表1）。

表1   预算项目的绩效指标框架

一级/二级/三级指标	指标公式	权值	业绩值	绩效分值	指标说明
A 投入类		10			
A1 项目立项与目标	因素法：缺指定材料，退出立项；材料充分，逻辑合理且支撑本项目的满分				四要素指可行性报告、概算、绩效目标和实施方案
A11 可行性报告的相关性	本款为立项评价的指标，在跟踪评价、结项评价时不再采用				
A12 绩效目标合理、全面					
A2 资金投入	目标法	10			
A21 资金到位率	本年度拨款额/批准的年度预算额	6			
A22 资金到位的及时率	$\sum$（实际拨款额/应拨款额）/4	4			按季结算的到款率平均值
B 过程类		16			
B1 项目管理	目标法				
B11 政府采购应采尽采率	实际政府采购额/应纳入政府采购额	4			
B2 财务管理	目标法，扣分制				2倍扣分制。违纪率20%以上或有严重问题的取消评价资格并移送案卷
B21 审计：有问题支出占比	违纪金额/当年预算支出额	12			
C 产出与结果类		44			
C1 项目产出目标实现率	目标法，扣分制	24			无此类指标的，将分值加入C2
C11 工程量完成率	完成的工程量/项目的设计工程量	6			
C12 —					
C2 项目试运行目标达到率	试运行结果业绩值/绩效目标值	20			指项目试运行结果值或政策的经济和社会目标达到率

续表

一级/二级/三级指标	指标公式	权值	业绩值	绩效分值	指标说明
D 效益（影响）类	目标法，从本部门"产出与结果"中遴选2个相关性最高的为本项目的效益指标	20			用部门当年的评价结果说明本项目绩效，避免重复评价
D1 部门业绩相关指标实现度1	结项时该指标的业绩值/绩效目标值	10			参考财政部 分行业分领域绩效指标
D2 部门业绩相关指标实现度2	结项时该指标的业绩值/绩效目标值	10			参考财政部 分行业分领域绩效指标
E 满意率类	通过问卷调查获得	10			随机，样本不低于1%
E1 本项目的社会知晓度		2			
E2 使用者/公众满意度		8			

注：为照顾版权，本文删去了部分三级指标。

1. A 投入类指标。A1 项目立项。立项是项目绩效管理的必要步骤。未经预算立项的就不属于预算项目。在绩效管理上，立项指财政依据有关程序，会同有关机构、专家审议项目单位提供的立项四要素材料（项目可行性报告、绩效目标、项目概算、实施方案）并做出决定的过程。应指出，完整的项目立项指除上述外，还包括财政部门将结果上报政府，政府审议通过后提交人大等完整过程。还需指出，因历史原因，传统的项目立项是由发改委负责的，不过指建设性项目，且不要求预算匹配，从绩效管理看这属于预立项。预算项目立项的内容广泛，包括公共工程、公共政策、科研和综合类项目，且实行预算配套。因而这两者是有区别的。

"A1 项目立项"的三级指标为 A11 可行性报告的相关性、A12 绩效目标合理、全面；A13 项目概算合理；A14 项目实施方案合理。评价采用因素法，包括各要素有无支撑材料，材料的质量两方面。评价方法为：凡是在四个指定材料缺少一个的，取消立项。材料齐全的，则提交专家评审其质量并做出独立评分（见表2）。在此基础上，由财政部门统计出各项目的平均分值，并进行排队。

A2 资金投入：有 A21 资金到位率、A22 资金到位的及时率两个三级指标。采用目标法评分。即目标值为100%，达不到的按比例扣分。其中：

A21 资金到位率的公式为：本年度拨款额/批准的年度预算额。

表2　　　　　　　　因素法下的项目立项分值评分表

指标名称及目标	指标权值	绩效分值		因素法的评分要求
		有材料	材料质量	
A1 项目立项		√	分值	按前期评价要素：无材料的0分，有材料的按以下规则评分
A11 可行性报告的相关性	30			报告内容完整，包括对项目的必要性、可行性、风险分析等，数据来源准确可靠，逻辑严密、结论准确
A12 绩效目标合理、全面	25			内容紧扣本项目、绩效目标可行、完整、全面，包括表1所有目标，业绩值反映目标结果，数据可靠
A13 项目概算/预算合理	25			概算/预算依据充分，价格合理、工程量全面，含不可预见支出，可执行
A14 项目实施方案合理	20			方案合理，项目负责人、实施人、质监人职责和分工明确
分值计	100			

2. B 过程类指标及其操作。本类指标的评分采用目标法。经调整，我们按结果导向确定了以下两个指标：

B11 政府采购应采尽采率，指凡是纳入政府采购目的商品和劳务，项目单位均应按《政府采购法》组织采购。公式为：实际政府采购额/应纳入政府采购额。

B21 审计：有问题的支出占比，公式为：指违纪金额/当年预算支出额违纪额。计分方法为扣分制，公式为：实际分值＝目标分值×（1－2×违纪金额/当年预算支出额违纪额）。即违纪额为1%的，扣分为2%。本指标要求对违纪金额到达20%以上的，或虽未达到但性质严重的项目，取消评价资格并移送有关部门。

3. C 产出与结果类指标及其操作。产出与结果是指预算项目业绩，指向花钱买到的结果，也是编制项目绩效目标的依据，分值较高。它们适用于跟踪评价和结项评价。评分方法为：（1）按项目的绩效目标设定各指标值。（2）扣分制。凡是未达到目标的，按未达到率比例扣分。

C1 项目产出目标实现率。为二级指标，无此类指标的项目，将分值加入C2。其三级指标为：

C11 工程量完成率。公式：完成的工程量/项目的设计工程量。"工程量"指各项目的实物工作量，如土木工程中的土方量、砌体量等，有时也指价值量。

C2 试运行目标达到率。它属于个性指标，指项目预算买到的实际有效服务数量，数据来自项目试运行期间的实际数据。试运行期通常为一年。计分公式：试运行结果业绩值/绩效目标值。

4. D 效益（影响）类指标及其操作。效益是指政府服务所产生的经济和社会影响。考虑到发展性项目是部门提出的，目的是提高施政能力，增加有效服务，且指标可用部门评价结果验证，因而本框架保留了效益类指标。D 效益（影响）类指标是按以上思路设计的，为个性指标，采用目标法评价。要求项目单位编制项目绩效目标时，应在本部门"产出与结果"指标中遴选 2 个与本项目相关性最高的指标为本类指标并提出目标值增量，形成 D1 指标、D2 指标。评价是考察绩效目标实现度。以下以 D1 为例做出说明：

D1 部门业绩相关指标的目标实现度 1：实施方法见上。评价采用目标法。公式：结项时该指标的业绩值/绩效目标值。其指标的名称可参考 2019 年财政部《分行业分领域绩效指标》。

5. E 满意率类指标及其操作。E 满意率类指标的数据将通过问卷调查获得，采用随机调查，样本率不低于 1%。问项应当导向明确，语言亲民。在数据处理上，应先确定各选项分值，通过数据录入，将其转化为满意率分值。

E1 本项目的社会知晓度，随机调查，用于考察市民对本项目的知晓程度。

E2 使用者/公众满意度，通常指与本项目受益相关的人员，问项应明确扼要，通常不超过 8 项。目的是考察项目的使用效果。

（二）应用阶梯式组合原理，形成发展性项目三阶段指标体系

虽然表 1 提供了项目评价指标，但并非都适用于三阶段评价，为此我们应将表 1 的指标按三个项目管理的阶段进行阶梯式组合，形成表 3 的适用指标体系。

表 3　　　　阶梯式组合的项目评价三个阶段适用指标体系

一级/二级/三级指标	立项评价	跟踪评价	结项评价
A 投入类			
A1 项目立项	√		
A2 资金投入		√	√
B 过程类			

续表

一级/二级/三级指标	立项评价	跟踪评价	结项评价
B1 项目管理		√	√
B2 财务管理		√	√
C 产出与结果类			
C1 项目产出目标实现率		√	√
C2 项目试运行目标达到率			√
D 效益（影响）类			
D1 部门业绩相关指标实现度 1			√
D2 部门业绩相关指标实现度 2			√
E 满意率类			
E1 本项目的社会知晓度			√
E2 使用者/公众满意度			√

表 3 表明，发展性项目的立项评价只需"A1 项目立项"指标，并组成指标体系；跟踪评价则需要"A2 资金投入""B1 项目管理""B2 财务管理""C1 项目产出目标实现率"四个二级指标组成体系；而结项评价将由除了"A1 项目立项"外，所有的二级指标组成指标体系。

（三）按阶梯式组合原理，形成三类项目的评价指标

在解决三类项目（限额以下常规性项目、限额以上常规性项目、发展性项目）的适用指标上，我们采用了表 4 的"搭积木"方式：（1）对不同的评价对象提出不同的评价要求，对发展性项目采用规范评价，对其余两类项目取消跟踪评价，并采用简易评价；（2）按评价的难度排队，对限额以下项目的评价采用项目负责人编写项目报告，部门审定通过的简易方式。而对限额以上的项目采用结果评价制，由部门聘请中介机构开展绩效评价，财政监督，由部门组织专家审定通过。

表 4			三类项目的绩效管理和评价方式		
项目类型	管理主体	立项评价	跟踪评价	结果评价
1. 限额以下常规性项目	部门	主管科室提出《项目简易建议立项书》，局务会议通过	无	主管科室出具《项目简易评价报告》，局务会议通过，上报财政
2. 限额以上常规性项目	部门	主管科室提出《项目建议立项书》，含绩效目标，局务会议审议通过	无	由中介机构独立评价并出具《绩效评价简易报告》，财政绩效监督
3. 发展性项目	财政	由部门提供项目可行性报告、绩效目标、绩效预算，财政组织专家组审议通过，报政府立项	跨年度项目必须跟踪评价	项目移交使用方，由中介机构根据试运行结果独立评价并出具《绩效评价报告》，财政绩效监督

五、措施之三：建设基于预算与绩效一体化的部门预算

项目评价犹如蝴蝶，为使评价有好的环境，它势必产生"蝴蝶效应"，掀起一场以预算与绩效一体化为标志的部门预算改革。新的部门预算模式见图2。这是说：

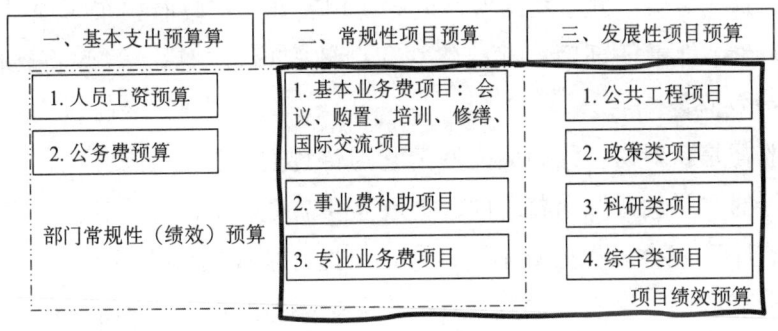

图 2　基于预算—绩效一体化的部门预算

1. 它将项目预算一分为二，形成"部门预算＝基本支出预算＋常规性项目预算＋发展性项目预算"公式。该公式继承了我国"一要吃饭，二要建设"传统，明确了部门和项目同为预算对象；在公共产品提供上将是"部门为主，项目为

辅",形成"部门提供基本公共服务,项目提供发展性产品"的预算关系。

2. 图 2 将"基本支出预算 + 常规性项目预算"定义为部门常规性预算。这是说,《意见》的"部门整体绩效与部门预算安排挂钩"是对部门预算——常规性绩效而言的。虽然常规性项目的评价结果并不与预算挂钩,但会影响到部门整体绩效,进而影响部门明年的预算限额,而实现了"总体挂钩"。这或许是最合理的挂钩方式。

3. 图 2 还表明,部门是负有整体绩效责任的预算主体,他们应建立评价机构,独立开展对自身的常规性支出(含常规性项目支出)、下属单位支出的绩效评价,并对绩效负责。而财政部门的职责是做好组织协调,实施绩效监督。

六、措施之四:实施绩效监督,实行评价结果公开

(一)实施绩效监督

应指出,我国的项目评价失效,除绩效管理制度路径的原因,绩效监督缺失、政府与部门权责不清,财政"既当运动员,又当裁判员"也是重要原因。因为,没有绩效监督就没有绩效责任,没有人大的绩效监督,项目评价就不可能规范。

就原理说,监督指"监"和"督"。"监"指我们先应划定圈子,然后观察事物运动,若在圈子内就"只监不管",这为之监,若越出圈子,就发出警告,督促其改正,这为之督。随着我国项目绩效管理展开,在政府颁布《项目绩效管理办法》、项目评价责任部门、部门建立起绩效管理机制后,财政将转向"裁判员"——绩效监督。

绩效监督是新事物。我们应先厘清它与传统财政监督的差异:(1)就形式说,与现行的"举例式"监督不同,它是全覆盖式监督;(2)就性质说,与现行的"事后查账"式合规性监督不同,它是以提升预算绩效为目的,既有"牙齿"(发现和制止问题)又有"温度"(肯定成绩,提出建议)的监督;(3)就对象说,它属于跟踪金钱的流动,既监督项目过程,又监督项目结果的全方位的监督。可见,绩效监督具有全方位、过程与结果监督合一、大数据化特征。为了搞好绩效监督,我们建议:

1. 建设标准科学的绩效监督指标体系。绩效监督并非是"对错判断",而是在考察项目过程和绩效目标实现度后做出的判断,是及时发现问题,发出警告和

纠正的监督。而要达到这些，首先要设置一套监督指标，见表5。

表5　　　　　　　　　项目绩效监督指标及权值分配

一级	二级指标名称	权值	评分值	说明
	1. 立项四要素完备率%	15		项目三要素（或二要素）不完备者，零分
	2. 绩效目标实现率%	25		对公共工程项目评价应在项目完工试运营1年后进行，在此期间的修理等费用，由实施方承担
	（略）			
	3. 审计：有问题的资金占比%	20		目标为0，每发生1%，扣2%，扣完为止
	4. 项目总预算变动率%（+或-）	20		目标为0，达到者16分。追加预算每1%扣2%，扣完为止；追减预算每1%加2%，总量不超过4分
	5. 满意率%	20		
	5.1 公众知晓度	7		随机，1%
	5.2 受益人满意度	6		
	5.3 人大代表满意度	7		
监督分值合计		100		

注：（1）本模块在充分收集项目的绩效信息后，对项目的评分将由本模块自动完成并显结果。

（2）本系统的色块显示规则为：项目监督分值合计60分以下的，红色；60—80分的，黄色；100—85分（含）的，绿色。各指标和二级指标的色块显示规则同上。

2. 应用大数据管理，建设类似于PART的"红绿灯"制。由于绩效监督将跟踪上千至上万个预算项目，处理上十万条信息，且要设两个红灯（跟踪项目管理的红灯、监督指标评价结果的红灯）就必须开发基于大数据管理的计算机信息系统。

3. 为了获得充分信息，要建设"项目绩效管理档案袋"。这包括：①在立项前，财政要与部门和项目单位签订信息共享协议，允许财政查阅、存取项目相关信息。对于无协议的项目，财政将拒绝拨款；②借助于互联网，部门要实现与内部各系统、与相关政府机构的信息共享，使绩效监督落地每个项目；③设计内容完整的"项目绩效管理档案袋"。"档案袋"将对项目的立项、跟踪、结项信息实施全流程跟踪，做到方便实用，减少二次输入。

（二）建立绩效信息公开制度

必须明确，预算是纳税人委托政府管理的钱。"阳光是最好的消毒剂，路灯是最好的警察"。我们要消除项目预算的腐败和低效率,抑制"预算冲动",就应建立项目评价信息公开制度。设想为:(1)发展性项目的评价信息应由财政发布,通过媒体向社会公开;(2)除限额以下的常规性项目外,其余项目的绩效信息(含过程信息),均应通过人大网站向本级"两会"代表公开,并接受其监督。

预算绩效管理激励约束机制构建研究

中央财经大学绩效管理研究中心研究员　童伟
中央财经大学财税学院　黄如兰

内容提要：激励流程失当、奖惩措施失效是我国预算绩效管理激励约束方面存在的明显问题。本文以预算部门与业务考评部门"非合谋"为前提，构建预算绩效管理博弈模型。通过模型检验发现，预算绩效管理激励约束机制构建的关键在于优化绩效管理流程，强化问责和监督约束，形成激励相容、约束有力的激励约束机制。预算绩效管理激励约束机制应符合如下特征：绩效目标管理应能充分发挥预算管理的源头把控作用，绩效评价指标体系和方法应能提供完善的技术支撑，绩效评价结果应用机制应能强化绩效管理的制度约束，绩效运行监控应能提前预警并有效规避风险，问责机制应能发挥有效的警示与规诫作用，绩效奖励则应能充分符合部门（代理人）的合理预期。

关键词：政府预算　绩效管理　激励约束

一、问题的提出

从经济学的角度来说，提高绩效是人类一切活动共同追求的目标，构建全方位、全过程、全覆盖的预算绩效管理体系是我国深化财税体制改革、建立现代财政制度的重要基础，也因此得到党中央和国务院的高度重视与不断强。

我国预算绩效管理改革起始于本世纪初，从发起到全面推进仅用了短短十几年的时间。从借鉴国外经验到结合本国特色不断探索，从实践中发展理论，在财政支出绩效评价改革基本完善的基础上步入全面预算绩效管理体系建设阶段，这期间中央和地方都进行了有益探索。

在取得巨大成就的同时，我国预算绩效管理实践中存在的问题也不断凸显，

《意见》指出，要建立健全"绩效目标管理—事前绩效评估—事中绩效监控—事后绩效评价—评价结果应用"闭环式全过程预算绩效管理体系。但在实际应用中，这一流程的多个环节均遇到了障碍与瓶颈。这些问题产生的原因既有体制机制方面的，也有技术及实务方面的，但究其根本还在于预算绩效管理的激励约束机制存在较为明显的缺陷和漏洞。

预算绩效管理要取得实效，既要千方百计激发预算部门和一线工作者的热情和创造力，也要构建预算执行的长效约束机制。财政预算天然形成了执行和管理中的"委托—代理"关系，为了避免机会主义行为，委托人（财政部门）应通过制度安排中的激励约束机制来促使代理人（预算部门）为委托人的利益而行动。有效的制度设计可以提高预算部门及其工作人员的积极性，促进预算部门（代理人）持续不断改进预算行为，最终提高部门效率。由此，应通过构建有效的预算绩效管理激励约束机制，在强化责任义务约束的同时，赋予部门更多的预算决策、管理、调整权限，以消除当前我国政府预算管理中普遍存在的不相容负向激励因素。

二、我国预算绩效管理激励约束机制存在的问题

激励约束机制设计的关键点在于"让人说真话"和"让人不偷懒"，即让预算部门或单位可以"自觉地"公开绩效信息，努力工作，改革创新。但目前来看，"理论尚未丰满，实践更显不足"，我国预算绩效管理激励约束机制距离能够完成"最终目标"还有一定的差距，还存在激励流程失当、奖惩措施失效等方面的问题。

（一）激励约束机制链条存在缺陷，无法保障激励效果符合预期

完善的"目标—评价—结果应用"链条，既能激励和约束预算执行人及其所在预算部门的行为，也能为财政主管部门考核、监控和安排奖惩提供依据。由此，激励约束机制的构建要点在于规范和完善各个环节，并促进各个环节前后衔接，完整流畅地促进预算部门按可预见的轨道高效完成绩效管理。但目前我国在绩效评价体系构建，绩效目标管理和评价结果应用等方面都还存在绩效评价指标体系不尽健全、预算绩效目标管理的基础性地位未能充分显现、绩效评价结果应用机

制未能完善等问题,影响激励和约束的作用效果。

(二)问责与奖惩机制未能完善,不利于形成良好预期和责任约束

一方面,奖惩措施不利于良好预期的形成。目前的现实情况是重要的支出领域即使绩效评价结果不佳,预算资金也会按时按量予以重点保障。长此以往,重点项目因为有政策的保障而对奖惩激励不为所动,一般项目因为绩效管理越来越严格而对预算削减无动于衷。预算部门未能形成良好预期,奖惩激励的效果也就大打折扣。另一方面,问责约束机制尚未完善,责任主体绩效意识不强。预算管理中的问责是以绩效评价结果的应用为核心的问责过程,由此建立了"行为—绩效(结果)—责任"的因果链,问责也应该体现"问责相容"的理念。但顶层设计的完善尚未能在实践中全面推广,实践中,各绩效主体在问责中的主要职责未能完全明确,问责主体以何种方式施行问责也尚未清晰,最终导致绩效问责约束的作用还不强,绩效理念未能深入人心。

三、基于激励约束机制的预算绩效管理博弈模型构建

基于主管部门和预算部门的委托—代理关系,本文选择将预算绩效管理流程置于不完全信息的委托—代理分析框架下,以预算项目支出为研究主体,预算部门与业务考评部门"非合谋"为前提,构建博弈模型。简化分析,本文主要考虑编制阶段、执行阶段和决算审计阶段的博弈。

(一)预算编制阶段

当前中国的预算编制仍以部门为基础,采取"二上二下"的编制程序。预算部门提出申请,业务考评部门(代表财政部门的立场)对预算申请进行审批。

用 M 表示财政部门财力水平下可为该项目提供的总的预算资源。此时预算部门有两种战略选择,如实申报和夸大申报(部门作为经济人也会追逐利益),申报的金额分别为 A 和 A',$A < A'$,将成本分别设为 c_{a1} 和 c_{a2},业务考评部门也有两种战略选择,审批通过或削减预算,将成本分别设为 c_{b1} 和 c_{b2},假设预算部门夸

大申报需要耗费更多的精力用于"美化"申请，所以 $c_{a1} < c_{a2}$，业务部门削减预算需要加强审核，揭示信息，所以 c_{b1} 小于 c_{b2}。设业务考评部门削减预算的概率为 $1-\alpha$，削减预算比率为 γ，预算部门如实申报的概率为 β，$0 < \alpha, \beta, \gamma < 1$。双方的收益如表1所示。

表1　预算编制阶段预算部门和业务考评部门博弈结果表

		业务考评部门（财政部门）	
		通过（α）	削减（$1-\alpha$）
预算部门	如实（β）	$A - c_{a1},\ M - A - c_{b1}$	$A(1-\gamma) - c_{a1},\ M - A(1-\gamma) - c_{b2}$
	夸大（$1-\beta$）	$A' - c_{a2},\ M - A' - c_{b1}$	$A'(1-\gamma) - c_{a2},\ M - A'(1-\gamma) - c_{b2}$

预算部门和主管部门的预期收益分别为：

$$E_a = \beta[\alpha(A - c_{a1}) + (1-\alpha)(A - \gamma A - c_{a1})] + (1-\beta)[\alpha(A' - c_{a2}) + (1-\alpha)(A' - \gamma A' - c_{a2})] \quad (1)$$

$$E_b = \alpha[\beta(M - A - c_{b1}) + (1-\beta)(M - A' - c_{b1})] + (1-\alpha)[\beta(M - A - \gamma A - c_{b2}) + (1-\beta)(M - A' - \gamma A' - c_{b2})] \quad (2)$$

分别对（1）、（2）式求导 $\dfrac{\partial E_a}{\partial \beta}, \dfrac{\partial E_b}{\partial \alpha}$ 并令其等于0，并解之得：

$$\alpha^* = \frac{\gamma - 1}{\gamma} + \frac{c_{a1} - c_{a2}}{\gamma(A - A')} = \frac{1}{\gamma}\left(\frac{c_{a2} - c_{a1}}{A' - A} - 1\right) + 1 \quad (3)$$

$$\beta^* = \frac{\gamma A' + c_{b1} - c_{b2}}{\gamma(A' - A)} \quad (4)$$

对于预算部门来说，（3）式可以简单说明，业务考评部门通过预算申报的概率与预算部门夸大申报与如实申报的成本差成正比；（4）式说明对业务考评部门（财政主管部门）来说，预算部门如实申报的概率与业务考评部门削减预算成本和审批通过成本之差成反比。

（二）预算执行阶段

根据财政主管部门批复的预算数和设定好的绩效目标，预算部门会制定执行计划。预算执行情况有未完成、基本完成和超额完成三种情况，基于我国目前预算绩效管理的规定，未完成毫无疑问会导致预算部门绩效考评变差，来年预算削减甚至负责人被追责,代价太大所以此处不予考虑。设绩效目标完成时预算部门可获得的奖励为 m,绩效目标基本完成时,预算部门获得基本奖励 m_1,实现了 n_1 的公共产品供给,假设基本完成目标,预算部门不会产生资金缺口;目标超额完成时,预算部门可以获得绩优奖励 m_2,实现了 n_2 的公共产品供给。对预算部门来说,确定好执行计划以后,有三种可选的执行方式:积极作为 x、正常作为 y 和消极作为 z。此处,积极作为定义为另外付出了 h 的个人努力,加强了部门内部控制,尽全力提高预算资金使用效率;正常作为定义为按部就班完成生产;消极作为指资金使用不做科学规划,造成铺张浪费,可能会被问责,损失记为 p。当部门选择正常作为时,y_1、y_2 分别是生产 n_1 和 n_2 的单位成本;当部门选择积极作为时,x_1、x_2 是分别可以节约的单位成本;消极作为时,z_1、z_2 是分别会增加的单位成本。

从而,预算部门的预期收益为 $E_a = m - h - p$。预算绩效运行监控要求对预算执行进度实行监控,假设预算部门在预算执行过程中被重点监控的概率为 f,暂不考虑审查成本,一旦预算部门消极作为,便可被发现。财政主管部门的预期收益 $E_b = s$ 主要由财政结余资金构成,s_x、s_y 表示不同来源。依旧设预算部门申请的预算数为 A,而执行过程中,执行数可能有三种情况,即小于、等于或大于预算数。据此,博弈双方可能出现多种情况。

1. 绩效目标超额完成。

(1) 当 $n_2 y_2 > A$ 时。执行数大于预算数,不考虑预算追加,所以假设部门可以通过科学规划予以解决。此时,预算部门一定是积极作为,财政资金无结余,两方的收益分别为:

$E_a = m_1 + m_2 - h$
$E_b = A - n_2(y_2 - x_2) = 0$

(2) 当 $n_2 y_2 = A$ 时。执行数等于预算数,没有消极作为的空间。预算部门积极作为时,两方的收益分别为:

$E_a = m_1 + m_2 - h$
$E_b = A - n_2(y_2 - x_2) = s_x$

预算部门正常作为时,两方的收益为:

$E_a = m_1 + m_2$
$E_b = A - n_2 y_2 = 0$

(3) 当 $n_2 y_2 < A$ 时。预算数大于执行数,此时两方的收益见表 2 所示。

表2　绩效目标超额完成且预算数大于执行数时的博弈结果表

预算部门		财政主管部门	
		重点审查（f）	常规审查（$1-f$）
预算部门	积极作为	$E_a = m_1 + m_2 - h$ $E_b = A - n_2(y_2 - x_2) = s_y + s_x$	$E_a = m_1 + m_2 - h$ $E_b = A - n_2(y_2 - x_2) = s_y + s_x$
	正常作为	$E_a = m_1 + m_2$ $E_b = A - n_2 y_2 = s_y$	$E_a = m_1 + m_2$ $E_b = A - n_2 y_2 = s_y$
	消极作为	$E_a = m_1 + m_2 - p$ $E_b = A - n_2(y_2 + z_2) = 0$	$E_a = m_1 + m_2$ $E_b = A - n_2(y_2 + z_2) = 0$

2. 绩效目标基本完成。基于前文的假设，无疑只需要分析 $n_1 y_1 < A$ 的情形，收益情况见表3。

表3　绩效目标基本完成且预算数大于执行数时的博弈结果表

预算部门		财政主管部门	
		重点审查（f）	常规审查（$1-f$）
预算部门	积极作为	$E_a = m_1 - h$ $E_b = A - n_1(y_1 - x_1) = s_y + s_x$	$E_a = m_1 - h$ $E_b = A - n_1(y_1 - x_1) = s_y + s_x$
	正常作为	$E_a = m_1$ $E_b = A - n_1 y_1 = s_y$	$E_a = m_1$ $E_b = A - n_1 y_1 = s_y$
	消极作为	$E_a = m_1 + -p$ $E_b = A - n_1(y_1 + z_1) = 0$	$E_a = m_1$ $E_b = A - n_1(y_1 + z_1) = 0$

就预算部门的利益而言，部门的最优选择有：

（1）$n_2 y_2 > A$ 时，积极作为；

（2）$n_2 y_2 = A$ 时，正常作为；

（3）当 $n_2 y_2 < A$、$n_1 y_1 < A$ 时，预算部门的最优选择视 f 的情况而定。如果财政主管部门的收益不在考虑范围内，只要 $f > 0$，预算部门会选择正常作为；如果 $f = 0$，正常作为和消极作为无差别，但预算部门会考虑到当前的预算绩效评价奖惩机制，资金结余很大可能导致来年预算指标数被压缩，所以预算部门反倒会偏向消极作为，保障自身利益最大化。

（三）决算审计阶段

预算年度终了后，财政部门按规定应该编制预算决算草案，此时预算部门需按时报送决算情况,以供财政部门汇总本年收支情况。承前文假设,设预算部门完成了 n 的公共产品供给,最初预算编制时设定的目标为 n_0,财政部门为预算部门提供了这样的预期:$n > n_0$,获得基本奖励 m_1 和绩优奖励 m_2;$n = n_0$,获得基本奖励 m_1。预算部门完成 n 或 n_0 公共产品供给,有两种行为方式,积极作为 x 和正常作为 y,而 x、x_0、y、y_0 则分别代表可节约的成本和单位成本。通常预算部门在制定目标 n_0 时,出于自利的考虑,会充分论证 n_0 的可实现程度,n_0 是预算部门正常作为基本可以实现的程度,即 $n_0 y_0 \leq A$。

报送决算情况时,预算部门可以有两种对策,如实报送和虚假报送,虚假报送一般代表上报比实际消耗成本高的数额,通常是在有结余的情况下尽量使报送的决算数接近申请到的预算数 A,甚至略超过 A,预算部门可通过年底突击花钱或资金腾挪来实现,假定虚假报送可以为部门带来 $t_{x,y}$ 的收益。财政开展绩效评价的一个依据是年度决算报告,此处本文假设财政进行绩效评价的方式也有两种,重点实施和形式化实施,概率分别为 τ 和 $(1-\tau)$。重点实施的关键在于绩效评价可以发现资金使用不合理不合规以及与项目不匹配之处,此处设财政实施重点绩效评价的成本为 C。同时记预算部门积极作为产生结余带来的财政的收益为 s_y,正常作为产生的结余带来的财政的收益为 s_x。

1. 目标超额实现。当预算部门提供的公共产品 n 大于目标值 n_0 时,可能存在资金的缺口。实际花费的成本有两种可能,即 $n(y-x)$ 和 ny,但这是预算部门的私人信息,不完全信息条件下财政无法获知。假设财政重点实施绩效评价可以发现资金使用与项目不匹配之处从而降低项目支出的绩效评价得分,按照评价结果将取消绩优奖励 m_2。

(1)预算资金有富余时。当 $ny < A$ 时,预算资金有富余,预算部门达到目标的方式可以是积极作为和正常作为,预算部门不同的执行方式会使得财政和预算部门有不同的收益,此时预算部门和财政主管部门双方有各自的收益集合,见表4。

表4　目标超额完成且预算资金有富余时的博弈结果表

		财政主管部门	
		形式化评价 $(1-\tau)$	重点评价 (τ)
预算部门	如实报送	$E_a = \{m_1 + m_2 - h, m_1 + m_2\}$ $E_b = \{s_y + s_x, s_y\}$	$E_a = \{m_1 + m_2 - h, m_1 + m_2\}$ $E_b = \{s_y + s_x, s_y\} - C$
	虚假报送	$E_a = \{m_1 + m_2 - h + t_x, m_1 + m_2 + t_y\}$ $E_b = \{0\}$	$E_a = \{m_1 - h + t_x, m_1 + t_y\}$ $E_b = \{-C\}$

（2）预算资金无富余时。当 $ny \geq A$ 时，预算资金没富余甚至存在需要预算部门自身弥补的资金缺口，所以从自身利益出发，预算部门只会选择如实报送。

当 $ny = A$ 时，双方的收益集为：

$E_a = \{m_1 + m_2 - h, m_1 + m_2\}$

$E_b = \{s_x, 0\}$ 或 $E_b = \{s_x, 0\} - C$

当 $ny > A$ 时，预算部门只能通过积极作为达到目标，且此时预算资金有缺口，假设财政不追加预算，双方的收益为：

$E_a = m_1 + m_2 - h$

$E_b = 0$ 或 $E_b = -C$

2. 目标等额实现。当预算部门提供的公共产品 n 等于目标值 n_0 时，不会存在资金缺口，所以只讨论 $n_0 y_0 < A$ 的情况，预算部门同样有两种方式实现目标，对应成本为 $n_0(y_0 - x_0)$、$n_0 y_0$。此时假设，如果绩效评价重点实施，绩效评价不合格则取消基本奖励 m_1。此时双方的收益集如表5所示。

表5　　　　　　　　目标等额完成时的博弈结果表

		财政主管部门	
		形式化评价（$1-\tau$）	重点评价（τ）
预算部门	如实报送	$E_a = \{m_1 - h, m_1\}$ $E_b = \{s_y + s_x, s_y\}$	$E_a = \{m_1 - h, m_1\}$ $E_b = \{s_y + s_x, s_y\} - C$
	虚假报送	$E_a = \{m_1 - h + t_x, m_1 + t_y\}$ $E_b = \{0\}$	$E_a = \{-h + t_x, t_y\}$ $E_b = \{-C\}$

观察表4和表5，预算部门的最优策略总是选择正常作为，$\tau > 0$ 时，预算部门选择如实还是虚假报送，在只考虑年度内的收益，不考虑对以后年度的预算安排的影响时，是需要比较奖励 m 和虚报获利 t 的大小的。但在此时的激励机制的影响下，预算部门选择会受到预期的影响，绩效评价结果会影响以后年度的预算资金的申请，实践中预算部门大概率还是会选择如实报送。而一旦形式化评价的概率越大，预算部门选择虚假报送的概率也相应增大。此时，值得注意的是 τ 的大小由财政部门根据进行重点实施绩效评价需要付出的成本 C 的大小来决定，C 的大小代表的是进行有效的绩效评价的难度，这里的有效，是指绩效评价能同时揭示项目的绩效和资金的绩效。

总体来看，根据机制设计理论，优化资源配置，提高资金效率的关键在于弄清各种可能的条件下的博弈结果，然后设计机制，创造条件，激励和约束代理人选择对委托人最优的策略，同时保证代理人获利。预算绩效管理的目标在于提高财政资金使用效率，为了这个目标，预算管理的各个环节应该环环相扣。

预算编制阶段最为有利的博弈结果是预算部门如实申报，为此，应极力保障业务考评部门削减预算成本和审批通过成本之差尽可能的小。为了达到这个目的，应优化绩效目标，规范和完善事前绩效评估体系，通过科学合理的指标体系，实用且可操作性强的绩效评价方法，标准严谨的项目入库制度，降低审核成本和时间，力图做到在事前就知道这笔钱"该不该花"。

预算执行阶段，为了使预算部门和财政主管部门双方都能实现收益最大化，应该考虑使得预算数大于执行数时，预算部门仍超额完成目标并积极作为，即表2中，$s_y + s_x$作为财政主管部门的收益，可以考虑将其用于补贴（$m_1 + m_2 - h$）部分，使得$m_1 + m_2 - h > m_1 + m_2$。这一补贴实际上就是与绩效评价结果挂钩的奖惩制度安排。所以应该丰富绩效评价结果应用的方向和手段，设置多种与之挂钩的激励奖惩制度，并且同时保障预算绩效运行监督，避免预算部门因缺乏有效监控和"激励不相容"的机制而被动选择"消极作为"。

决算审计阶段，要确保预算部门如实报送资金使用情况，重点在于不断降低绩效评价的成本，同时还要求绩效评价结果能同时反映资金的绩效和项目的绩效。为了能在博弈中保障这一结果，应不断改进绩效评价体系，包括完善绩效评价指标，改进绩效评价的方法。

四、结论及相关政策建议

全面预算绩效管理改革正扎实有序推进，在取得可观的成绩的同时，也暴露出了许多不足。为此，应坚持问题导向，明确改进方向和措施路径，逐步建立具有中国特色的预算绩效管理体系。认识到预算绩效管理流程自身具有的程序性激励约束机制的属性，预算绩效管理激励约束机制的构建就指向优化绩效管理流程，强化问责和监督约束，以最终构建起激励相容、约束有力的预算绩效管理激励约束机制。

（一）构建全链条预算绩效管理激励约束机制

预算部门作为预算编制、执行和决算报告的代理人，其行为需要被不断激励和有效约束。激励是由"目标—努力—绩效—奖励—满意—努力"组成的动态循环过程，责任约束是在"行为—绩效（结果）—责任"之间建立的因果链，全链条的预算绩效管理激励约束机制是内嵌于全过程预算绩效管理流程的（见图1），体现为"预期良好、目标合理、评价科学、监控有力、（结果）应用全面、奖惩得当、信息公开"。

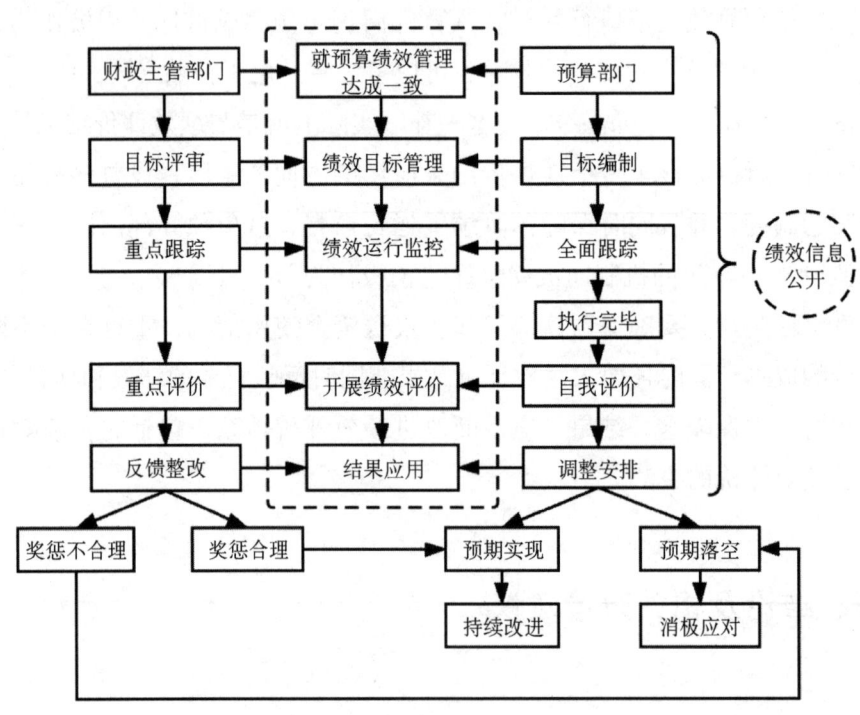

图1　全链条的预算绩效管理激励约束机制

（二）强化绩效目标的管理效应及契约精神

目标管理是绩效管理的重要前提与基础，绩效目标不仅是预算实施方对资金使用结果的预期，还是预算组织方约束控制资金需求方的方法与手段，绩效目标的填报与审核实质上是预算组织方与实施方就绩效合约内容、就控制与被控制达成的协议。

洛克（1968）认为，如果想要通过绩效目标的设立，实现对组织成员行为动机的有效影响，绩效目标应明确而具体，虽然具有一定的难度，但又可通过努力得以实现，这样的绩效目标才能够产生良好的激励效应。[①] 绩效目标的设定不仅应考虑上述因素，还应综合参考目标的往年完成情况、绩效评价的结果、投入产出标准以及部门预算控制数等，只有据此对预算绩效目标进行充分论证，同时强化绩效目标与绩效指标的结合，并加强内外部专业审核，才能促使绩效目标填报质量的有效提高。

对于绩效目标的审批来说，预算组织方还应该进一步慎重，因为经由财政部门审核并随预算批准下达的绩效目标，将被视为财政部门与预算部门针对预算资金领用达成的协议，具有绩效合约的约束效应。财政部门还应进一步提升对绩效目标审核的重视程度，并着重对绩效指标和标准值的完整性、客观性和科学性，预算投入和产出目标的匹配性，预算资金对绩效目标实现程度的保障性，评价指标与绩效目标之间的对应性等方面进行审核。

此外，财政部门还应进一步完善绩效目标申报内容。首先，应拓展绩效目标申报表中关于预算资金的内容，仅只填报预算投入总规模是难以判断预算投入与预期产出和成果之间对应关系的。其次，对于产出成本指标的内容应予以清晰界定，对何为产出成本，产出成本涉及哪些要素，要填报哪些内容，应有明确规定。最后，关于预算编制的科学性、准确性，以及其与产出数量、产出质量与产出效果之间的关系是否对应，仅仅只是提交几个数据还难以反映全面的内容，还应提供关于预算编制的补充说明，对预算编制的成本核算依据、核算过程予以充分体现。

（三）科学合理构建评价指标体系

在绩效评价指标体系的建设过程中，需要针对不同的预算绩效管理实施对象、不同的预算资金活动形态、不同的预算绩效管理流程、不同的预算绩效评价目的和目标，规范绩效评价指标的组成要素。

1. 构建政府、部门、政策和项目绩效评价共性指标框架。《关于全面实施绩效管理的意见》将绩效管理划分为政府预算、部门和单位预算、政策和项目预算

---

① Locke E A. Toward a Theory of Task Motivation and Incentives. Organizational Behavior and Human Performance, 1968, 3 (2): 159 – 189.

三个层级，还应据此设计包含预算收入与支出的政府预算绩效评价共性指标框架、兼顾部门职能特征的部门和单位绩效评价共性指标框架、包含事前与事后的政策和项目绩效评价共性指标框架。

2. 强化个性指标体系，构建项目指标库。个性考评指标是针对部门和行业特点确定的适用于不同部门、不同领域、不同行业、不同项目的绩效考评指标，是科学开展预算绩效管理工作的基础，是保障绩效评价结果科学、合理、公正的重要前提。

应依照行业分类，设置教育类、科技类、文化体育类、支农类、社会保障类、医疗卫生类等个性指标体系，同时，依照预算功能分类，设置会议培训类、基础设施建设、大型修缮类、设备购置类、信息网络运维类、政策研究类、大型活动类等个性指标体系。在个性指标体系设置过程中，还应充分关注相关领域国家战略及政策提出的绩效要求，并将其充分融合进个性化指标体系之中。

海量指标信息的归集与利用还需有现代化技术工具支撑，绩效指标库的建立通过大数据分析、系统自动推荐匹配等智能化功能，使指标具有通用性、丰富性、标准性及实用性，可为各级各类部门所共享。

（四）强化结果应用，着力推进事前绩效评估

绩效评价结果应用是预算绩效管理的核心和归宿。评价结果的应用应在优化预算资金配置，提高预算资金使用效益，增进部门基本公共服务责任等方面发挥重要作用。为增强评价结果应用，我国各级各地开展了大量工作，如反馈与整改、与预算挂钩、向社会公开等，并取得了一定成效。但不可否认的是，事后评价已很难改变一个事实，即稀缺而宝贵的财政资金已经消耗殆尽，其实施结果好与不好，都已成为事实，难以改变。在这样一种状况下，与其坐以等待未来不确定的改进，不如强化事前评估，通过绩效评价结果的直接应用，将存在于立项与决策阶段的问题消弭于起始阶段，最大限度降低无效低效支出。

《关于全面实施预算绩效管理的意见》为此明确指出，"要加强新增重大政策和项目预算审核，开展绩效评估，审核和评估结果作为预算安排的重要参考依据"。由此，不仅应加强事前绩效评估，还应出台相关规定，强制一定额度以上的重大政策或重点项目开展事前绩效评估。

(五) 构建符合部门期望的奖励办法

预算的奖励要建立在部门的期望之上，奖励应与部门目标、部门满意度正向相关，使部门在实现社会效益的同时能够得到相应的奖励，促使部门责任意识不断增强。由此，在构建符合部门期望的绩效奖励办法时，应突出奖励与部门目标、部门满意度的结合，应关注部门预算管理权限的扩大及其灵活性的增加。

绩效预算是一种结果导向型预算，其目的在于通过绩效责任换取管理自由，将使用预算资金的权限赋予资金管理者，在预算管理中实现战略目标与和管理结果的有机融合。为强化部门预算管理责任，增加部门管理灵活性，美国出台《政府绩效与成果法案》，明确规定，当机构绩效任务完成情况良好并获得一定的绩效美誉度时，作为对机构责任感的回报，机构在编制绩效计划时可享有更多的管理权限，例如可以在一定限度内不经批准扩大人员编制数量、提高工资补贴额度、在部分预算科目间调剂资金等。新西兰出台的《公共财政法案》也指出，支出部门享有不经议会批准在产出类别间调整预算资源的权限。澳大利亚赋予部门的预算管理自主权限更大，在促进目标结果与管理有机融合方面，澳大利亚支出部门可以灵活选择实现绩效目标的途径和方法。

我国当前的预算管理强调规范性，对预算调剂不仅予以严格限制，挤占挪用还属于极为严重的违规行为，会受到严厉处罚，而这一管理模式显然与绩效预算的结果导向相悖。由此，还应在强化预算部门绩效管理职责的同时，扩大其预算管理权限，预算管理者应可根据部门特点及环境变化，对项目内及项目间的预算进行自由调配，以选择对公共服务供给最为有利的投入方式。与此同时，预算部门还可享有利润分享的权利，即部门合理范围内的预算结余可结转到下一预算年度，使部门不必担心预算被收走而年底突击花钱。利润分享还可部分用于员工奖励，以激励部门节约资金、减少浪费，使奖励与部门的期望及满意度一致，最终实现部门利益与社会利益的互利互惠、激励相容。

(六) 构建合理的问责机制

在构建奖励机制的同时，还应加强对部门责任的管理与监督，以责任代替控制，强化部门提供公共产品和服务的责任与约束。

对预算绩效进行问责，其对象不仅为部门，还应逐步转向部门负责人，一个有效的问责机制,其责任主体一定是个人。在我国当前的预算决策及执行过程中,部门领导发挥着极其重要的作用,而且对部门负责人进行问责也是世界各国的通行做法。例如,美国审计总署以绩效评价结果为依据,对被评价部门的行政长官实行任免和奖惩;澳大利亚《财政管理与责任法案》明确提出主管首长要担负起特别责任,应对有效并符合道德地利用预算资源负责。

《关于全面实施预算绩效管理的意见》也明确提出,"各级党委和政府主要负责同志对本地区预算绩效负责,部门和单位主要负责同志对本部门本单位预算绩效负责,项目责任人对项目预算绩效负责"。由此,还应充分借鉴国际经验,逐步构建起以个人为主体的问责机制,例如建立公务员功绩制,对公务员开展定期绩效评价,评价结果作为公务员培训、奖励、重新分配、晋升、降级、解雇的依据,工作绩效和工作表现较差者必须改进工作,情节严重者将予以解除职务。同时,建立绩效工资部门,将公务员分成高级公务员和事务类公务员,为高级公务员设立绩效奖励制度,为执行主管提供绩效奖励,并提供高级行政服务执行奖和杰出职业高管奖,对于事务类公务员也以绩效进行激励,将考核结果作为晋升、降级等的重要依据。

总体来看,落实党的十九大精神,全面实施预算绩效管理,还需从完善预算奖惩机制入手,构建相容性预算激励机制,促使部门在谋取自身利益最大化的同时,选择最优社会行为,以实现社会整体效益与部门利益的共同增进。

地方政府债券绩效管理的问题与对策

——基于财政与金融协同、公共与市场绩效协同的视角[①]

对外经济贸易大学国际经济贸易学院博士 徐军伟

内容提要：本文基于财政与金融协同、公共与市场绩效协同的双视角研究地方政府债券的绩效管理问题。由于地方政府债券是财政与金融协同的理念体现和工具载体，所以为实现高质量绩效需要把握该协同作用的三个典型特征：（1）地方政府充分发挥动能禀赋打造金融资产端；（2）金融市场普遍偏好政府信用；（3）围绕地方政府债券的各利益相关者之间串联、并联的广泛性和复杂性。同时，以站在未来、结合公共与市场的统一视角，需要确保公共绩效与市场绩效的有效协同。具体地，绩效指标体系的建立，需要考虑基于地方政府债券的资金流、信息流和政策流的时空异质性和非正式制度约束。结合上述研究发现，本文提出了若干对策建议，包括：培育与时俱进绩效管理观念与理念，基于财政与金融协同构建科学指标体系，发挥好公共绩效与市场绩效的协同，识别并科学设置弹性指标。

关键词：地方政府债券 绩效管理 财政与金融协同 公共与市场绩效协同

一、把握财政与金融协同特征促进高质量绩效

2015年新《预算法》实施后，省级政府具有了举债权。从制度上来说以地方政府债券形式体现的举债权是中央政府对地方政府的科学财政赋权，在理念和工具上都是地方财政与金融协同创新的载体。在我国经济由快速增长转为高质量增

[①] 王泽彩，徐军伟：《地方政府债券绩效管理的问题与对策——基于财政与金融协同、公共绩效与市场绩效协同的视角》，《财政研究》，2020年第2期。

长的过程中,随着地方政府债券的"开大""开好"前门,为防范重大风险,并确保新时代下地方政府高质量举债用债,需要对地方政府举债问效果、要效率。当前,我国正大力推进全面预算绩效管理,对于地方政府债券的绩效管理工作也应尽快推进。由于地方政府债券的复杂性和特殊性,需要把握基于地方政府债券的财政与金融协同特征,才能有效实施高质量的地方政府债券绩效管理。

(一)地方金融与财政协同特征

1. 充分发挥动能禀赋,打造金融资产端。地方财政与金融协同的首要特征就是地方政府的行为偏好金融规则。地方政府为最终实现债务融资的目的,会充分发挥自身的动能禀赋①满足各类金融规则,从而积极调动各类财政性资源将政府信用金融化,不管是2015年之前的融资平台公司有息债务,还是以政府债券形式体现的地方政府债务都是这个逻辑。由于地方政府债券是地方财政、金融协同作用的载体,须根据该作用的机制、逻辑,把握核心指标或关键指标。地方政府发挥动能禀赋的直接目的就是打造各类金融各机构偏好的金融资产端,那么关键的逻辑或者核心指标在于:金融资产端、动能禀赋和债券市场。例如,项目专项债,金融资产端指标就是具体项目的成本、收益、运营模式等金融机构关心的核心要素;动能禀赋指标就是地方政府如何调动财政资源包装该项目,如:预算安排、捆绑土地、指定平台公司为项目主体、为项目后续的债务融资提供贴息或担保、或承诺或包装政府(含其他国有企业)购买该项目的未来服务等等。由于核心指标是有生命的,承载着各类信息,而且指标之间可以相互印证,所以应当合理确定在不同层级的核心指标权重。根据地方财政与金融协同作用的机制,通过抓取核心指标作为绩效依据,利用辅助指标进行印证的方式,在当前的绩效管理条件下可以做到四两拨千斤,以更低成本、更有效的方式开展地方政府债券绩效管理。

2. 金融市场偏好政府信用。地方财政与金融协同作用的第二个主要特征就是金融市场偏好政府信用。我国的金融市场还不充分发达,各类金融机构所偏好的优质资产比较稀缺,尤其是在经济下行、各种违约暴雷时,金融市场上的优质资产更是稀缺。而天然带有政府信用的地方政府债券,相对于一般市场主体的债券,

---

① 资源禀赋主要包括经济总量(GDP)、综合财力、建设用地规模、土地价格、房地产市场、区域规划定位和城镇人口规模等;动能禀赋主要包括债务资金偿还的预算安排、政府回购、政府购买服务、财政担保、财政专项返还、财政补贴、财政奖励和政府表态等。

在金融市场上具有绝对的吸引力。这也是为什么地方政府能够发挥动能禀赋，成功打造金融资产端的市场原因。地方政府债券由一般债券和专项债券构成，两者在金融市场上被偏好的程度略有不同。由于一般债券纳入一般公共预算，各省的债券品种趋于同质化，单笔发行规模较大，债券可切割，二级市场流动性较强，金融属性强，在债券市场上具有更强的吸引力；而专项债券纳入政府性基金预算，还款来源由政府性基金和专项收入组成，有一定的市场不确定性，同时项目专项债券对应的项目种类繁多、差别较大，同质化不强，单笔发行规模相对较小，金融属性较弱，二级市场流动性不强，较一般债券在债券市场上的吸引力较弱。

需要注意的是，在整个债券市场中地方政府债券属于金边债券，介于利率债和信用债之间，能够在债券市场吸引更多的信用资源（根据上海证券交易所的统计，当前地方政府债券的银行投资人占比约为97%），其中一般债券倾向于利率债，专项债券倾向于信用债。可根据金融市场的偏好和约束，针对地方政府债券设计相应的金融类指标，借助金融市场的力量倒逼地方政府债券的规范、健康发展。

3. 利益相关者的串联与并联。在地方财政与金融协同的过程中，由于存在巨大的资金往来和利益，围绕地方政府债券聚集了地方政府、金融市场主体、非金融市场主体和项目主体等各类利益相关者。这些利益相关者之间以串联或并联的形式建立起委托—代理关系。以专项债券为例，围绕所投项目，各利益相关者在串联的基础上进行扩张形成并联关系。为此，需要重点把握串联、并联的关键节点，以点带面的实施绩效管理。

一是串联关系。一方面，以专项债券为主线，将中央政府（财政部）—省级政府—市、县级政府—项目主体纵向串联起来，建立起政策传递、债券资金、项目信息的垂直行政交互关系。另一方面，专项债券将地方政府与市场（金融市场和非金融市场）串联起来，利用金融市场为地方政府的公共服务提供资金支持，利用项目的非金融市场为公共服务买单，并协同政府性基金收入兑付金融市场上的债券本息。串联关系主要是通过地方政府债券体现的政府间关系、政府与市场的关系，侧重于公共绩效。

二是并联关系。一方面，围绕专项债券参与金融市场的各利益相关者：省级政府、项目主体、证券公司、银行、评级公司、会计师事务所、律师事务所、第三方评价机构以及高校、科研机构和相关专家学者等；另一方面，围绕投资项目参与非金融市场的各利益相关者：项目主体、政府部门、金融机构、社会投资方、项目实施方（含设计院、建设施工方、建材物料提供方等）、项目运营方、其他相关市场主体方（项目使用方、市场服务方等）。通过市场纽带并联在一起的利益相关方来自社会各界，非常丰富，共同为专项债券及其对应的项目服务。因此，针对专项债券市场方面的绩效管理非常重要，关系到专项债券是否举债规范、使用高效及可持续性。

（二）高质量绩效

建立全方位、全过程、全覆盖的地方政府债券绩效管理体系并不是说在每一处、每个方面都均等用力，更不是简单地追求全面；而把握好核心、关键节点进行的高质量绩效反而能够更好地实施全面绩效管理。根据地方政府债券的财政与金融协同作用的特征，可从以下两个方面考虑高质量绩效管理。

一是有效促进地方政府债券与经济的平衡发展。地方政府债券实质上是中央政府对地方政府的科学财政赋能，是优化财政资源配置、提升公共服务质量的重要抓手。地方政府债券绩效管理的第一要务就是要促进地方政府债券更好地服务当地经济的高质量发展。发展经济是地方政府举借债务的主要目标，尤其是在基础设施建设等严重依赖政府投资的地区更是如此。[①] 债务水平未突破债务平衡点时，地方政府举债的正面作用（弥补财力不足、完善基础设施等）占优，将促进经济增长；一旦债务水平超过债务平衡点，地方政府债务将抑制经济增长。[②] 为此，在关注地方政府债券对应项目的直接市场收益的同时，也要关注地方政府债券对当地经济的整体影响。不同地市的债务平衡点可以作为平衡经济发展的核心绩效指标之一，同时配套与其对应的动能禀赋指标、债券市场指标（如信息公开债务平衡点）等。通过核心经济变量指标的科学设置，精准着力，有效引导地方经济向着更加高绩效、更加高质量的方向发展。

二是有效提升地方政府债券的科学管理水平。绩效管理的具体工作本身属于管理学范畴，需要结合地方政府债券的特征，按照管理学的规律，有序、科学地推进地方政府债券绩效管理，确保高绩效地实施地方政府债券绩效管理。在预算管理、地方政府债券管理的基础上，协同其他相关部门，对地方政府债券的政策、执行部门、项目主体和债券资金实施高质量绩效管理，着重提升市县级层面地方

---

① 杨十二，李尚蒲：《地方政府债务的决定：一个制度解释框架》，《经济合同体制改革》，2013 年第 2 期。

② 毛捷，黄春元：《地方债务、区域差异与经济增长——基于中国地级市数据的验证》，《金融研究》，2018 年第 5 期。

政府债券绩效管理基础能力，实现绩效管理的具体执行者与绩效对象的无缝衔接，聚焦地方财政与金融协同作用的关键节点，关注关键节点之间的相互影响、相互配合，引导市场约束服务于管理约束，确保地方政府债券规范、有序、可持续的高质量发展。

二、公共绩效与市场绩效的协同

我国的财政制度和金融制度决定了地方政府债券是财政与金融协同的理念体现和工具载体，而地方政府债券最终的表现结果既有公共效应，也有市场效应。相应的，地方政府债券绩效管理不仅要考虑财政与金融协同的作用进行高质量绩效，而且要对其产生的公共和市场效应实施绩效管理和引导。公共绩效和市场绩效本身就意味着地方政府债券要站在未来的视角，以利益相关者的共同期望利益为导向。结合公共与市场的统一视角，不能仅从传统经济学的单一维度认识预算绩效，[1] 应从经济、社会、政治、环境等多个维度深刻理解预算绩效，这关系到预算绩效管理的起点和落脚点。[2] 真正的绩效，应当是指向未来的，利益相关者参与其中的，是基于政府与民众共同对未来的分析判断而预期的某种结果。注重支出成本的绩效导向的政府预算称为"传统绩效预算"，认为传统绩效预算评价指标注重部门的内部世界，而上世纪70年代各国开始兴起的新绩效预算更关注服务对象和其他利益相关者，开始尝试使用效率性指标和成果指标。[3]

由于地方政府债券实质上是对财政、金融资源的跨期配置，更需要以指向未来的视角实施绩效管理。地方政府债券的支出主要是基于公共责任的支出，其中项目专项债还有一定比例的市场化项目收益，主要体现地方政府与非金融市场的关系；而地方政府债券的融资主要是体现地方政府与金融市场的关系，举债行为

---

[1] 传统理论有"3E"或"4E"的说法，受经济学观念和成本效益方法的影响很深，侧重于当前资金所产生的结果，只考虑现在与当下，与未来没有关联，只考虑生产、提供公共服务的成本和效率，与利益相关者当前需要及未来期待的表达没有关联。3E，即经济性（Economy）、效率性（Efficiency）和效果性（Effectiveness）；4E，即经济性（Economy）、效率性（Efficiency）、效果性（Effectiveness）和公平性（Equity）。

[2] 刘尚希：《关于预算绩效管理的几点思考》，《地方财政研究》，2019年第2期。

[3] Jones C. Types of Welfare Capitalism. Government & Opposition, 2010, 20（3）：328 - 342. Mikesell J L, Mullins D R. Reforms for Improved Efficiency in Public Budgetion and Finance: Improvements, Disappoointments, and Work - in - Progress. Public Budgeting and Finance, 2011, 32（4）：1 - 30.

和项目执行都会受到金融市场的约束。地方政府债券绩效管理的最终目标是提升公共绩效,过程目标是保证市场绩效的协同,以促进公共绩效的顺利实现。公共绩效重在结果导向,市场绩效重在执行导向;同时,结果导向也是市场绩效的逻辑起点,执行导向也是公共绩效的推进条件。

(一)公共绩效与市场绩效

地方政府债券的公共绩效,是指地方政府以地方政府债券的方式提供(准)公共产品和(准)公共服务的综合绩效。地方政府债券的市场绩效,是指地方政府通过市场方式发行债券筹集资金以及专项项目所涉及的市场化部分的综合绩效。也就是说,地方政府通过地方政府债券把(准)公共供给与市场(含金融市场和非金融市场)紧密地跨期联系起来。因此,关于地方政府债券的绩效管理,尤其是专项债券,会同时涉及公共绩效和市场绩效。

新《预算法》明确,自2015年1月1日起,地方政府必须在预算约束下以自发自还政府债券的方式举债。《地方政府一般债务预算管理办法》(财预〔2016〕154号文)、《地方政府专项债务预算管理办法》(财预〔2016〕155号文)从债务限额确定、预算编制和批复、预算执行和决算、以及监督管理等方面,提出了规范地方政府债务预算管理工作的具体要求。截止到2018年年底,一般债务中,一般债券为108 095.20亿元,非债券形式的一般债务为1 843.55亿元,外债转贷180.9亿元;专项债务中,专项债券为72 615.33亿元,非债券形式的专项债务为1 307.44亿元(数据来自财政部官网)。而且,随着地方政府置换债务的结束,以非债券形式存在的一般债务和专项债务也不再存在,因此,本文将地方债聚焦到一般债券和专项债券。如表1所示,一般债券用于纯公益性项目资本支出,不得用于经常性支出,倾向于公共绩效和金融市场绩效;专项债券用于具有一定收益的公益性项目资本支出,不得用于经常性支出,公共绩效和市场绩效并重。当前,针对一般公共预算的绩效管理相对成熟,相应的一般债券的绩效管理工作相对专项债券来说也比较成熟。而专项债券已经成为我国宏观经济补短板、稳投资的重要财政工具,新增专项债券额度自2015年的4 166亿元增加到2018年的13 877亿元(数据来自财政部官网),可能会产生新的风险,亟待通过绩效管理防范风险,引导其为高质量发展服务。同时,尤其注意防止隐性债务借着专项债券的东风继续新增,甚至死灰复燃。由于专项债券将利益相关者进行串联、并联的广泛性,对应的政府性基金预算和绩效管理都变得更加复杂。

表 1 一般债务和专项债务的主要内容、绩效倾向

类别	主要内容	偿还资金来源		支出特征	预算安排	绩效倾向
		本金	利息			
一般债务	一般债券 外债转贷 非债券形式一般债务	通过一般公共预算收入、一般债券等偿还	只能通过一般公共预算收入偿还	用于纯公益性资本支出，不得用于经常性支出	一般公共预算	公共绩效 金融市场绩效
专项债务	专项债券 非债券形式专项债务	通过对应的政府性基金收入、专项收入、专项债券等偿还	只能通过对应的政府性基金收入、专项收入等偿还	用于有一定收益的公益性资本支出，不得用于经常性支出	政府性基金预算	公共绩效 市场绩效

公共绩效是地方政府债券的目标导向、结果导向，也是有效推进具体绩效管理和评价工作的逻辑起点。基于地方政府债券形成的支出事项是公共绩效的主要对象（包含政策、项目和部门绩效）。一般债券和专项债券的融资环节都主要是金融市场绩效，专项债券的项目投资运营环节有一部分是市场绩效，其他环节主要针对的是公共绩效。下面以专项债券具体说明两者的协同互动。

（二）协同互动，持续发展

公共绩效与市场绩效的协同互动，既能高质量实现地方政府债券的公共目的，又能充分利用市场手段提供保障。两者的协同互动在专项债券体现得更为明显：由于专项债券仅适用于具有一定收益的公益性项目，而对于纯公益性和纯市场性的项目都不适用，因此无论在专项债券的融资端还是项目端，都存在公共绩效与市场绩效的协同。在实践中，专项债券的公共绩效与市场绩效如果不能有效协同，可能会产生各种形式的风险，如：由于各种缘由导致的项目进度缓慢，出现"资金等项目"的闲置现象；"千方百计包装项目"的"跑部钱进"；有意抬高项目的未来预期收入进行"策划项目"；专项债券资金用于经常性支出；等等。[①] 以上这些现象都没有充分考虑公共绩效与市场绩效的协同。为防止经济发展模式重走老

---

① 见《财新报》2019年第38期，《专项债发力隐忧》：地方政府对申报专项债券项目热情高涨，"千载难逢的机遇""以超常规的做法申报在建、拟建项目""千方百计谋项目、争资金""拼尽全力、熬尽心血"等表述，在各地的公开信息中并不鲜见。

路，为防止隐性债务以专项债券的形式"借壳新增"，把握好、发挥好公共绩效和市场绩效的协同尤为重要。

公共绩效的结果导向需要市场绩效的执行导向作为保障，也就是说需要利用市场手段实现公共目的。市场的作用主要有两点：一是在当期满足公共资金诉求，促发公共服务的启动；二是通过市场的赋能，保障公共服务的可持续性。针对不同功能的绩效管理，为形成协同合力，我们需要配套与其相适应的指标体系和评价管理办法。绩效指标要有张力，囊括公共和市场绩效；绩效指标要有生命力，促进公共和市场的互为促进，良性循环。公共绩效和市场绩效的协同关键要处理好偏向市场的收益与偏向公共的风险之间的关系。专项债券针对的金融市场和项目对应的非金融市场更侧重于收益本身，而市县政府更关注项目的公共风险。在各利益相关者中，只有地方政府和地方政府债券的主管部门更加关注公共绩效和公共风险；而其他利益相关者更多地是关注市场绩效。专项项目的全生命周期的预算管理重点保障的就是市场绩效。《财政部、自然资源部关于印发〈土地储备项目预算管理办法（试行）〉的通知》（财预〔2019〕89号文）对土地储备项目实施全生命周期的预算管理，重点关注的就是土地储备全过程的市场绩效。

（三）一一对应，保障协同

既然是预算绩效管理，那么预算对象与绩效对象应是一一对应的。但是受限于我国当前的制度环境和地方财政治理的发展阶段，在地方政府债券的实践中存在着一些不一一对应的现象，需要清晰识别不同情况下的具体绩效对象。只有通过绩效管理打通一一对应，才能实现公共绩效与市场绩效的协同。

一是发债主体与项目主体。当前发债主体与项目主体是错位的，公共绩效与金融市场绩效之间存在错位。发债主体与项目主体的错位会造成公共绩效与市场绩效的协同不是那么直接，容易产生基于委托—代理关系的道德风险。发债主体直接与金融市场关联，项目主体与项目的执行情况和市场情况直接关联，项目主体所在的市、县与项目的公共绩效直接关联。为此，需要在绩效管理层面打通这种主体的错位，实现绩效约束与绩效激励的一体化。

二是资产端与资金端。专项债券对应的项目对金融市场上的金融机构来说，是他们的金融资产端；金融市场的各类专项债券投资人对地方政府来说是资金端。专项债券的资产端与资金端应是一一对应的，彼此之间按照市场规则相互影响、相互印证。但由于目前信息标准、信息公开等还不完善，资产端与资金端并没有建立起一一对应关系，资产端是经过包装过的并且有选择的粗线条公开相关信息，资金端是在资产荒大背景下对政府信用的天然偏好或在政府部门任务施压下"一厢情愿"的执行。金融市场绩效和项目的非金融市场绩效之间就会存在错配盲区，需要建立科学的市场绩效，借助市场的力量，有效引导资产端与资金端的一一对应。

三、时空异质性与绩效弹性

地方财政与金融的协同作用是地方政府债券的基础制度逻辑，公共绩效与市场绩效是地方政府债券绩效管理的两个基本面，而为有效提升绩效管理的能力和效力，还须从具体操作层面关注地方政府债券的时空异质性。我国地方债广泛存在时空权责分离，即从时间上看，本届地方政府具有举债权力，而实际偿债责任却在下届地方政府；从空间上看，本级政府具有举债权力，但最终"兜底"的却是其上级政府。[①] 地方政府债券不仅在权力责任上具有时空特性，而且与其相对应的资金流、信息流和政策流的持续流动，在不同的时空条件下也表现出不同的具体特征。相对于静态的绩效目标指标与评价指标的刚性，地方政府债券的绩效管理需要具备一定的时空弹性，以更好地适应地方政府债券的时空异质性。即相对于绩效管理的对象来说，具体的绩效目标与绩效指标需要根据其时空变化呈现一定的动态弹性，以便更好地实现以结果为导向的高质量绩效管理。

（一）时空异质性

地方政府债券在发行主体、项目主体及其他利益相关者之间，在债券的全生命周期、项目的全生命周期的时间跨度内，产生的资金流、信息流和政策流具有特定的时空属性。由于绩效标的随着时空变幻呈现出不同的特征，绩效指标的设计既要准确把握绩效标的的静态特征，也要及时跟踪绩效标的的时空异质性与流动性（见图1所示专项债券绩效管理的关系）。根据不同区域、不同主体、不同项目的异质性，以及时间变化的流动性，绩效管理需要在共性指标的基础上延展

---

① 伏润民，缪小林：《地方政府债务权责时空分离：理论与现实——兼论防范我国地方政府债务风险的瓶颈与出路》，《经济学动态》，2014年第12期。

出一定的时空弹性,在全面预算管理框架内保障地方政府债券绩效管理的健康持续。

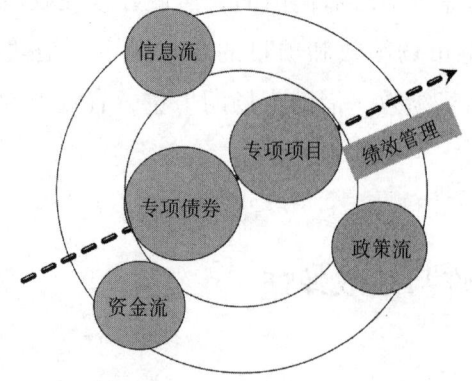

图1 专项债券绩效管理与资金流、信息流和政策流的关系图

一是资金流的时空异质性和流动性。主要是指债券资金在不同主体之间的跨期流动。空间上,债券募集户—省级政府财政专户—地市级专户—项目主体,债券资金在不同主体之间、不同层级之间的流动;等等。时间上,从债券发行到还本付息,项目启动—建设—运营—债券账期结束的跨期流动;等等。

二是信息流的时空异质性和流动性。空间上,省级政府、地市级、项目主体、债券市场、第三方等各利益相关者之间,信息分布不充分、不均匀,以及在各主体之间的流动;等等。时间上,随时间变化,各类利益相关者的资质情况、财务信息等,以及项目本身的建设、运营和经济社会效应的有关信息也在流动变化,相应的某些指标可能增减、权重也需相应调整等。

三是政策流的时空异质性和流动性。空间上,上下级政府间的传递,部门之间的传递、协调,政府部门与其他市场参与者之间政策的传递、执行等。时间上,政策是与时俱进的,随着时间变化一直在调整;政策的各方执行也有一定的执行操作周期。还要考虑政策执行条件与执行结果的差异性与个性化。

四是资金流、信息流与政策流之间的内在联系与融合互动。绩效指标流需根据这种互动逻辑,有效引导三者之间的融合互动,并逐渐成为宏观经济调控的重要工具之一。正如下文将要分析的绩效弹性,就是以绩效管理为中心,将三者有机聚合,充分调动各利益相关者的积极性。

(二)非正式制度约束下的绩效弹性

资金流、信息流和政策流是制定各类绩效目标和评价指标的具体素材依据,会自然产生与其对应的绩效目标流和指标流。与公共绩效相关的绩效目标和指标流相对刚性，而与市场绩效相关的则相对具有弹性。绩效弹性源于对地方政府债券复杂性、特殊性的实事求是，也是科学绩效管理的基本策略。

在科学设置绩效弹性时，还需要考虑非正式制度对地方政府债券的约束。制度的重要性不在于是否成文，而在于它是否实在地起作用：非正式制度（如习俗）往往没有成文，但所谓"约定俗成"，往往会被遵从；而正式制度（如法律），如果脱离习俗太远，有了规定也不一定被执行。[①] 非正式制度对地方政府债券绩效管理的影响主要体现在以下几个方面：一是地方政府举债冲动。受行政示范效应影响，地方政府更愿意举债，会充分发挥动能禀赋，借助相关政策及时大量举债；同时决策者的举债意志和举债偏好与用债的绩效理念不匹配。二是政府层级之间观念意识上缺乏协同，需要一定的孵化、学习过程。市县级政府对绩效管理的重要性与紧迫性认识不足；地方政府债券管理中"保限额基数、分限额增量"的惯性思维尚未扭转，缺乏提升债券使用效率、形成有效资产的行动自觉。三是"评价即权力"的传统思维定式不利于第三方评价机构健康成长，在具体的评价工作中具体执行人容易产生"高姿态"心理、或者受限于评价对象是政府身份，不容易做到真正的客观、独立、专业与操守，严重影响评价的能力和效力。这对绩效弹性提出了更高的要求，既要因地制宜、循序渐进，又要"入乡随俗""不忘初心"。

四、对策建议

本文研究发现：地方政府债券是财政与金融协同的理念体现和工具载体。为实现高质量绩效需要把握该协同作用的三个典型特征：（1）地方政府充分发挥动能禀赋打造金融资产端；（2）金融市场普遍偏好政府信用；（3）围绕地方政府债券的各利益相关者之间串联、并联的广泛性和复杂性。同时，以站在未来、结合公共与市场的统一视角，需要确保公共绩效与市场绩效的有效协同，即：地方政府债券绩效管理的最终目标是提升公共绩效，过程目标是保证市场绩效的协同；公共绩效重在结果导向，市场绩效重在执行导向。具体地，绩效指标体系的建立，需要考虑基于地方政府债券资金流、信息流和政策流的时空异质性和非正式制度

---

① 陆铭，李爽：《非正式制度与经济发展》，《管理世界》，2008年第9期。

约束。

根据上述研究发现，笔者提出以下四方面的对策建议：

第一，培育与时俱进的地方政府债券绩效管理观念与理念。一是跨越财政与金融的全局观。地方政府债券涉及财政、金融、公共管理、项目管理、财会等多个学科的理论、政策与实践，其中财政与金融协同是贯穿上述各要素的基本主线和基本逻辑。为此，需要建立跨越财政与金融的全局观，实施预算绩效管理；二是跨越时空的务实观。地方政府债券及其对应的项目涉及多主体、多领域、多行业、多层级的跨期交互，需要在具体项目的基础上以跨越时空的视角实事求是地开展绩效管理；三是自我设限的自律观。无论是绩效管理的主体、对象，还是第三方都要树立自我绩效的目标，明确原则和底线，追求负责任的自我约束。

第二，基于地方财政与金融协同的机制，科学构建绩效指标体系。自2003年以来，我国推行项目绩效评价积累了丰富经验，在分主体、分领域、分行业、分层级的基础上建立地方政府债券绩效指标体系。地方政府债券绩效目标和绩效指标应在财政与金融协同作用的指导下，遵循成本性、相关性、重要性、可比性、系统性和经济性原则，以核心指标统一反映被评价对象的产出和效果。同时，新增地方政府专项债券涉及财政政策、金融政策以及投融资政策等等，按照全面实施预算绩效管理的意见，也必须对相关政策开展政策性绩效评价。具体地，一是把握财政与金融协同的核心机制，提高绩效目标编制和监控的质量；二是借鉴金融系统的专业技术和监管技术，重点绩效评价的技术和方法仍需完善；三是充分发挥市场约束，尤其是金融市场约束，稳步推进地方政府债券、项目全生命周期的信息公开以及绩效信息的及时公开；四是守正创新，持之以恒。及时把握财政与金融的最新发展，在作用机制、业态创新以及技术创新上有一定的前瞻性，引导绩效管理的与时俱进。

第三，基于以公共结果为导向的绩效管理目标，发挥好公共绩效与市场绩效的协同。新增地方专项债券主要用于基础设施建设等资本性支出。而基础设施项目既有公益、准公益项目，又有盈利性项目；既包括政府融资，又包括市场化融资；既包括政府社会投资，又包括社会资本、民营资本和私人资本。因此，合理界定公共绩效，有效引导市场绩效，科学促进公共绩效与市场绩效的协同，是调动政府和市场两个积极性实现公共目的的关键。具体地，一是建立地方政府债券项目库。按照国务院《政府投资条例》规定，根据地方资本性公共支出的需求，区分不同的债券属性和项目属性，实行项目库管理；二是夯实地方政府债券预算绩效评价流程设计。参照会计、审计和资产评估操作规范，围绕公共绩效和市场绩效制定《地方政府债券预算绩效评价操作规范》，明确预算绩效评价操作流程。

第四，识别并科学设置绩效弹性指标，实现高质量绩效。由于区域发展不均衡，对同一个区域、同一行业部门的评判标准缺乏统一标准。因此，要秉持有差异的"均等"原则，以科学的方法设计分主体、分领域、分行业、分层次、分阶段的地方政府债券绩效目标和绩效指标。具体地，一是培育、引导、规范发展独立第三方评价机构。学习借鉴英国、美国、加拿大和新西兰等国家实践经验，广泛培育、发展和规范引导独立的社会第三方评价机构，不受意识形态、政治派别影响，形成以证据和结果导向的公允、客观评价准则，自觉接受社会各界监督；二是加快地方政府债券预算绩效管理信息化建设。通过地方政府债券项目绩效管理信息化建设，建立起覆盖地方政府债券项目绩效全过程，涵盖政府机构、第三方机构、专家、监督机构、公众等全方位绩效管理信息系统，将地方政府债券的时空异质性通过信息系统及时体现出来，同时将弹性绩效管理理念、评价结果渗透到包括预算决策、预算编制、预算执行、财政决算、财政监督等地方政府债券项目绩效全生命周期中，实现对与财政支出有关的各类财政数据、评价反馈数据等各方面数据的统计和分析，最终形成财政"绩效监督"；三是把握好非正式制度约束，增强绩效自评的真实性与客观性，营造良好的绩效评价环境与共识。

我国预算绩效监管理论和机制的创新

中南财经政法大学财政税务学院教授　王金秀
中南财经政法大学武汉学院副教授　张澜
中南财经政法大学武汉学院　万玥希

内容提要： 人类步入 21 世纪以来，我国开启了旨在规范政府支出管理方式的一系列预算改革举措，并着力开展预算绩效评价工作，在构建现代国家治理结构的背景下，中国全面预算改革突破了传统的预算理念，同时也为创新预算基础理论提供了现实土壤，应该树立大预算观，在修正西方企业契约论的基础上，结合现有理论学说探索将应然与实然融为一体预算新论，以委托—代理关系为核心预算契约论可提供新视角；预算契约论决定了预算的属性和特征，我国以人民为中心提高预算绩效成为预算改革与发展的出发点和落脚点，迄今施行的预算绩效改革成效斐然，也存在许多突出的现实问题，在当前新发展格局、新发展时期，亟须纠正偏误，有效发挥预算绩效监管机制应有的作用。

关键词： 大预算观　预算委托—代理理论　预算绩效评价机制　预算绩效信息联通

现代财政制度是国家治理的支柱和基础，预算反映一个国家或政府活动的范围和方向，成为国家治理的基石，我国近 20 年从不同角度推进了一系列预算绩效管理制度改革，预算绩效评价工作越来越成为推进预算绩效改革、规范政府行为的重要手段，这些改革成效和问题并存，在当今世界动荡变革期以及我国新发展阶段，亟须以问题为导向，纠偏误、正理念，推进预算绩效管理工作提质增效、更加有效地发挥应有的作用。

一、现代大预算观的发展进程支撑国家治理现代化建设

传统的预算观将预算囿于分配资金的预先计划安排,这种预算观具有狭隘性,也与中外预算发展进程的历史与现实不符,现代预算的产生和发展进程拓展了预算内涵,作为国家治理的基础和支柱推进国家治理现代化建设,并由此确立大预算观。

(一)英美确立了预算编审权责配置,国家预算法治化监管范围拓宽

1. 英国确立预算编审监督机制,预算监管范围从国库资金拓宽到政府资源。在自由资本主义时期,英国新兴资产阶级与国王进行了几百年的斗争,直到光荣革命确立了君主立宪制、同步产生了现代预算制度,形成财政大臣代表政府首相编制预算收支资金草案、议会审批预算、政府执行预算、议会和审计监督预算执行的现代预算监管机制,1866年英国议会通过《国库和审计法案》(Exchequer and Audit Departments Act),现代预算制度的确立大幅提升了英国国力,以至于英国号称"日不落帝国"。20世纪30年代西方国家发生世界性大危机,凯恩斯的"赤字预算"政策成为一剂强心针,70年代西方国家普遍陷入"滞涨"局面,社会矛盾加剧,长期以韦伯科层制理论为依据确立的管控型政府模式受到严峻挑战,时任英国首相撒切尔夫人以政府财务改革方案为推手启动了英国政府改革,并在《国库和审计法》1921年和1957年先后进一步修正后,将预算管理范围从国库资金扩大到政府掌控的所有资源,通过议会立法于2000年颁布了《政府资源和会计法案》(Government Resources and Accounts Act),预算管理范围从国库资金扩大到政府资源,并通过财务、预算、会计改革联动来推进政府再造,成为推进新公共管理运动的基础支撑。

2. 美国调整府院预算决策和监督权,强调政府绩效导向的预算改革与创新。美国作为英国曾经的殖民地,其预算制度的产生经历了1921年前后照搬英国预算制度和将英国预算制度结合本国国情进行本土化两个时期的发展,1921年国会立法通过的《预算和会计法》(The Budget and Accounting Act),成为美国联邦政府预算制度正式确立的标志,该法案针对此前国会议员贪腐猎獾的情形,决定成立直属于总统管辖的行政管理和预算局(Office of Management and Budget,简称

OMB），预算局（OMB）根据总统确立的准则和行政命令进行实际工作，扩大了总统的预算权力；同时设立独立于总统、以总审计长为首的总审计局（abbr. General Accounting Office，简称 GAO），总审计局（GAO）是隶属于国会的一个独立经济监督机构，拥有法定的预算监督权，由此建立了将预算、行政、会计、审计融为一体的美国现代预算编审和监管机制。此后，美国不断进行预算改革与创新，从 20 世纪 50 年代到 90 年代先后从传统的分项排列预算、到 50 年代胡佛委员会开展产出预算改革（可称之为旧绩效预算）、60 年代国防部的设计规划预算改革、70 年代农业部的零基预算改革、90 年代伴随着《政府绩效与结果法》而推行的新绩效预算，这些预算模式创新将预算从注重投入转变更加注重产出和绩效，并将预算和规划、活动、项目有机结合，大大拓展了预算监管的范围。

（二）我国大预算监管体系为经济社会发展提供支撑

1. 我国先期的预算理念和范畴支撑计划经济体制的发展，但具有狭隘性。1949 年之前，我国长年饱受战火摧残，百废待兴，中国人民政治协商会议第一届全体会议于 1949 年 9 月 21 日至 30 日举行，9 月 29 日会议通过了具有临时宪法作用的《中国人民政治协商会议共同纲领》，该纲领第四十条关于财政之规定，要求建立国家预算决算制度……厉行精简节约，逐步平衡财政收支。1949 年 10 月 1 日，毛泽东在北京天安门广场宣告中华人民共和国中央人民政府成立，1949 年年底确立了统一财经工作的方针，薄一波 1949 年 12 月 2 日在中央人民政府委员会第四次会议上做关于一九五〇年度全国财政收支概算草案的报告，该概算遵循量入为出与量出为入兼顾，取之有度，用之得当的原则编制而成。1950 年 2 月中央财政经济委员会召开全国财经工作会议，1950 年 3 月政务院第二十二次会议通过《关于统一国家财政经济工作的决定》，要求全国统一财政收支管理、统一全国现金收付管理、统一全国物资调度，其中最核心、最关键的是节约支出整顿收入、将全国财政收支统一集中到中央管理。政务院 1950 年 3 月发布了《中央金库条例》，1951 年 7 月 20 日政务院第九十四次政务会议通过，1951 年 8 月 19 日政务院公布《预算决算暂行条例》，解释了概算、预算草案和预算、决算等概念，对国家预、决算的编制、审查、核定，预算执行等作了明确规定。1991 年 10 月 21 日国务院发布《国家预算管理条例》，1992 年 1 月 1 日实施，同时废止《预算决算暂行条例》。1994 年 3 月 22 日第八届全国人民代表大会第二次会议通过《中华人民共和国预算法》,1995年1月1日起施行,同时废止《国家预算管理条例》。为了落实《预算法》,1995年11月22日国务院第三十七次常务会议通过后国务院令第186号《中华人民共和国预算法实施条例》发布。

20世纪70年代末,我国以"放权让利"启动改革开放,为了打破计划经济时期统收统支、高度集权的僵化体制,财税改革重点是政府收入体制改革,通过1983年第一步利改税、1985年第二步利改税,1994年工商税制改革、1995年分税制改革,1997年加强预算外资金资金管理等重大改革举措,稳定、规范政府和企业、中央和地方之间的分配关系,调动地方和企业的积极性,推动以经济建设为中心的市场化改革开放,由此创造了我国经济高速增长的世界奇迹。

2. 新世纪渐近式预算改革构建了完整系统的预算监管体系。随着改革深化,传统的政府管理体制越来越不适应其需要,创新财政支出管理方式成为推动政府自我革命的主要手段,自2000年以来先后开展了部门预算制度、国库集中收付制度、政府采购制度和"收支两条线"制度等多项重大改革举措,与此同时,还从标准定员定额制度、政府收支分类制度、政府会计等方面进行配套性改革,夯实预算管理的基础。党的十八大指出现代预算是国家治理的重要支柱和基础,要发挥市场配置的决定性作用,提出要推进预算公开,提高财政支出效率,并将预算改革作为全面深化财税改革三大任务的当头炮率先推进,为了从严治党反贪腐浪费,在政治上党中央出台"八项规定""六项禁令"、纠正"四风"、刹"五风",预算上严控"三公"经费,大力削减一般性公务支出,政治和预算双管齐下遏制公款消费,关进制度的笼子,规范政府花钱行为,提高预算绩效;另一方面,推行公私合作、政府购买服务、政府引导基金等投融资,进一步创新财政支持方式。在多项预算改革分头推进的基础上,2014年8月31日第十二届全国人民代表大会常务委员会第十次会议表决通过了《全国人大常委会关于修改〈预算法〉的决定》,新修订的《预算法》2015年1月1日起施行。与此相适应,《中华人民共和国预算法实施条例》当年发布征求意见稿,历经5年大幅修订后,2020年8月3日以国务院令第729号发布,新《预算法实施条例》2020年10月1日起施行。

3. 近年以绩效评价为推手促进预算绩效管理提档升级。2003年10月党的十六届三中全会首次提出要建立预算绩效评价体系,开启了我国分散探索绩效评价的工作;2005年政府报告要求建立科学的政府绩效评估体系和经济社会发展综合评价体系;2008年党的十七届二中全会《关于深化行政管理体制改革的意见》提出"推行政府绩效管理和行政问责制度","十二五"规划《建议》再提"完善政府绩效评估制度",2011 年国务院将绩效评价试点工作上升到政府决策,决定在国家监察部建立"政府绩效管理部际联席会议",并选择北京市、吉林省等 8 个地区和国家发改委、环保部、财政部等 6 个部门开展绩效管理试点工作,自上而下推进政府绩效评价;2015 年实施的新《预算法》从法律上确定预算全程各环节开展绩效监管的要求,党的十九大报告提出要建立全面规范透明、标准科学、约束有力的预算制度,全面实施绩效管理;2018 年 9 月 1 日中共中央 国务院联合发布《关于全面实施预算绩效管理的意见》(中发〔2018〕34 号),34 号文确立预算绩效监管升级上台阶的新要求,提出构建"三全一体"的预算绩效监管机制,即预算绩效一体化,全过程、全覆盖、全方位预算绩效管理的新机制。

4. 现行预算监管体系改革确立了"大预算"模式。传统的预算理念是就财政论预算、就平衡论预算,将预算局限于财政分钱的狭隘视野,这种狭隘的预算观无法解释我国近 20 年来多视角、多维度开展的全方位预算改革。纵观我国预算改革脉络,其进程是以"大预算"为发展方向着眼于规范政府行为、提高预算绩效,通过预算改革推进经济体制改革、政府体制机制改革。各项预算改革和预算法治化逐步将预算监管工作从财政推广到政府部门,从政府内部执行和管理预算扩大到强化人大审查监督预算、公民参与预算决策和监督;预算监管的环节和链条也大幅延伸,从分钱延伸到花钱,进一步延伸到花钱所办的事以及办事的效果,确立了贯穿分钱→花钱→办事→效果,预算编审→执行→决算评估,预算决策→预算管理→预算监督的预算监管流程,扩展了预算范围,明晰、细化了预算内容,形成了由一般公共预算、政府性基金预算、国有资本经营预算和社会保险基金预算所构成的全口径,以部门预算制度改革将财政总预算与财政支出机构的预算衔接,形成了财政总预算→部门预算→单位预算的预算构成体系,预算监管的内容也从收支等资金流量扩大到结转结余等资金存量,并进一步将预算和存量资产、资产配置编制结合,预算监管从收支扩大到资产负债,预算平衡模式也从年度预算平衡发展到跨年预算平衡,从收支平衡拓展到资产负债平衡。大预算模式的综合性强,具有将经济学、管理学、政治学、法学、行政管理、公共政策、财务、会计、审计、投融资等多学科方向交叉融合的特点,影响范围广,我国大预算模式的改革健全了预算体系、优化了预算监管机制,提高预算绩效,推进预算法治化、民主化,强化预算完整性、全面性、统一性、科学性、细化性和约束力,只有大预算模式才能够真正成为现代国家治理的支柱和基础。

二、"大预算观"的取向为创新预算基础理论奠定基础

(一)现有应然性和实然性财政理论,难以有针对性地解析预算监管机制的选择

中外与预算相关的基础理论包括公共产品理论、外部性理论、福利经济学、公共选择理论、预算最大化理论、四种花钱办事模式论、博弈论、寻租理论,国家分配论、建设性财政论,公共财政论、财政风险论、社会集中分配论、新市场财政论、发展财政论,预算平衡理论,等等。

公共产品理论、外部性理论、福利经济学等理论说明政府通过预算提供公共产品的必要性,属于应然性理论;公共选择理论、预算最大化理论、四种花钱办事模式论、博弈论、寻租理论从不同角度揭示了政府失灵和预算低效的现实客观性,属于实然性理论;我国财政基础理论的发展具有阶段性特征,20世纪50年代末许廷星教授提出"国家分配论"成为计划经济时期财政的主流理论,90年代张馨教授提出"公共财政论"、贾康研究员提出"社会集中分配论",刘尚希研究员提出"财政风险论";近年李俊生教授提出"新市场财政论"、郭庆旺教授提出"发展财政论",马国贤教授提出"一观三论",即"花钱买服务"的预算观、公共委托—代理论、结果导向管理论及为"顾客"服务论。高培勇研究员基于国家治理现代化对财政新要求,从理论上论证了现代财政应该具有的特征,吴俊培教授从财政学科视角对主流经济学经济人假设条件及其学说解析力的质疑、挑战,等等。这些理论循着我国经济社会体制机制的改革变迁而发展,从不同角度相互补充,用于解析特定时期的财政状况,形成具有中国特色的财政基础理论,这些学说还没有将应然和实然融为一体,对我国预算改革及其方向、发展规律进行有针对性地解析,普适性程度不够。

(二)经典契约论以企业为研究对象,难以解析预算委托代理关系的治理对策

新制度经济学由一揽子学说构成,科斯对企业契约论的研究最为经典,此后,诞生了产权理论、交易费用理论、信息论、不完全契约论。20世纪80年代许多

学者开始关注公司治理机制研究,这些学说相互补充形成了较为完整的企业契约论体系,其基本逻辑为,企业出资人和经营者两权分离,市场瞬息万变,由于企业和市场风险大、信息不对称、契约不完备等原因,在经济人假设前提下,代理人容易出现"逆向选择"的机会主义行为,作出违背委托人利益的"败德"之事,即"代理人问题",对此如果强调监督则监督成本高昂,针对此,在产权明晰的基础上,公司治理结构有必要地设计某种报酬激励机制,让经营者分享剩余。

(三)创新预算契约学说,能更加有效解析预算绩效改革

公共产权具有公共性,权属上归属于公民,由国家或政府来行权,预算活动具有非营利性,无剩余分享,因此,企业契约论难以有效解析预算委托—代理关系,有必要以前人研究为基础构建预算新契约论。

预算也是某种契约关系,预算领域存在多链条多层级多类型的委托—代理关系,比企业契约关系更加复杂,预算契约也客观存在信息不对称、契约不完备的情况,公共产权容易出现公地悲剧,政府强制性特征难以形成有效的退出机制,代理人进行逆向选择的问题往往更加容易发生,为了解决代理人问题,企业可以采取某种报酬激励机制让经营者分享剩余,但是公共领域具有非营利性和公共产权不便分割的特征,难以让代理人分享社会剩余,唯有依据公共机构的工作程式化的特征,提高预算绩效信息的透明度,以科学合理的标准为依据安排预算,加强预算监管,强化预算约束,提高预算绩效,以维护公共利益最大化,在我国全面深化改革的新时期、现阶段,预算绩效管理要坚持取之于民、用之于民的原则,不忘初心,以人民为中心推进预算绩效管理与评价提质增效。

通常,基础理论应该具有本源性、系统性、普适性,并能够适当解析有关差异性的特点。修正经典的企业契约论,创新的预算契约论,能够更加有效地解析预算绩效监管的成因、问题以及现实应对之策,为我国人大监督预算、政府执行并管理预算、民众参与预算决策和监督等而开展的一系列预算监管制度改革提供基础性理论依据,明晰预算改革的方向和目的。

三、我国预算绩效管评工作的发展状况和改进思路

近 20 多年来，我国大力推进了一系列强化预算管理、规范预算行为的改革举措，预算绩效管理与评价工作取得了长足的发展，极大地改变了长期存在的预算安排随意性、长官意志、首长工程、条子工程等无序的状况，逐步建立健全了预算管理制度体系，强化了预算法治化程度，但现实中依然还存在诸多突出的问题，预算绩效评价工作质量不高，针对此，需要进一步推进预算绩效管理与评价工作提质增效。

（一）预算绩效评价工作成效显著，构建了预算绩效运行机制

21 世纪初期以来，我国政府和预算领域不断推进绩效评价工作。中共中央国务院 2018 年发布 34 号文，要求建立全过程、全方位、全覆盖，预算和绩效一体化的预算绩效管理机制，参与预算监管的社会各方普遍树立了花钱必问效、无效必问责的绩效观念，各级各地政府财政和部门不断拓宽绩效评价的范围，建设和完善绩效评价指标，广东、浙江、福建、新疆等许多地方初步建立了分类分领域的绩效指标库，采取自评和第三方独立评价等方式，开展项目绩效评价，并进一步推进政策绩效评价、部门绩效评价和政府绩效评价，对于绩效评价结果建立反馈制，采取多种形式加强对绩效评价结果的应用，推进绩效信息公开，初步构建了预算申报有目标、预算执行有绩效追踪、预算支出有评价、评价结果有反馈、反馈结果有运用的绩效运行机制。

（二）预算绩效评价工作存在成本高、有效性不足的突出问题

我国预算绩效评价工作在取得成效的同时，也存在严重的问题，表现在诸多方面：一是绩效评价成本高，各地分散自建绩效评价指标库，重复建设，缺乏共享，耗费大量人力物力和财力；二是绩效评价结果的有效性差，许多绩效指标、标准不科学，评价方法不够恰当，绩效评价工作形式主义，绩效评价文本机械地照抄照搬政府规章文件，绩效评价结果难以客观、令人信服；三是绩效评价工作质量不高，第三方机构趋利性与公正性评价要求难以兼容，专业化程度低，花钱

买好评,开展评价工作的独立性不够、行业自律不足,专业化水平不高,绩效评价报告往往做成表扬信、工作总结、预算申请书、审计报告、监督检查报告等形式,绩效评价工作中应该从谁的角度和立场看绩效的认识错位;四是预算绩效各有关改革分兵把守、形成信息孤岛。我国迄今已经从多个不同的角度全方位开展了预算绩效管理制度改革,这些改革有利于建立健全预算绩效监督和管理机制,但是,目前的各项相关改革分兵突进、财务、会计、预算、绩效、决算、资产、内控等各项改革各成体系,片面地仅由财务人员担当重任,业务和财务相互分割,规划与预算脱节,预算和绩效两张皮,人员绩效、政府绩效和预算绩效三个系统各说各话,预算绩效指标往往缺乏基础数据支撑,难以运用,人大、财政、审计以及上下级之间相互独立、协同性不够。

(三)以问题为导向,进一步创新预算绩效评价机制

绩效评价是把"双刃剑",用得好会削铁如泥,用得不好反而会割伤自己、损害社会经济发展,因此,必须以解决问题为导向,在新发展阶段开展预算绩效评价机制的创新。其举措大致如下:一是建立超然地位的权威性绩效考评机构,该机构应该具有与党组织、人大和政府多方沟通便利的超然地位,不追求狭隘的机构利益,具有权威性,并将人员绩效、政府绩效和预算绩效三个绩效系统集成化为一个整体;二是财政部组织专家从各地已有的绩效指标库中分类凝练筛选普适性的共性指标和参考性的个性指标,保持指标的相对稳定性,增强绩效评价结果的可比性,同时,根据实际情况适时更新部分指标,提高绩效指标的适用性,形成全国预算绩效评价指标库,绩效指标既要体现统一性的要求,也要满足不同地区不同评价对象的差异性需要,提高绩效评价的针对性;三是预算绩效信息互联互通、共享共用,加快建设预算绩效一体化信息系统,大力推进预算、财务、会计、绩效等信息系统的对接,逐步实行财政内部、部门内部、财政与同级部门、上下级财政之间信息系统互联互通、共享共用,充分利用已有信息开展绩效评价,避免过度依赖人为收集信息作为评价依据,提高绩效评价结果的真实性和客观性;四是运用大数据技术提升绩效评价质量,多维度多系统的信息和指标体系互联互通、动态收集形成海量的大数据,采取适当的方式对大数据进行清洗、筛选,同类数据的平均值可以作为绩效评价的判断标准,这样形成的标准会更加具有针对性、科学性;同时,将适宜的数理方法导入集成化的预算监管系统,运用人工智能实行自动化的绩效评价,大数据系统将预算绩效监管和评价融为一体,绩效评

价结果更加可靠、可比。

最后，需要说明强调的是，绩效要求钱与事结合、业务和财务结合，改进预算绩效管理和评价是一个系统工程，全面深化预算绩效改革，开展绩效评价就需要更加广泛地开展培训，培训对象包括领导、管理者、业务人员和财务、会计、资产管理人员。绩效是干出来的、不是评出来的，只有多方人员协同才能够更好地履职尽责、花好钱办好事，达成绩效目标。绩效评价绝不可走入为评而评的误区，而是以评促改、以评促建、以评促管，应该在提升预算绩效监管和评价水平的同时，提高预算绩效。

财政资金预算绩效审计研究
——以深圳市为例

东北财经大学会计学院副教授　唐大鹏
东北财经大学国际商学院　王伯伦

内容提要：随着党和国家对预算绩效管理和提出更高要求，财政资金预算绩效审计的重要性也逐渐凸显。然而当前我国财政资金预算绩效审计理论和实践依然存在较多困惑，对财政资金预算绩效审计的深入研究迫在眉睫。结合深圳市实践经验，本文从财政资金预算绩效审计的概念出发，创造性地提出财政资金预算绩效审计的逻辑框架，并对该框架下审计主体、审计目标、审计对象、审计标准、审计程序、审计报告和审计技术展开具体阐释。针对财政资金预算绩效审计存在的问题，本文从法律法规基础、全过程防控机制、评价体系构建以及结果公开和整改落实机制四个方面分别展开论述。相对应地，提出了完善法律法规基础、建立全过程跟踪审计机制、构建评价体系与建立结果公开和责任追究机制的优化建议。

关键词：财政资金　预算绩效　审计

一、引言

习近平总书记在党的十九大报告中提出"全面实施绩效管理"，将绩效管理作为完善国家治理体系、提高财政资金使用效率的重要抓手；同时提出"健全党和国家监督体系""改革审计管理体制"，也为国家审计在国家治理体系中的监督效能定下了基调。党的十九届三中全会提出构建集中统一、全面覆盖、权威高效的审计监督体系的目标，并要求"组建中央审计委员会"，以加强党中央的领导，促进各级审计机关同党中央保持高度一致。十九届四中全会将"坚持和完善党和国家监督体系"列为重要内容作出专门部署，强调发挥审计监督的职能作用。

2018年《中共中央 国务院关于全面实施预算绩效管理的意见》指出预算绩效管理"尚未覆盖所有财政资金，一些领域财政资金低效无效"等问题，要求以解决财政资金预算绩效管理问题为突破口，推动财政资金聚力增效。随着预算绩效管理逐步深入，《审计工作报告》中发现的问题由2018年的"绩效目标设定不够科学、绩效评价不够规范、绩效信息公开比例较低"，到2019年的"预算绩效管理精细化程度还需提高"，也对财政资金预算绩效审计的理论创新和实践探索提出更高的要求。

二、概念界定与理论框架

（一）财政资金预算绩效审计的概念

财政资金预算绩效审计是在财政预算单位的财务收支及其经济活动的真实性、合法性进行审计的基础上，国家审计机关对财政预算单位履行其职责时财政资金配置与使用的经济性、财政资金管理活动的效率性、财政资金目标完成的效果性进行的独立性经济监督并提出改进措施的活动。本文基于深圳市的实践经验，将审计主体、审计目标、审计对象、审计标准、审计程序、审计报告和审计技术融入财政资金预算绩效审计的逻辑框架（如图1所示），下文将基于该逻辑框架展开论述。

（二）财政资金预算绩效审计主体

审计主体，是指在审计活动中主动实施审计行为，行使审计监督权的审计机构及其审计人员，审计主体贯穿着审计信息产生过程的始终，对审计信息质量起着决定作用，是制约审计信息质量的第一因素。

按审计主体进行分类，可分为社会审计、国家审计和内部审计。财政资金预算绩效审计属于国家审计的范畴，是授权审计。财政资金预算绩效审计的主体包括我国国务院审计署及派出机构、地方各级人民政府审计厅、审计局等部门。审计署主管全国审计工作，各级审计机关负责各个行政区域内的审计工作。

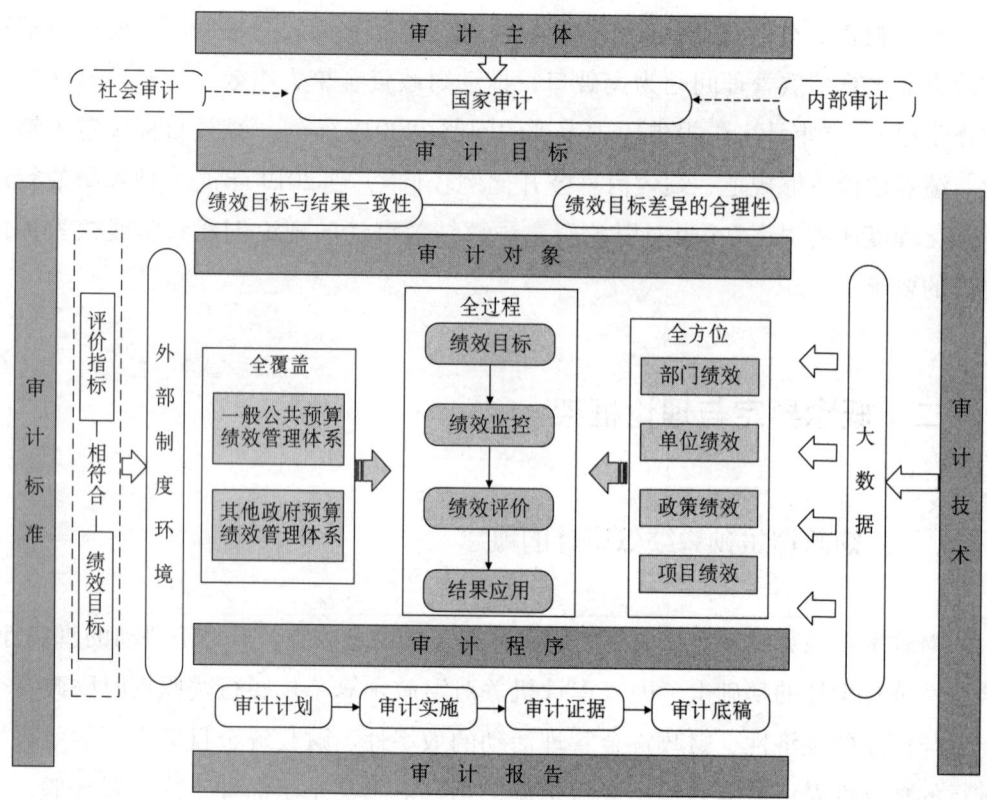

图 1 财政资金预算绩效审计逻辑框架

（三）财政资金预算绩效审计目标

预算绩效审计主要包含一般目标以及具体目标两个方面。一般目标反映预算绩效审计的共性或普遍性，即反映资源利用的经济性、效率性以及效果性。而具体目标反映预算绩效审计的个性或者特殊性，一般是在特定社会政治、经济环境下的具体体现。财政资金预算绩效审计是在真实性、合法合规性目标的基础上，对财政资金的经济性、效率性和效果性的审核与检查；其中，真实以及合法合规是财政资金预算绩效审计的基础和前提，而最终目的是提高财政资金使用的经济性、效率性和效果性。在审计过程中，以审查绩效目标与执行结果的差异性是否科学合理以及绩效目标认定与真实结果认定是否一致为具体目标。

（四）财政资金预算绩效审计对象

以财政资金作为审计对象，其预算绩效审计应当关注财政收支及其涉及的经济业务活动全部内容。根据绩效管理的重点内容，本文从"全方位""全过程""全覆盖"三方面展开论述。

首先，"全方位"是指要将各级政府、部门、单位、政策和项目全部纳入到财政资金预算绩效审计的范围之中，包括财政收入和支出绩效等。其次，"全过程"是指预算绩效审计要贯彻事前审查、事中跟踪、事后监督、绩效评价的全过程预算绩效审计监督，对财政资金运行的分配、使用与管理以及后续评估等环节进行审计追踪。具体地，在财政资金分配环节，预算绩效审计应当重点关注绩效目标的设定；在财政资金使用与管理环节，预算绩效审计应当重点关注制度建立情况和绩效运营情况；在财政资金绩效评价环节，预算绩效审计应当关注绩效评价过程和结果应用。最后，"全覆盖"是指预算绩效审计的范围应当包括所有的财政资金，覆盖一般公共预算、政府性基金预算、国有资本经营预算、社会保险基金预算等内容。

（五）财政资金预算绩效审计标准

财政资金预算绩效审计标准主要分为两类：一是财政资金的绩效目标；二是财政资金绩效的评价指标。财政资金的绩效目标是评价指标设定的基础，财政资金绩效评价指标是评价绩效目标设定合理性的标准，两者要遵循相辅相成、相互一致的原则。

财政资金预算绩效审计标准是否准确，关系到审计程序全过程的运行是否高效。因此制定科学合理的财政资金预算绩效审计标准是开展财政资金预算绩效审计的基础性工作。一方面，审计标准的制定应当与审计工作开展的外部制度环境相符合，审计机关应当制定以全面实施预算绩效管理和审计全覆盖等宏观政策为整体方向、以《审计法》和《国家审计准则》等法律法规为前提的财政资金预算绩效审计的规章制度，规范财政资金预算绩效审计工作。另一方面，审计标准的优化设计应当与绩效评价结果应用的反馈机制相结合。对绩效执行监控和绩效结果评价的审计结果和整改效果不仅有助于完善绩效目标，不断细化分解进而提升可执行性，也有助于提升评价指标量化的准确性。

（六）财政资金预算绩效审计程序

财政资金预算绩效审计程序，是针对审计计划、审计实施、审计证据、审计底稿、审计报告等方面的具体流程，采用询问、观察、查阅文件资料和信息系统、检查现金及实物资产、穿行测试等审计方法，对财政资金绩效管理效率效果的审查工作。

在审计计划方面，首先审计机关应当确认财政资金预算绩效审计的整体目标并细化分解到部门、单位、政策和项目绩效等不同的审计客体中，明确本年度的审计范围，初步选择审计项目；其次审计机关应当根据项目重要程度和风险水平对审计项目进行可行性评估、筛选和排序；另外审计机关应当评估可用审计资源，充分评估审计成本的合理性、审计时间的充足性以及审计人员的专业性，最终确定审计项目并编制年度审计项目计划。

在审计实施方面，审计机关应当调查了解被审计单位财政资金绩效管理工作开展的实际情况，评估被审计单位存在财政资金使用的合法合规、效率效果等重要问题的概率，确定审计应对措施并编制审计实施方案。审计实施方案应当为整个全过程绩效跟踪审计工作的统筹安排提供具体操作指导。实施审计时，审计人员应当根据绩效执行监控情况，持续关注已作出的重要性判断和对存在重要问题的可能性评估，及时纠正偏差并对审计应对措施作出修正和调整。

在审计证据和审计底稿方面，审计人员获取的审计证据应当具有适当性和充分性。适当性是指审计证据与审计事项及其具体审计目标之间具有相关性，即绩效执行监控情况和绩效评价结果相关的审计证据应当与审计客体的绩效目标和评价指标具有实质性联系；同时审计证据应当通过检查、观察、重新操作等审计方法进行验证，确保其真实可靠性。充分性是指利用大数据等电子信息技术，海量处理审计证据，从而全面评估绩效执行情况。最终，所有制定的审计计划、记录的审计实施过程以及获得的审计证据都应该在审计底稿中加以保存。

（七）财政资金预算绩效审计报告

审计机关应当遵循信息公开的原则，对财政资金预算绩效审计调查结果以审计报告的形式披露。审计报告应当内容完整、事实清楚，充分反映各项基本要素和审计工作开展的具体实际情况。

首先，审计报告要明确阐述财政资金预算绩效审计的目的和重要意义，明确审计工作开展的战略要求和实施基础。其次，审计报告应当明确阐述财政资金预算绩效审计的标准，为信息使用者充分了解审计报告内容、检验审计评估结果提供参考和指导。同时，审计报告应当充分披露财政资金绩效管理过程中存在的宏观性、普遍性、政策性或者体制、机制问题的事实、定性、处理处罚意见以及依据的法律法规和标准。

（八）财政资金预算绩效审计技术

在传统的手工审计和电子数据审计已无法满足财政资金预算绩效审计的现实需要的当下，大数据审计技术有助于节约审计资源，降低审计成本，提升审计证据的真实可靠性和审计程序的科学合理性。

在引入大数据审计技术的同时，审计机关有必要对大数据审计规范管理和有效运用。首先，审计机关应当健全大数据审计的制度运行机制，在制度层面规范大数据审计证据的取证、归档等环节，规避由大数据审计带来的信息风险、技术风险和认知风险以及海量数据的存储使用存在的信息安全问题。其次，审计人员应该重视审计成果的转化与应用。将审计成果进行模型处理留存，通过大数据审计技术将问题规则化，将有共性、普遍性、倾向性问题的审计成果应用到每个部门和单位当中，从而对问题的发展趋势及时掌握并进行预警，充分发挥审计的预防功能。最后，人才培养是大数据审计技术发展的最强大动力。审计机关应当培养有战略性思维和数据分析能力的大数据审计团队，审计人员既要精通纷繁复杂的审计业务，又要掌握大数据技术、具有信息化思维。只有将大数据技术真正融入到财政资金预算绩效审计程序中，才能科学高效地优化审计流程，提升审计效率。

三、财政资金预算绩效审计的发展现状

（一）稳步推进财政资金预算绩效审计法律法规建设

在预算绩效审计法律法规建设方面，深圳市稳步推进财政资金预算绩效审计法律法规建设。

2001年2月,深圳市第三届人民代表大会常务委员会第五次会议通过《深圳经济特区审计监督条例》,提出了绩效审计的概念。2004年6月,深圳市第三届人民代表大会常务委员会第三十二次会议通过《深圳经济特区政府投资项目审计监督条例》,在"绩效审计"这一章节中,对政府投资项目绩效审计做出了明确规定。2005年,深圳市根据《关于进一步加强审计监督工作的决定》《关于深圳市2005年度绩效审计工作报告审议意见的函》的精神开展绩效审计。2010年9月,南山区在全市率先出台首个政府绩效审计规范办法《南山区审计局绩效审计管理办法(试行)》。2013年,市审计局积极推进政府公共管理类项目绩效审计评价标准课题研究与实践,通过市、区两级审计项目验证,出台《深圳市政府公共管理类项目绩效审计评价标准操作规程(试行)》,实现从审计理论创新到设立审计实务标准的突破。在开展环保信息化项目绩效审计时,市审计局试用《政府公共管理类项目绩效审计评价标准》,首次实行定量与定性相结合进行绩效评价。2014年,《深圳经济特区审计监督条例》设置了绩效审计监督专章,明确了绩效审计定义、绩效审计目标、绩效审计方法,设定了绩效审计评价依据,强化了绩效审计结果运用。为从机制与制度上逐步消除屡审屡犯现象,进一步提升审计成果运用与审计公信力,市审计局还制定了《市审计局关于进一步加强审计整改工作的意见》,推进向人大报告后的审计整改。

(二)针对重点项目开展财政资金预算绩效跟踪审计

在预算绩效审计的流程跟踪方面,深圳市针对重点项目开展了财政资金预算绩效跟踪审计。

2012年和2013年深圳市南山区审计局选取区城镇保障性安居工程跟踪审计作为年度绩效审计的重点工作;2014年市审计局选择政府投资建设民生项目开展专题绩效审计,全面汇总了2010—2014年五类领域政府投资情况及相关的跟踪审计情况;2015年市审计局开展公交补贴资金管理使用绩效跟踪审计。此外,深圳是国内较早开展政策绩效跟踪审计的城市。最近几年,市审计局组织对政策性冻猪肉储备费用补贴、公交刷卡优惠补贴等政策执行情况开展绩效审计调查。2015年,市审计局按照《国务院关于加强审计工作的意见》和审计署的统一部署,对有关部门贯彻落实"稳增长、促改革、调结构、惠民生、防风险"的财政政策措施情况进行跟踪审计。

(三) 初步构建财政资金预算绩效审计评价指标体系

在绩效审计评价体系方面，深圳市初步构建了财政资金预算绩效审计评价指标体系。

深圳市审计局通过对南山区数字化城管系统建设与运作情况绩效审计实践的总结与提升，提出了绩效审计评价体系的初步构想，与政府公共管理类项目绩效审计的基本框架和标准模型，合理抽象出属于最大公约数的共性标准；建立定性指标和定量指标、"三E"指标以及管理过程指标的主要内容及权重设置，贯穿项目的立项、建设、运作和管理维护阶段。2013年8月16日至2013年11月30日，南山区审计局对区科技创新局主管的南山区2008—2011年度科技发展专项资金使用和管理情况进行了绩效审计，并初步建立了《深圳市南山区科技发展专项资金绩效审计评价标准》，是对财政资金预算绩效审计的初步探索过程。

(四) 建立健全财政资金预算绩效审计报告整改机制

在财政资金预算绩效审计的结果公开和整改落实方面，深圳市建立健全财政资金预算绩效审计报告整改机制。

在结果公开方面，深圳市审计局2002年正式涉足绩效审计，首份绩效审计报告上报市政府审定后，形成《深圳市2002年度绩效审计工作报告》。2005年9月，市审计局出台《深圳市审计局审计结果公告暂行办法》，绩效审计结果通过《深圳市审计局审计结果公告》统一对外发布。2008年，市审计局出台《深圳市审计局审计报告公开暂行办法》，率先在全国实行审计报告公开制度，规定市审计局及其直属单位实行审计报告公开制度。2009年，深圳市审计公开走向制度化。市审计局明确审计报告公开目标和依据，公开方式、公开范围和责任制度，包括绩效审计、财政预算执行审计、政府投资项目竣工决算审计在内的大部分审计报告，在送达被审计单位的同时，通过深圳审计信息网向社会公开。

在整改落实方面，从2005年开始，深圳市审计局要对上一年度绩效审计报告所反映问题的整改情况向深圳市人大常委会报告。2006年5月，市审计局向市人大常委会作《关于深圳市2005年度绩效审计工作报告反映问题的整改情况报告》，市政府组织各有关部门和单位建立完善规章制度，并加强具体工作的管理和协调，不断提高政府资金使用效率和政府投资项目的建设、使用效率。同时，建立审计整改联动机制，市审计局负责抓好审计整改跟踪和被审计单位整改成效评估，市监察局负责对审计发现问题进行责任调查和责任追究，分头汇总报告绩效审计发现问题的整改和责任追究情况，注重形成审计整改的合力；大力探索建立审计实施过程中的审计情况共享机制，与市财政局、建设局等行业主管部门和市检察院等司法机关建立了移送处理机制，强化审计威慑力。

四、财政资金预算绩效审计存在的问题

（一）财政资金预算绩效审计的法律法规基础有待完善

财政资金预算绩效审计的法律法规基础较为薄弱，在中央层面立法还处于空白状态。《审计法》《审计法实施条例》和《国家审计准则》等将财政收支的真实性、合法性以及效益性作为审计监督应重点关注的内容。《审计署关于印发审计署"十二五"审计工作发展规划的通知》指出"全面推进绩效审计，促进加快转变经济发展方式，提高财政资金和公共资源管理活动的经济性、效率性和效果性，推动建立健全政府绩效管理制度，促进提高政府绩效管理水平"，首次提出绩效审计的概念，提出构建和完善绩效审计评价及方法体系，开展部门预算执行绩效审计，环境、民生和可持续发展等国外贷援款项目的绩效审计等内容。然而，上述法律法规未对财政资金预算绩效审计的目标、程序等作出具体规定。

由于审计准则、规范以及操作指南不够健全，无法引导和规范各级审计机关的财政专项资金绩效审计工作，目前审计机关和审计工作人员在开展财政资金预算绩效审计的过程中，主要依靠自己的实务经验和个人理解来开展财政资金预算绩效审计工作，容易产生偏差和审计风险。

（二）财政资金预算绩效审计全过程防控机制有待健全

我国目前的财政资金预算绩效审计主要采用事后审计模式，即审计机关在财政资金投入一段时间后，对筹集、分配到管理、使用、结存过程中出现的财政资金绩效的目标设定、执行效果和评价整改相关问题进行审查、披露、问责和监督，但这些不真实、不合理、不科学的行为已经发生，审计的介入时机滞后于经济资源的损失浪费。例如《2006年第2号公告：青藏铁路环境保护资金使用情况审计

调查结果》是在青藏铁路完工后才进行的审计调查,经事后审计发现的施工图工程量计算有误、工程措施变更不及时和验工计价软件系统有缺陷等问题未能在事前项目评审和事中项目实施过程中及时采取措施得以解决,从而造成环境保护资金的损耗,损害环境保护项目的生态效益。

(三)财政资金预算绩效审计评价体系有待进一步构建

由于目前审计署尚未颁布完整、成熟的财政资金预算绩效审计评价标准,各级审计机关开展预算绩效审计时并无公认的评价标准可遵循。具体而言,各级审计机关关注的重点在于整个资金运转过程中的合法合规性,对资金使用效率效果的关注度不足;在评价指标体系中,定性指标偏多、定量指标偏少,财务指标偏多、非财务指标偏少,并未形成财政资金使用预警性指标;此外,各级审计机关目前常用的标准主要集中在国家相关法律法规、行业标准及专业机构标准等,未形成差异性的、与实际情况相一致的具体标准。深圳市审计局对财政专项资金绩效审计的评价标准做了初步的尝试,从反映绩效审计项目的经济性、效率性、效果性("三E")入手,立体设立贯穿专项资金设立、使用和管理各阶段的指标与权重,并将指标设定为共性指标和个性指标两类,但该指标体系也仅是对专项资金绩效审计的尝试。

(四)预算绩效审计结果公开和整改落实机制仍需完善

目前,我国财政资金预算绩效审计尚未发展成熟,缺少一套完整成熟的财政资金预算绩效审计体系可供参考和使用。

在财政资金预算绩效审计结果公开方面,一是尚未建立预算绩效审计结果公开制度,公众不能够及时、全面、准确了解并监督财政资金的使用效率和效果;二是财政资金预算绩效审计的结果公开机制缺少与公众的交流沟通。目前部分审计机关仅仅通过网络向社会公众披露审计结果公告,很少接受公众的问题反馈;三是预算绩效审计结果公开信息质量仍需提高。报告中披露的典型的、普遍的问题以及重大违法违纪问题较少,提出的整改建议针对性以及可操作性仍需提高,难以发挥绩效审计的监督整改作用。

在发现问题后的整改落实方面,被审计单位的奖励以及责任追究机制仍需完善,难以充分发挥预算绩效审计的监督功能。同时,许多被审计单位对预算绩效审计中发现的问题并未予以重视,导致绩效审计只停留于表面,使审计结果的利用大打折扣,难以确保财政资金使用的绩效。

五、财政资金预算绩效审计的优化建议

(一)完善财政资金预算绩效审计的法律法规基础

法律制度体系是财政资金预算绩效审计工作开展的基础保障,因此完善财政资金预算绩效审计的法律基础是推行财政资金预算绩效审计的首要工作。

一是加快绩效审计法制化进程,建立现代政府财政资金预算绩效审计的法制框架。首先应当修订《中华人民共和国审计法》,明确规定财政资金预算绩效审计的地位、职责和作用,以及审计主体、审计客体、审计程序,以及财政资金预算绩效审计的质量控制和责任认定等基本问题。其次,应当同步修订新的《审计法实施条例》,明确财政资金预算绩效审计的标准、实施范围和操作流程等内容。更进一步,为提高预算绩效审计的权威性,应当在时机成熟时及时修宪,在《宪法》中确立财政资金预算绩效审计的相关法律地位。最后,审计署可以通过联合财政资金预算绩效审计工作开展比较成熟的单位或部门,制定和颁布财政资金预算绩效审计准则和实施指南。

二是规范审计机关和审计人员的法律地位和职责权限。一方面,应当赋予审计机关和审计人员一定的法律地位和权力,做到权责一致。另一方面,应当明确审计机关和审计人员的义务和责任,以及任职资格和职业要求,避免渎职失职和滥用权力行为的出现。

三是明确财政资金预算绩效审计的实施流程和质量控制。财政资金预算绩效审计具体指南中应当对审计实施流程进行规范,包括编制审计计划、审计项目评估、审计实施、审计记录、对重大违法行为的检查以及审计质量控制和责任等。在审计质量控制方面,应当明确审计机关对违法违规对象的问责权力,促使被审计机关进行整改,提高审计工作质量。

四是完善财政资金预算绩效审计报告的格式和内容,推进审计信息公开和审计整改检查工作。预算绩效审计具体指南中应当明确预算绩效审计报告的格式和内容,审计信息公开应该做到事实清楚、定性准确、内容精炼、格式规范、反映及时。针对预算绩效审计结果,指南中应明确审计机关建立审计整改检查机制,

督促被审计单位和其他有关单位根据审计结果进行整改。[①]

(二)建立财政资金预算绩效全过程跟踪审计机制

财政资金预算绩效审计应当实施从绩效目标设定、绩效执行监控、绩效评价结果到评价结果应用的全过程跟踪审计路径方式。

审计机关应当针对财政资金绩效管理的各个环节执行相应的审计程序。在绩效目标设定环节,审计机关应当审查目标的合理性,并根据绩效指标和评价指标建立科学的审计标准;在绩效执行监控环节,审计机关应当审查绩效执行情况与绩效目标的偏离程度的合理性并及时纠偏;在绩效评价结果环节,审计机关应当审查绩效结果与绩效目标的一致性并出具审计报告;在评价结果应用环节,审计机关应当充分利用其问责监督作用,敦促归口责任部门和单位对绩效管理问题实施整改,从而全面提升绩效管理效率效果。

(三)构建科学的财政资金预算绩效审计评价体系

构建科学的财政资金预算绩效审计评价体系是全面落实财政资金预算绩效审计的重要因素,其中最核心的部分是评价指标的制定。财政资金预算绩效审计应当在借鉴财政部发布的《预算绩效评价共性指标体系框架》基础上,结合预算绩效审计的具体实践经验,发布一套与之对应的、权威性的评价指标体系。具体而言,财政资金预算绩效审计评价标准应当包括以下五类指标。

一是经济类指标:衡量投入与产出的关系,关注消耗的资源总量和达成的效益规模。促进政府部门树立成本意识和效能意识,着力于用一定数量的投入获得最大的产出。主要审查财政资金收支规模、收支结构、投入与产出的比重等指标,用以评价财政资金是否得到了充分利用,财政资金管理和使用的机制是否健全。

二是社会类指标:衡量政府所提供的公共服务所产生的社会效果。促进政府树立服务意识,着力于为社会提供公共服务。主要审查实际指标与计划目标的完成度,分析预期效果与实际效果的对比关系,用以评价财政资金的公共属性是否得到完全体现。

三是生态类指标:衡量政府是否有效利用财政资金用于自然资源和保护生态

[①] 中华人民共和国国家审计准则。

环境。促进政府树立环保意识，着力于改善环境污染和自然资源滥用问题。主要审查诸如环境专项财政资金等对水污染、空气污染、噪声污染、土地开发与保护、森林资源保护等方面的投入和效果，用以评价政府是否履行了公共受托责任，是否致力于实现构建节约型社会和生态文明社会的目标。

四是可持续发展类指标：衡量财政资金的投入方向是否与国家产业政策方向相一致。促进政府树立可持续发展意识，着力于公共基础设施建设等能够带来可持续经济、社会发展效益的项目。主要审查诸如基建类专项财政资金的投入和产出效果，用以评价政府是否立足长远，以实现健康可持续发展。

五是群众满意度指标：衡量财政资金收入和分配过程的平等性或均等性。促进政府树立群众意识，着力于保证公平公正。主要审查财政资金的接受对象是否受到公平公正待遇，幸福感与满足感如何，用以评价财政资金应用的公平公正性以及所有地区、阶层和领域的群众满意度。

此外，还应结合重要性原则与审计经验扩展二级指标，注重评价标准的结构问题，合理设定指标权重，具体包括定性与定量指标权重和以上五类指标的权重。

（四）建立预算绩效审计结果公开和责任追究机制

为向公众传递对财政资金运用信息、增加财政资金使用过程透明度，首先，健全预算绩效审计结果公开制度，将财政资金预算绩效审计结果公开工作纳入常规化、规范化、法治化的轨道；其次，建立收集群众意见的渠道，加强与公众的交流沟通，加大对问题反馈的重视，并及时采取有效措施给予反馈；最后，提高预算绩效审计报告的质量，审计机关要从宏观经济发展大局出发，要正确客观地揭露财政资金绩效情况，对存在问题要认真查处，保持职业态度，并仔细分析问题产生的原因，提出具有较强针对性以及可操作性的建议，为以后审计结果的运用打下坚实的基础。

预算绩效审计不以发现和揭示问题为终点，更重要的在于对审计结果的运用和问题的整改落实。现阶段，预算资金分为基本控制数和追加奖励数两部分，而后者就是综合上有预算年度部门绩效评价与预算绩效审计优劣程度确定的奖励资金，形成预算绩效审计结果运用机制。被审计单位根据预算绩效审计中发现的问题，要给予足够的重视，深入分析问题产生的原因，确定合理的整改方案。同时加强整改过程实时监督，对整改结果进行评价和反馈。

绩效预算理论新发展与启示

中国社会科学院财经战略研究院副研究员　赵早早

内容提要：如果绩效预算改革的目标被单一地确立为增加绩效评价信息对预算决策和预算资金分配结果的影响，那么改革将很难成功。本文构建多层次制度主义框架并指出，未来绩效预算理论的关注点应该转向更广阔的制度和管理层面。中国未来改革需同时重视外部经济、政治和社会等宏观因素以及政府内部组织文化、技术能力、领导人意愿等多重管理因素的影响，均衡地推动改革深化。

关键词：绩效预算　预算绩效管理　制度主义　多层次制度主义

中国绩效预算改革始于 21 世纪初，改革日新月异，尤其是党的十九大召开以来，中国绩效预算改革进入新时代。新时代改革对理论的需求更加迫切。本研究集中梳理了绩效预算理论的发展脉络，清晰界定既有的研究范式及其特点与不足。在此基础上，利用国际比较研究的方法，提出一个多层次制度主义绩效预算理论框架，尝试拓展绩效预算理论对实践差异性的解释力度，并为中国未来改革提出政策建议。

一、绩效预算理论发展纵览

1910 年至 1950 年间，西方国家一直在摸索如何将绩效评价信息与预算决策之间建立某种关系，让政府的资金花得更合理、更有效果。在第二次世界大战之后，西方各国面临战后重建的压力，经济发展和财政收支压力都很大，各级政府被迫开始重视政府开支的绩效问题，并从 20 世纪 50 年代开始尝试推进不同的绩效预算改革方案，试图通过搜集和分析绩效信息来影响或部分影响预算决策。

随着这些改革的推行，西方学者在过去几十年里一直在研究绩效预算的性质、推行的理念和原因、改革的成败因素、现实可行的改革策略。这些发展可以分为两大类研究和理论范畴：

第一类是概念性的理论研究，即通过对不同实践的总结和归纳逐渐形成关于绩效预算的定义或分类。此类研究起源于 20 世纪 60 年代，以美国著名预算专家 Schick 为代表推动。1966 年，Schick 根据美国公共预算改革实践率先提出公共预算系统分类理论，即一个预算系统内可以分为"计划""控制""管理"三大功能，不同预算系统又因赋予三大功能的重要性存在差异，可以被分为三类模式，即"控制类""管理类"和"计划类"。[①] 他认为，以结果为导向的绩效预算模式应该是"计划类"预算的代表，而其理想状态就是在系统中将"计划—管理—控制"三项职能进行明确区分，绩效预算主要做"计划"的事情，而将管理和控制的功能交给预算系统中以运营和监督为主要职能的其他部门来操作。Kelly 和 Rivenbark 认为，绩效预算是对分行列支预算（Line item）[②] 过程的一个扩展，而不是一个单独孤立的代替分行列支方法的预算工具。他们认为一个政府如果考虑使用绩效预算系统的话，首先就需要做一个详细的计划，并考虑如何让其融入现有的预算过程，如果分行列支预算方式一直存在并对预算实践产生实质性的影响，绩效预算就必须考虑如何与这种方式互相配合以推动改革。[③] 最近十多年，有一批新的学者，根据绩效信息对预算决策的影响程度，将绩效预算的概念重新厘定，分为"完全影响型绩效预算""参考型绩效预算""报告陈述型绩效预算"。这种理论划分最近对绩效预算改革与实践的影响非常广泛，很多国家或政府想根据绩效评价信息的实际影响来判断自己国家或政府的绩效预算改革处于何种阶段。尽管第一类"完全影响型"在理论研究中被列为最能够解答 Key 在 1940 年提出的预算核心问题，[④] 很多政府也希望建立起此模式，追求理性地把绩效信息和预算决策结合起来。但实际操作中很快发现，"完全影响型"的绩效预算很难实现。有很多现实的条件令绩效预算往往只能做到"参考型绩效预算"的地步，甚至只能停留在"报告陈述型绩效预算"的阶段。

---

① Schick, A. The Metamorphoses of Performance Budgeting. The OECD Journal on Budgeting, 2014, 13 (2): 49 – 79.
② 分行列支预算是指按照项目内容列式出预算条目的预算方式，是预算的基本方法。
③ Kelly, J. M., and Rivenbark, W. C. Performance Budgeting for State and Local Government, 2nd edition, New York: Routledge. 2011.
④ Key, O. The Lack of Budgetary Theory. American Political Science Review. 1940, Vol. 34 (12): 1137 – 1144.

这些难题，引发了第二类的绩效预算理论的发展。这一类属于解释性理论研究，主要希望解释绩效预算改革及其实践成败的原因，并探讨绩效预算在不同的政治、社会、经济和组织背景下，如何可以运作得比较有效。Andrew 提出的三要素模型，即"授权""能力"和"信息可接受程度"三大因素对绩效预算实践共同产生影响。① Andrew 认为，绩效预算中的绩效信息及其信息产生的过程，需要与现有预算过程相互配合和协调，确保绩效信息的合理、科学和可信，需要得到立法、行政及其人员的接受、认同和使用，并且需要所有相关者具备足够搜集、分析、理解绩效信息的能力和技术手段。另外，也有一些学者具体研究影响绩效预算改革成败的因素。有理论指出，可以用既有的政策执行理论来研究绩效预算的成败，影响因素包括执行者的能力与资源，执行方式是自上而下还是自下而上，领导的重视和支持，执行时所采用的激励方式等。Radin 提出，在推行绩效预算过程中，不同参与者的要求和他们彼此之间的冲突，也会影响绩效预算改革的难度，并影响改革最终成败。② 另有一些学者指出，如果一个政府在推行绩效预算时有正式立法，要求部门参与与支持，并有清楚的推行时间表，这样的绩效预算，应更能影响部门的行为，促进改革成功。还有研究总结提出了 27 项因素可以影响绩效预算的应用和最后的成败，具体分配在政治、组织能力、立法力度和推行方法四个方面。③

二、重思绩效预算理论：多层次制度主义视角

既有的西方绩效预算理论研究，主要基于西方绩效预算实践发展而得，都十分有参考价值。但是，这些研究均存在三个盲点，一直以来未得到应有的关注。

第一，研究对象有盲点。大部分研究都以欧美发达国家为对象，重点研究绩效信息在既定欧美政治体制和预算过程中的作用和效果，并分析影响实践成败的

---

① Andrews, Matthew. Authority, Acceptance, Ability and Performance - Based Budgeting Reforms. International Journal of Public Sector Management, 2004, 17 (4): 332 - 344.

② Radin, B. A. The Government Performance and Resolits Act and the Tradition of Federal Management Reform: Square Pegs in Round Holes? Journal of Public Administration Research and Theory, 2000, 10 (1), 111 - 135.

③ Lu, Yi, Zachary Mohr, and Ho, A. T - K. Taking Stock: Assessing and Improving Performance Budgeting Theory and Practice. Public Perfor mance and Management Revies, 2015, 38 (3), 426 - 458.

因素。这些理论有意或无意地忽视了既定的政治、社会、文化、政府能力等制度性因素对绩效预算实践所产生的实质性影响。换句话说，基于欧美制度背景产生的绩效预算理论，研究出来的改革成败因素并不一定完全适用于其他发展中国家或绩效预算改革刚起步的国家。这种理论具有一定的独特性和外部效用的局限性，不能将其视为放之四海而皆准的完美理论。

第二，研究假设有盲点。以欧美国家及其绩效预算实践为研究对象的理论，假设之一就是绩效预算的成功主要体现在立法与行政之间的博弈结果能够影响立法层面的预算决策。然而，过去30年，尽管绩效预算是理性预算改革的主要模式之一，也无法完全脱离政治因素的影响，尤其无法摆脱立法和行政之间复杂的制衡体制的影响。随着欧美国家政党博弈和选举政治的不断发展，政治决策过程也变得愈来愈极端化和碎片化。在这种环境下，预算立法过程往往非常政治化，绩效信息在拨款过程中的理性应用，往往受到很大的政治阻力。这也是最近很多观察欧美绩效预算发展的学者都认为绩效预算已在预算政治白热化下彻底失败的重要原因，他们大都认为经过几十年发展的绩效预算，最多也只能做到"参考型绩效预算"。但这些研究或观点的盲点就是只关注到全预算过程中立法拨款过程中的政治化问题，而忽略了预算过程中行政机关也可以有效地利用绩效信息提高行政管理绩效，进而提高公共财政资金使用效果的现实。换句话说，绩效预算可以作为行政机关的一个有效的预算管理工具，在预算管理过程中发挥更重要的作用。

第三，研究视野有盲点。既有以欧美国家为研究对象的理论，视野限于欧美国家绩效预算实践，扎根于欧美国家基本相似的文化和社会背景。国际比较研究成果发现，在不同的国家，既有的文化传统等因素会对绩效预算改革产生潜移默化的影响。在绩效预算改革初期，绩效理念与不重绩效的传统，同时存在于绩效预算改革的整个过程中。尤其是刚刚开始推动绩效预算改革的发展中国家，绩效预算所倡导的很多理念会受到既有文化背景、社会传统等因素的消解。正如拉锯战一样，此消彼长态势总会在绩效理念与传统理念之间交替出现，直至一方完全战胜另一方，那么结果就是两种，或者绩效理念被广泛运用于实践，或者被传统所吞噬而消失不见。

综上所述，若要推动绩效预算理论的再发展，未来研究必须深入理解绩效预算的本质和成败，从多层次的角度来深度挖掘。绩效预算作为理性预算模式的主要代表，被引入到不同国家政府和社会的预算过程时，往往呈现出千差万别的实施形式，有些国家政府比较成功，有些地方却困难重重，这些经验，说明绩效预算本身不是一个封闭系统，它会受到多重因素的影响。这些因素不仅包括外部经济、政治环境等宏观因素，而且包括改革相关者的认可度和接受程度、法律和程序、个人能力和组织能力、激励或确保雇员按照绩效逻辑行事的机制、政府与其他利益相关者之间的权力关系等因素。因此，绩效预算具有明显的制度性特征，这些制度性特征不仅包含组织结构、过程、规则，而且还包括影响制度发展的个人行为、组织行为、历史传统、社会文化。基于新制度主义理论，制度不仅不是一成不变的，它的形成、变化与发展实际上受到外界环境的影响，这些影响因素主要包括经济因素、政治因素、历史因素和文化传统，而且也不能忽视个人和社会资源因素在制度变迁过程中可能起到的作用。人类在任何时点上的任何一次选择，都会影响到未来的选择及社会发展的可能性，并且制度一旦建立起来，就会对未来的行为和决策产生持续的影响。

按此思路，我们认为可以将概念性理论研究和解释性理论研究整合，以多层次制度理论的角度，研究在不同环境和体制条件下，绩效信息能发挥的影响。我们认为，用这样的角度才可以更客观、更合理地看清绩效预算的性质、应有的作用及其局限。在此，我们提出绩效预算制度分析的五大层次（见图1）：

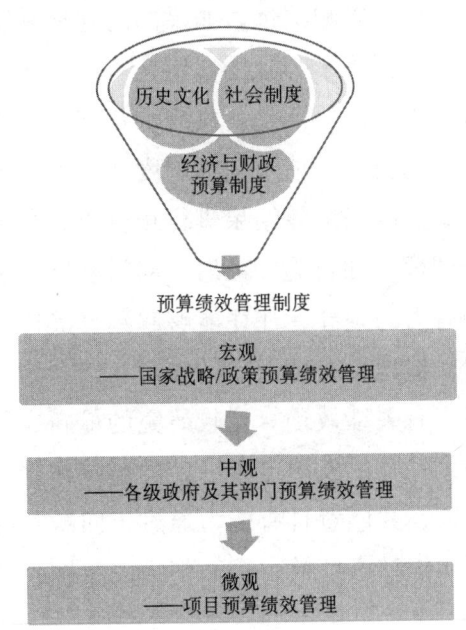

图1 绩效预算的多层次制度主义分析框架

（一）最基本层次：项目绩效管理层次

绩效预算的基础是政府各类支出项目，将项目层面的绩效管理工作做扎实，是绩效预算的基础和核心。项目绩效管理是指针对不同项目确立绩效目标、活动计划与产出、投入和资源分配、项目结果与绩效。通过项目绩效管理过程，包括绩效目标设计、绩效评价和追踪，管理者可以进一步明确围绕项目实施的各类参与方的责任、权力和义务，理清楚计划权力、管理权力、控制权力三大预算权力及其所属部门之间的关系。真正让项目的绩效目标和计划能够反映出解决社会问题的政策方向，通过项目实施能够恰当解决政策目标所指向的问题，尽可能让社会、经济、甚至项目相关的个人从项目执行结果中获益。

（二）第二层次：部门绩效组织环境与部门领导

部门是项目的管理主体，所以项目的管理优劣和资源分配的结果往往受制于整个部门的组织环境与权力结构。首先，部门组织能力非常重要。组织能力主要包括组织及其内部人员对绩效预算的认知水平和知识结构、绩效评价方法的使用娴熟程度和技术水平、整理和分析相关绩效信息的能力、报告绩效评价结果的能力等等。其次，部门文化环境影响深远。如果部门管理制度已经建立起为高行政绩效而工作的激励机制，也得到了公众的广泛认可，那么部门的绩效管理就可以更多地关注最终的绩效成果和政府活动所实现的最终社会效果，同时也可以减少对项目人员具体的行政行为控制，绩效预算制度在预算资金分配中的原则也会放弃过程控制方式，紧盯最后的高绩效结果进行预算资金分配，并持续激励这种促进实现高绩效的政府管理模式和行为。最后，部门领导人往往也是组织变革成功的主要因素之一。强而有力的领导者往往能够起到打破传统制度惯性并推动改革的重要作用，他们可以塑造出具有感召力的理想、信念等，并借助这些象征性符号的号召力来推动改革。有关绩效预算比较研究的最新成果也发现，政府部门的领导者个人行为会对绩效预算的发展产生一定的影响作用。政府部门的领导者如果对绩效预算的认知清晰，并愿意且有能力通过正向激励的方式实现组织内部上下一心，并形成为实现组织核心绩效目标而努力的氛围，那么绩效预算也容易产生积极结果。

（三）第三层次：政府整体能力和治理环境

绩效预算如要做到对整个政府的政策制定和管理都有积极的影响，它的设计和推行，必须超越单个部门，以部门整体为单位实现绩效管理和对绩效预算的追求。从政府整体来讲，把绩效预算理念和方法一步一步地运用到所有或大部分的部门和项目的预算过程内，从项目绩效预算管理上升为部门整体绩效预算管理，然后再上升为政府整体绩效预算管理的过程，这是一个复杂的、系统性的、循序渐进的、漫长的过程。与此同时，必须注意到绩效预算作为政府管理制度的主要内容之一，也不能摆脱既有政府管理制度的约束，绩效预算需要整个政府绩效管理制度的同步提升，形成以讲绩效为主的行政文化氛围、组织管理方式和行为方式，甚至包含领导者和管理者的引导方向等。在这一转变过程中，政府整体的治理能力和所掌握的资源，政府财政部门与其他职能部门的预算权力关系，财政部门对所有部门的监管能力，等等，这些方面都对改革起到关键作用。另外，立法机关的支持和重视，也十分重要。

（四）第四层次：社会和经济环境的压力和机遇

从不少欧美国家改革经验看，绩效预算的启动，往往是因为外部的社会和经济压力，迫使政府要更重视政策效果、部门运作效率、公共服务对市民的影响，使有限的资源可以发挥最大的作用。比如美国在第一次世界大战后，因为债务压力增加，所以国会在1921年通过历史性的预算法，成立联邦政府预算处（Bureau of Budget），开始对部门开支做出比较有系统的行政审批，在预算过程中，要求部门提交成本和运作效益的信息。第二次世界大战时期和战后，美国和西方各国又再次面对大量的债务和社会重建的压力，因此，美国在20世纪50年代开始，又引进新的预算改革，按胡佛委员会（The Hoover Commission）的建议，正式要求联邦政府推行绩效预算，并将此概念和系统推广到很多接受美国援助的国家。类似的经济和社会压力，也出现在其他发展中国家早期的绩效预算改革历程中，直接或间接地促进了这样的改革。中国的绩效预算改革虽然起步比其他国家晚，但在过去十多年的改革路径上，也可以看见社会变迁和经济压力对某些地方改革的推动作用。

（五）第五层次：文化、价值观、历史的局限与演变压力

最后一个分析层面是一个社会的文化和价值观对绩效预算的认可或挑战。过往大部分的研究和理论，都集中看组织和政治体制层面的因素，往往忽略了社会文化的深层次问题和局限，但在现实的改革进程中，特别在非欧美文化的国家当

中,文化差异可能是导致绩效预算改革变得艰难的主因。从文化层面来讲,绩效预算改革包涵了对技术理性假设的包容性,也假定执政者和官员都支持政府信息公开与政府透明,如果这些价值判断跟既有的社会文化有冲突,不容易被官员接受,那么绩效预算改革纵然能推出,也只能成为"橱窗里的摆设",难以取得实质性效果。

三、多层次制度主义对推进绩效预算改革的启示

利用多层次制度主义框架研究绩效预算的本质和实践,可以看出绩效预算改革不能回避宏观经济、社会、文化环境等因素的影响,同时也受到既有社会制度和经济制度的约束和限制,具体而言,我们可以引申为以下理论推断,供实证研究者参考:

(一)推断一:绩效预算推行失败的致命问题是项目和部门层面的能力不足

若要顺利推进绩效预算改革,具体执行工作的行政人员的能力就显得非常重要。专业行政人员需要熟悉财政预算知识,具备一定的公共经济学和公共管理学基础,能够娴熟地运用各类绩效评价工具与方法,掌握海量数据分析的相关技能等。不少发展中国家,因为经济实力不够,难以聘用到有足够能力的专业行政人员支持绩效预算和项目管理的工作,也没有财力对相关行政人员开展必要的培训,甚至不能为绩效评价提供所需要的计算机来支持复杂的信息搜集和整理分析等工作,结果无法收集可靠有用的绩效信息,更谈不上分析和结果应用。

(二)推断二:经济条件、财政压力与绩效预算改革的非线性关系

尽管管理能力和水平是最重要的,但宏观经济条件和财政压力也会影响绩效预算改革进程。如果政府在极端贫困的发展阶段,因为缺乏资源和行政能力,也谈不上用绩效预算作为预算管理的工具。反之亦然,如果经济太丰裕,财政压力完全不存在,部门的钱是够花的,推行绩效预算的动力可能也不大。总体来看,绩效预算改革最可能在以下两种情况下产生和发展:一是经济有一点下行压力,

部门必须慎重考虑有限的资源如何可以安排得更有效果;二是经济总体情况还不错,能够给政府足够的财力,让政府部门可以投入财力以不断提升行政能力,如电子政府建设、行政管理人员绩效评价专业知识培训等。详见图2。

(三)推断三:领导可以改变绩效预算的目的、策略、改革力度和结果

在宏观环境和绩效预算管理系统之间,关键的领导人起到很重要的作用。有效领导者能够缓解或者巧妙应对外界造成的压力,找到推动绩效预算实施的机会,正确设计并主动调整改革目标,在组织管理过程中恰当地分配任务,甚至积极应对制度性变革带来的新问题。如果领导者具有极强的个人能力且善于抓住任何可能的机会窗口推动改革,那么就能促使改革和新制度建设不断走向成功,这也是促成绩效预算成功的关键因素之一,图2显示了有效的领导可以起到的推动作用。

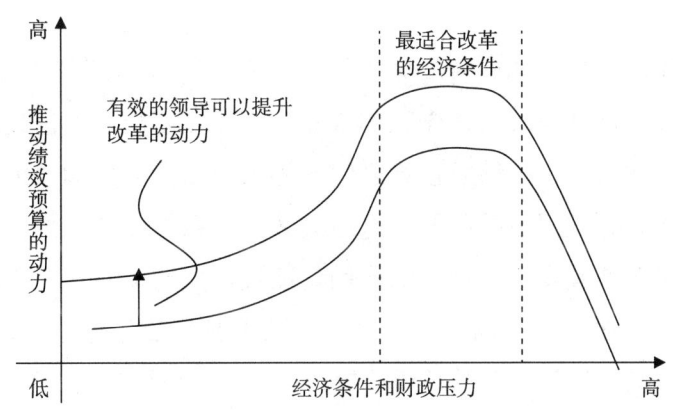

图2 经济条件和财政压力与绩效预算改革动力的关系图

(四)推断四:绩效预算改革是权力重新配置的过程

绩效预算一方面会受到既有体制权力分布的影响,但同时也会引发权力结构的变化。这种权力变化通常不是在政治层面,而主要在行政预算管理层面。尽管,在预算过程中,立法机构或议会使用绩效评价信息是非常重要的,也是绩效预算传统的战略目标,但是,绩效预算更是一个行政预算管理的工具,其目的是为了实现计划目标和管理目标。谁有设立绩效目标和指标的权力、谁能控制绩效评价过程、部门能否使用绩效评价结果跟预算管理部门讨价还价等,都是重要问题。

改革成功推进更需要参与各方之间不断探索讨论,以达成共识。

(五)推断五:绩效预算是一个漫长的体制演变过程

政府统一绩效认知并改变组织文化不是一朝一夕之事。业已形成的政府组织文化,不仅受制于社会文化的影响,而且受到政府组织中领导人个人风格的影响。政府组织中每一个成员对于文化的认同度,也会影响组织目标的实现效果。政府绩效管理改革需要改变传统的组织文化,将其变得更简约、更高效、更灵活、更负责,这种涉及整个组织甚至组织中每个人的文化变革,需要时间,需要强有力的领导力,更需要广泛认同,而这些都不是一蹴而就的事情。

(六)推断六:绩效预算应更多被理解为行政主导的预算管理工具

绩效预算不应被单一地视为改变预算分配的工具,而应作为增加财政透明度、促使政府财政支出能够与政府优先工作或重点工作相匹配、促进组织提高学习能力的一种方式。绩效管理与绩效预算之间的界限开始变得模糊,绩效预算的理论与实践需要更重视管理层面的问题,将绩效评价信息可能产生的积极影响放在正确的环节,有助于使其发挥更积极的作用。绩效预算的核心目标正逐渐转向更广阔的制度和管理视野,利用绩效评价结果来改变预算决策过程、优化管理流程、提升组织能力、培育绩效文化与环境等等,促成绩效预算与绩效管理的有效结合,更有助于实现合理、经济、有效地使用财政资金的目的。

四、对中国预算绩效管理改革的启示

按照本研究提出的绩效预算多层次制度主义理论,中国绩效预算改革的方案设计和路径选择需要充分考虑中国经济、社会、文化等因素的影响,重点关注绩效预算管理系统的建设,尤其是绩效预算对行政管理领域改革的促进,不断提升各级政府的绩效预算知识、技术与能力,在全社会创立正确理解绩效预算的社会文化氛围。具体来看,中国的绩效预算改革未来需要重视微观、中观、宏观多层次制度设计和实践。

（一）继续完善项目预算绩效管理

项目预算绩效管理是绩效预算的起点和基础，包括明确项目绩效目标、选择关键性绩效评价指标进行测量、推动项目管理过程以提升项目绩效水平、创建讲求绩效的管理文化、给予项目执行者恰当的自由裁量权、加强项目执行后的监督和问责。明确项目绩效目标是政策目标的具体表现形式并有助于项目执行部门完成职能目标。项目绩效目标可以成为"美好需求"与"有效服务供给"的桥梁。预算绩效管理的起点是确立合法、合理、合规、科学的绩效目标，绩效目标的确立依据是国家战略及其核心政策，通常国家战略和重大政策的目标就是为了解决公众对美好生活的向往和需要与发展不平衡不充分之间的矛盾。一方面，明确供给服务目标。绩效目标的确定过程是落实国家战略和重大政策的过程，是各级政府及其各部门为实现国家重大战略而明确具体工作目标的过程，是确定提供什么样的公共服务的过程。重视绩效目标，就是重视国家战略与计划的具体落实，也就是重视国家战略与计划如何更恰当地满足公众的需求。另一方面，明确需求现状及其变化。绩效目标的确定过程，也是各级政府及其政府部门充分了解公众需求的过程，通过自下而上地征集需求信息，可以确保工作目标更贴合公众需要、更符合不断变化的现实，也有助于通过了解需求更扎实推进国家战略的落实，尽可能促进战略目标、财政投入与公众需求、财政支出结果互相匹配。

（二）重视部门预算绩效管理制度建设

部门是具体项目的执行者，是维持政府运转的"细胞"，更是绩效信息的生产者和第一责任方。如何更好地将有限财政资金使用到更有用的地方、达到更好的效果，这需要使用财政资金各方的积极配合。为此，加强部门整体预算绩效管理制度建设，促进各部门树立绩效理念、形成绩效文化、提高绩效管理的能力和水平，这是非常关键的环节。促进部门完善制度建设的关键点有三个：一是部门行政领导必须理解预算绩效管理的目标与意义，并能够将理念运用于部门内部管理；二是推动实现既有部门绩效考核与部门预算绩效管理的融合，将部门绩效考核真正与政策目标的实现、预算资金的有效分配与使用联系起来；三是明确制度建设不是为了奖优罚劣，而是为了促使每个部门内部形成合力，共同为实现政策目标和部门目标努力。

（三）重视绩效预算权力的合理配置

绩效预算权力分为决策权、评价权、分析报告权、监督与问责权、自由裁量权。权力之间需要相互制衡与配合，边界清晰且分工明确。其中，自由裁量权是预算绩效管理中"控制导向"与"绩效导向"的博弈点。从预算改革的国际经验看，预算的控制导向与绩效导向之间的冲突一直是主要矛盾。当前我国预算改革的控制导向较强。以精细控制为主导的预算有助于减少漏洞、抑制浪费、避免腐败，但由于预算的年度性原则，一般要提前一年确定支出的具体内容，这与发展迅速的中国现实国情有些不相适应，在一定程度上会影响财政支出的绩效。解决预算的控制导向与绩效导向之间的冲突，基本思路是简政放权，强化监管，充分信任以调动部门甚至个人的积极性，同时加强社会信息公开并接受社会监督。

（四）重视完善预算绩效评价报告内容和提高信息质量

预算绩效信息主要反映出评价的结果，更是管理和监督的依据。绩效信息透明化是预算绩效管理的制度特征之一，就是鼓励政府及其部门将绩效评价信息以容易获得、便于理解的方式向政府管理者、外部监督机构、社会公众、媒体等公布。预算绩效管理过程中不同的参与者对于绩效信息的需求是存在差异的。因此，需要针对不同参与者对预算绩效信息的不同需求，建立和不断完善预算绩效信息报告制度，提高预算绩效信息的质量。具体来讲，对于政府内部预算绩效管理而言，预算绩效信息公开的目的，是为了让管理者更准确、清晰、全面地把握预算执行的状况、存在的问题，为改善管理提供依据。对于社会公众来讲，政府掌握着预算绩效信息公开的主动权，政府公开的报告内容越容易被公众理解，公众越容易了解政府的所作所为，这也是建立有序的公民参与和监督制度的基础。随着新技术发展，绩效评价信息和报告的传播渠道、公开方式也需要不断做出调整。除了通过政府官网进行公开报告，也可以通过手机 APP 的形式与公众形成实时互动。随着大数据技术的广泛运用，预算绩效管理改革应该推动政府内部信息数据的整合，打破政府各部门之间、甚至部门中各处室之间的信息"壁垒"，推动实践数据可视化，同时为政府决策和社会监督提供全面、准确、便捷的大数据信息。

五、结语

中国根据国情和实践可行性,率先使用"预算绩效管理"概念,将绩效预算改革重点嵌入在预算管理的行政过程中,打破了西方背景下"绩效预算"必须在立法层面实现对预算决策和预算资金分配产生实质性影响的假设前提。中国是一个强行政的国家,中国政府将绩效评价工具引入预算管理行政过程,重点尝试在预算编制、执行和监督的闭环中使用绩效评价信息,是一种行政部门内部实现自我约束的重要改革举措。过去十多年的改革,逐渐促成政府及其部门在编制预算的时候尽可能考虑到长期目标、中期目标、近期目标之间的协调配合。另一方面,预算绩效信息在行政部门内部的公开和使用,在一定程度上能够成为政府领导者实现组织目标、优化组织管理的工具。当然,政府行政管理能否使用好绩效评价工具,利用绩效评价信息来改善组织管理行为甚至个人行为,行政领导者个人的能力和行政组织整体能力不容忽视。

总之,本文所构建的理论框架可以解释绩效预算不是一个孤立的系统。绩效预算受制于多层次制度主义因素的影响。若要在预算改革中逐渐确立关注结果而非过程的绩效理念和管理方式,绩效预算改革也必须及时且不断地推动既有制度及其刚性预算规则的改变,通过法律手段给予实践经验和成果肯定与保护。未来,中国改革深化的重点,不能只盯住绩效评价结果对预算资金分配的影响这一个维度,而应该更多地关注制度性改革,重视从绩效预算管理层面切入,推动改革对预算管理制度、管理行为、组织文化等方面的实质性影响,实现提升公共资源有效性的终极目标。

全面实施预算绩效管理路径与方法研究
——基于国际经验的视角

上海国家会计学院应用经济研究所副教授　赵敏

内容提要：作为政府治理方式深刻变革的重要抓手与建立现代财政制度的重要内容，全面实施预算绩效管理必然面临着我国政府财政体制复杂、收支压力增大、制度性与技术性基础相对薄弱等困难与挑战。因此，本文较为系统地梳理了OECD国家预算绩效管理现状，以及美国、韩国、澳大利亚等国家绩效评价体系发展历程、主要特点、工作机制等，从而借鉴其相关经验与教训，为进一步加强与优化中国预算绩效管理改革顶层设计提供参考。

关键词：绩效管理　国际经验　绩效预算

20世纪90年代以来，随着新公共管理改革的进一步推进，全球主要发达国家包括一些发展中国家开始推广与普及绩效预算，并在提高公共资金使用效率、改进政府部门运行、促进公共管理改革等方面取得了明显成效。随着我国现代财政制度改革的持续深入，特别是党的十九大召开以来，中国绩效预算改革进入新时代，绩效成为政府预算管理与改革的重要内容。但是与发达国家相比，我国预算绩效管理面临着工作起步较晚、理论与实践经验不足等困难，致使实际工作中存在着绩效评价体系不健全、自评价质量不高、评价结果难以应用、绩效目标体系不够等问题。因此，有必要借鉴其他国家的绩效预算改革的相关经验与教训，及时总结适合我国预算绩效管理工作的实施办法，不断加强与完善顶层设计，以更好地推进全面预算绩效管理工作。

一、OECD国家绩效预算现状与挑战

OECD《预算治理原则》呼吁各国"确保绩效、绩效评价和物有所值是预算

过程中不可或缺的一部分"。在OECD成员国内，绩效预算的发展已经跨越了数十年，各国政府已经利用绩效信息为资源的分配和优先排序提供参考，促进问责制和透明度，并建立了绩效文化，以提高行政效率和改善公共服务。

（一）主要发展历程

20世纪90年代，OECD国家政府再次试图将绩效信息纳入其预算流程。这项改革的核心目标是通过提供预算部门和项目的更高质量和更具体的绩效信息以改善决策。绩效预算与绩效管理、结果导向的管理紧密相连。这些改革也与减少投入控制、增加灵活度以提高管理者责任程度相关联，迫使管理者更好地提供公共服务。

根据《Government at a Glance 2017》，通过2016年OECD绩效预算调查的结果证实，26个成员国的绩效预算框架遵照了OECD的相关标准。各国政府报告均表明在推进问责制和透明度以及促进绩效文化方面取得了较大的成功。在没有列入绩效报告的国家中，各部委（如比利时和以色列等国）可以获得关于战略计划和绩效报告的指导。

超过2/3（18个国家）的OECD国家在预算资源配置使用绩效信息，从而明确地将绩效与分配决策联系起来。与2007年和2011年的调查结果相比，各国报告绩效报告中关于绩效表现差的内容展示得更多，从而有助于提升管理层的重视。此外，绩效对预算并未产生直接影响，绩效评价结果有时更多地用于预算暂缓和预算增加，直接用来削减预算的可能性更小。绩效指标的范围则从非常广泛（国家层面的关键指标和一级项目的系统指标/目标）逐步发展到更聚焦的项目目标/指标。

（二）OECD绩效预算的主要架构

近年来，经合组织高级预算办公室（Senior Budget Officials，SBO）对绩效预算改革产生了浓厚的兴趣。SBO于2004年建立了绩效和结果网络，以加深对各国实践的了解。此后，经合组织对绩效预算实践进行了四次调查（分别在2007年，2011年，2016年和2018年），编写了国别案例研究，并定期举行会议就成员国经验进行分享。通过对各国预算实践的深入审查，经合组织秘书处有机会仔细研究绩效预算做法并确定良好经验。

经合组织在《2015年预算管理建议书》中提出，现代预算十项原则中包括"绩效评估和物有所值是预算过程不可或缺的原则"，并呼吁各国政府使用绩效信息，但同时提出：一是每个政策计划或领域仅设置少量关键指标；二是所有目标清晰易懂；三是可以根据目标跟踪结果，并与国际基准和其他基准进行比较等。

（三）OECD国家绩效预算改革的路径

其实OECD国家推行绩效预算并没有统一的模式。即便采取了相似模式，不同国家也根据本国的行政能力、文化和优先性采取不同的执行方式。

1. 激进式改革。韩国在2000年左右短期内迅速推出了四项财政改革，创造了极大的改革压力和热情，降低了改革阻力。这类模式可以产生和保持政治和高层的利益，提供不同利益集团间相互交换的机会。但其不足之处在于很多国家都不具备所需要的强大政治决心和足够财政资源，并且很难在短期内有从错误中汲取经验的机会。

2. 渐进式改革。澳大利亚自20世纪90年代起施行渐进式的改革，使得澳政府得以小心谨慎地推进改革，并可以及时进行修正。渐进式改革可以从过往和其他的改革中吸取经验。但因为时间周期较长，如果一旦脱离了实际经验，改革目标就会难以达到。

（四）OECD国家绩效评价体系概况

1. 前评价与后评价体系。前评价对新增项目的事前评估用于通过设置关键绩效指标来改善项目设计，并促进绩效监测和事后评价。OECD很多成员国通过系统地使用事前评估新项目的方式来提高绩效预算的质量。前评估时会关注到项目目标与部门战略目标的一致性，对项目逻辑的解释以及对成本和项目影响指标（包括基线和目标值）的识别。前评估的相关分析有助于提高项目设计的质量，淘汰效果不佳的项目，并为后续的绩效监控和影响评估提供基础。

此外，公共支出的有效性以及纳税人获得物有所值的实际程度，一直是政府和公众关注的问题。理想情况下，项目评价应该在项目实施时或者完成后进行，同时事后评价的结果应反馈到战略预算决策过程中，并相应提高公共资金管理的透明度和问责制。事后评估过程通常会追踪多年来的累积而形成的效果，这就与年度预算过程脱钩，这一事实使确保评估结果影响未来支出决策具有挑战性。还有一个问题是，到后评价完成时，政府的注意力和精力已经集中在未来的政策和支出计划上。因此如何确保后评价结果与预算决策具有是比较大的挑战。

尽管事前评估和事后评价都被广泛使用，但经合组织调查的证据表明，所有类型的评估对预算决策的影响都有限，由各部委和中央预算局领导的评估的影响要比外部独立评估大。

2. 自评价与第三方评价情况。在经合组织国家，评价主要是由各部委进行的自评价，尽管在这一领域还有许多其他机构在积极活动，包括中央预算局、最高审计机关以及诸如大学和咨询公司之类的外部机构。不过在实践中，大多数经合组织国家虽然都有某种形式的绩效评估中央指南，但只有不到一半的国家有法律规定要求开展绩效评价。绩效评价并未得到有效开展。

（五）OECD国家评价结果应用情况

由于预算资源与结果之间的复杂关系，开展绩效评价工作应同时包括行业专家和预算专家。绩效欠佳或过高的原因可能是由于政策选择、项目设计、项目管理等内部要素，也有可能是超出管理控制范围的外部因素或选择不正确反映绩效的指标造成的。因此，在结果应用时需要检查所有这些因素，以便确定所需的适当操作。

目前比较好的做法是，很多国家预算法规要求对所有支出项目进行滚动评估，特别是优先考虑高价值、高风险和具有较高政治意义的项目。中央预算局还应该提供有关评价标准的指标与政策，并应要求将评估结果纳入预算决策过程。在智利，预算法要求将评估结果视为预算流程的一部分。在加拿大，鼓励各部委从绩效评估中提供证据，作为向财政委员会提交预算的一部分。

大多数国家财政部并不会用绩效信息进行财务奖励或处罚。如果简单按照绩效表现进行分配资源，则会带来以下问题：一是因为绩效好的项目预算越多，但可能与政府优先性和预算限制相冲突；二是因为绩效不好的项目可能有复杂原因，自动削减预算可能导致恶性循环；三是可能激励各部门操纵绩效数据。

事实上，在政府范围内系统地自动将绩效与预算分配联系起来并不是获取可靠信息和鼓励机构利用绩效信息的最佳方法。根据对20个国家财政部的调查，发现很少将绩效直接用于取消项目，更多用于削减开支或者下年度预算编制（见表1）。

表 1　　使用绩效评价结果的财政部个数

	绩效测量	绩效评价
用于取消项目	4	11
用于削减开支	15	10
用于预算编制	11	5

数据来源：OECD Best Practices for Performance Budgeting ①。

（六）OECD 国家绩效预算改革的共同挑战

2016 年《经合组织绩效预算实践调查》（2016 OECD Survey of Performance Budgeting Practices）列出了绩效预算改革的多项挑战（见图 1）。

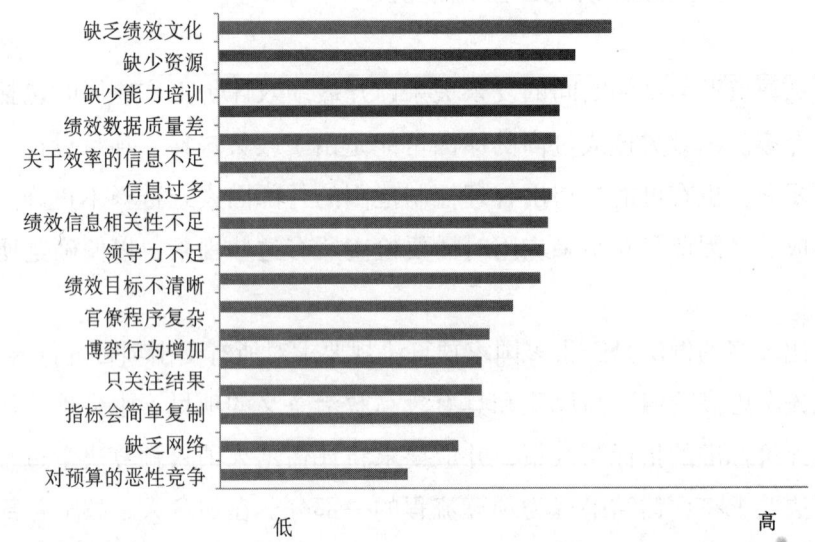

图 1　OECD 国家推进绩效预算改革的主要挑战

一是结果的测量非常困难：即便对于产出而言，有的特殊活动也难以测量，更别说效果指标。

二是受到政府人员的抵制：在预算部门，当管理层不明确绩效信息如何使用时可能会抵制；在财政部门，更倾向使用熟悉的预算模式，而不是绩效预算；总之压力会来自政府各个方面。

---

① OECD 国家的绩效评价是专指在绩效测量的基础上再开展深入的归因分析的总结性评价。

三是财政部门和预算部门的能力不足。财政部需要足够的人力和专业性,而预算部门同样需要专业人员来理解绩效信息。

四是难以改变政治家的行为习惯。在不同政治体制中,政治家的作用各有不同。OECD 国家中,缺乏清晰目标是共同问题,"官僚制"的国家更严重(美国)。大多数国家的政客都不关心绩效,只有19%的国家在立法中使用了绩效信息。很多政治家抱怨看不懂和太复杂;而本身绩效评价是对政治权力的约束,因此更加不受待见。

(七)OECD 国家绩效预算的相关经验与启示

1. 为绩效预算设定明确和现实的目标。目前,绩效预算的基本原理、目标和方法在预算法、相关法规或官方预算规则中在 OECD 成员国中均有了明确规定。并且在绩效预算系统的设计中反映了重要利益相关者在政策周期中的作用和利益,包括政府部门、立法机关、中央预算局、各部委和最高审计机构等。此外,绩效预算系统的方法和范围要适应各国国情和实际限制,包括员工技能、绩效数据的可用性以及政府绩效文化的不同发展阶段等。

2. 将绩效预算与政府的战略目标联系起来。绩效预算与国家绩效框架紧密相关,包括战略政策目标,发展计划和行业战略等。各国可在中期支出框架提供切实可行的绩效目标参数,以便更好地制定、规划和实施战略计划。同时,将基于证据的支出分析与绩效预算结合使用,以改善资源与政策重点的一致性。政府与中央预算局密切合作,监督优先政策目标的执行情况,协调政府机构之间的行动并解决限制。

3. 使绩效预算能够适应复杂而不断变化的决策需求。所有的绩效预算方法均需要设置一定的灵活性,以处理不同性质的政府业务,并可以识别投入与成果之间的不同关系。此外要通过协调机制和获得高层政府支持,从而解决复杂、持久和多维的社会问题。

4. 能够有效管理绩效信息。各国中央预算局指导绩效信息的生产和使用,不断提高质量而不仅是增加数量。绩效指标、阶段性目标值和最终目标值均须与国家政策和战略文件中确定的指标一致。各个部委要更多地使用成果和产出指标以及其他指标来衡量实现政策目标的进度。另外,绩效指标在可行且符合政府政策目标的情况下,可促进在同一国家或国际范围内的类似项目之间进行比较。国家审计机关在审查和验证绩效目标的实现以及更广泛地评价绩效框架的质量(包括计划逻辑模型和指标）方面发挥作用。

5. 创建基础架构以支持绩效预算。绩效预算由各部委和中央预算局内部的核心专家团队支持。绩效预算方法论得到详细指南和预算分析师培训的支持。财务管理信息系统还同时集成了非财务的绩效数据，以生成满足不同用户不同需求的报告。在绩效预算方面，立法机构和最高审计机构的监督作用和能力得到了充分发展。

6. 确保对绩效进行系统评价和监督。各部委的高级管理人员和项目经理组织有组织的讨论，以全年定期审查财务和运营绩效。对所有主要支出计划的绩效进行滚动评估，并将这些发现视为预算编制过程的一部分。同时，年度预算中规定的绩效目标是相应的年度绩效报告的主题。最高审计机构对重要或高风险计划进行绩效审计，并测试绩效数据的相关性、准确性和可靠性。立法机关的预算和会计委员会定期审查基于绩效的预算报表和年度绩效报告。监督各部委活动的委员会根据政府提供的绩效报告和绩效审计报告进行公开听证，并要求部长和高级公共管理人员在绩效不佳或虚假陈述时承担责任。

7. 激励以绩效为导向的行为和学习。特定的个人和团队对绩效目标的实现负有责任。同时对计划绩效的实际结果既强调承认成绩，更强调学习和解决成就不佳的问题，而不是简单地获得财务奖励或削减预算。政府同时也会倡导更广泛的绩效管理文化，以支持绩效预算。

二、OECD 国家绩效预算改革的相关经验小结

（一）绩效预算改革得到了更多国家关注

世界各国政府对提高预算支出的效率和效果以及提高公共资金使用的透明度和问责制表现出持续的兴趣。从 20 世纪 60 年代初期在美国引入绩效预算的努力开始，将预算分配和管理与年度预算过程内外的结果相联系起来的改革在世界各国逐渐得到了发展。在 20 世纪 90 年代，澳大利亚、新西兰、英国和荷兰等国掀起了第二轮以绩效为导向的预算改革，这在很大程度上受到了新公共管理理论的影响。在过去的 10 年中，更多的国家（通常是中等收入和低收入）采用了绩效预算或致力于这一想法。同时，美国、澳大利亚和荷兰等国者已开始全面改革绩效预算的传统方法。

(二) 绩效预算改革有序推进需贴合各国国情

本文考察了澳大利亚、韩国、菲律宾和美国等国的绩效预算经验教训。从各国发展的历程中，基本可以得出相关结论：必须要明确开展绩效预算的目的，以及采取针对各国国家特定文化与背景量身定制改革的路径与方法。从相关文献中可以看出，一些低收入国家和中等收入国家可能会倾向于采用教科书式模型而不是本国实际经验来反映绩效预算的政治承诺。因此，当绩效预算未达到期望时，失望就不可避免。因此，未来中等收入国家通往下一代绩效预算的途径既需要有明确而远大的计划，更要在实践中不断小心摸索，适时总结适合本国的经验。

(三) 绩效预算改革有效性还有待进一步考察

绩效预算具有深远而持久的吸引力，因为它旨在通过更透明、更高效率、更有责任地配置资源来改善公共部门的绩效。然而多国实际开展绩效预算的路径却显示，绩效预算往往承诺要开展基于证据的决策，而实际中并非如此。很多学者也质疑绩效预算本身的有效性，因此还需要进行绩效预算的有效性评估，才能佐证改革的必要性与实际结果。但各国实践也表明，只要能规避绩效数据被操纵或者被刻意选择的风险，就可以合理地将绩效预算作为提高问责制和透明度的工具而得到更好的推广。

(四) 绩效评价结果应用机制需要复杂而又灵活

各国在推进绩效预算过程中，均强调绩效数据与预算报告过程之间须加强联系。然而实践表明，绩效数据可能会出现在预算中，但对预算分配决策的影响很小。在财政危机期间，政府倾向于恢复经济的优先次序，会在很大程度上忽略了项目绩效数据。同时考虑到预算支出和实际结果之间通常非常复杂的联系，且年度预算时间过于紧张（不足一年），因此难以对项目质量进行全面评价。

(五) 绩效预算改革必须系统而又长期

实践还表明，绩效预算必须有其他配套改革才能推进，特别是要重视鼓励公共部门管理人员关注实际绩效和成果,否则仅改革预算流程的孤立计划不太可能成功。首先,人力资源管理系统可能需要进行调整,以将职业发展和奖励与成果联系起来。其次,前评价、监控和后评估系统可能需要重新定向,以优先考虑计划结果;再者还会涉及政府会计改革以及战略管理改革等。上述系统性改革如果与现行的管理文化背道而驰,则结果可能是失败。因此必须需要政治领导来改变文化,这可能取决于在相当长的一段时间内的持续努力。

三、对我国全面推进预算绩效管理的启示

根据对全球多个发达经济体与发展中经济体推进的绩效预算改革进行了分析,同时结合我国全面推进预算绩效管理的目标与现状,本报告总结了下列启示:

一是必须根据中国国情明确绩效改革目标:各国推进绩效预算改革的动因各不相同,并且由于各国政治和行政环境不同,可能会带来不同的效果。研究发现,对于拥有强大中央集权政府的国家来说,绩效预算改革的目标通常是使预算对国家目标和政策优先事项更加敏感。其他国家则认为,改革可以为管理人员提供更大的灵活性来分配资源和进行创新,从而改善公共服务质量与效果。新时代中国特色预算绩效管理必须要结合中国具体国情,如经济、财政、政治、文化等,为全球预算绩效管理贡献中国智慧。

二是绩效预算不止关注预算:由于许多国家预算周期都是一年(实际项目预算执行往往不足一年,甚至只有几个月),因此无法对年度计划绩效进行有效评估。各预算部门是绩效信息最重要的使用者,仅将关注点放在预算流程则会严重低估绩效预算对于项目管理的价值。

三是充分意识到组织能力限制:一些绩效预算推行较慢的国家通常是因为严重低估与绩效预算系统运行相匹配的行政管理和分析能力。即使是经合组织国家,也很少会拨出足够的资源来提升组织能力。许多国家可能缺乏深化机构改革的动力和动力。同时由于绩效预算相对复杂,绩效预算改革早期阶段可能需要简化。

四是注意避免绩效信息超载:推行绩效预算的国家通常会产生过多的指标与绩效数据,从而导致信息超载,引发结果应用的混乱,因此必须严格控制项目和指标体系的复杂性。

五是注意避免绩效指标的负面影响:一些重点重大项目,特别是民生项目或是公共服务类项目,需要设计全面、系统且不容易引起歧义的指标体系。但在实

践中通常会发现过度关注绩效指标值可能会变相激励预算部门产生博弈行为,甚至会产生操纵绩效数据的情况,从而会给政府带来严重的信任危机和绩效合法性问题。因此,设置并监测合适的指标体系至关重要,避免引起负面影响。

六是要做好渐进式改革的长期准备:绩效预算最大的挑战是改变公职人员的理念和行为习惯。在其他政府会计、人力资源、战略管理、政府采购等相关公共管理改革举措的配合下,通常需要十多年甚至更长时间的努力才能引入以绩效为导向的文化。改革的过程注定是缓慢的、复杂的,甚至是反复的。因此,需要各国在改革过程中不断汲取经验教训。实践表明,绩效预算取得较大进展的国家是通过不断总结教训而逐步完善而优化。

四、小结

从各国绩效预算发展历程中可以看到,针对各国国家特定文化与国情量身定制的路径与方法是绩效预算改革成败的关键。在事实上,我国根据自己的国情采用"预算绩效管理"概念,形成了有中国特色的绩效预算管理模式。实践中,持续关注绩效数据的相关性、有效性和准确性,就可以合理地将绩效预算作为提高政府问责制和透明度的工具而得到更好地推广。目前,全球在绩效预算领域内取得较大进展的国家是那些愿意不断调整适应而不是简单放弃或是反复变化的国家。只有坚持不懈地持续推进,绩效预算才能建立信誉,并逐步根植于组织文化。对于绩效预算而言,成功与否取决于能否赢得公职人员和社会公众的高度信任和尊重。

智能预算绩效管理体系建设研究

北方工业大学财政绩效管理研究中心副教授　毕瑞祥

内容提要：预算绩效管理涉及财政资金流信息、财政资金支出项目建设信息和运营信息等，信息涉及面广，数据量大。随着大数据、云计算、人工智能等信息技术在预算绩效管理中的逐步应用，预算绩效管理体系信息化、智能化会成为主流趋势。本文分析了智能预算绩效管理体系建设的指导思想、基本原则、建设路径、维护调整机制等，分析了财政大数据与智能预算绩效管理体系的关系，探讨了建立智能预算绩效管理体系的策略。

关键词：预算绩效管理　财政大数据　指标库　智能预算绩效管理系统

《中共中央 国务院关于全面实施预算绩效管理的意见》提出，为提高财政资源配置效率和使用效益，我国力争用3—5年时间基本建成全方位、全过程、全覆盖的预算绩效管理体系。这一顶层设计将破解当前预算绩效管理存在的突出问题，以全面实施预算绩效管理为关键点和突破口，推动财政资金管理优化，提高公共服务供给质量，增强政府公信力和执行力。如何借助成熟的大数据、云计算、人工智能等信息技术，实现预算绩效管理体系化、信息化，建立智能化预算绩效管理体系，对加快推进预算绩效管理工作具有重要意义。

一、建立智能预算绩效管理体系的重要意义

（一）有助于深化财政改革，建立现代财政制度

建立智能预算绩效管理体系，可以在强化财政监督和绩效管理的基础上，为建立规范完整、透明高效的预算管理机制奠定基础，有助于深化财政改革，建立

现代财政制度。

（二）有助于优化财政管理流程，提升财政管理绩效

建立智能预算绩效管理体系，充分利用现代信息管理技术手段，推进以财政大数据、绩效指标库、预算绩效管理系统等为主要内容的预算绩效管理信息系统建设，优化、规范预算绩效管理流程，提升财政管理绩效。

（三）有助于加快建立现代财政治理体系

财政信息客观、准确、及时、全面是建立现代财政治理体系的基础和关键，预算绩效管理涉及各类结构化信息和非结构化信息，信息的复杂度远超传统的结构化财政信息，建立智能预算绩效管理体系可以全面收集、存储相关信息，有助于加快建立现代财政治理体系。

（四）有助于加快实现智慧财政

财政信息化已经覆盖预算编制、预算执行、决算监督、行政办公各个环节，各级财政部门已经积累了大量的财政数据，逐步应用大数据技术、人工智能技术，建立智慧财政已经是大势所趋。智慧财政是财政信息化中的高端应用，难度较大，建立智能预算绩效管理体系将有助于加快实现智慧财政。

（五）有助于实现政府和社会良性互动

随着信息技术的广泛应用、政府服务职能的转变，社会公众对财政资金使用的透明化、规范化、资金使用的产出绩效等更加关注。通过建立智能预算绩效管理体系，可以保证财政支出效益及效率评价的客观性、科学性、公正性，促进政务信息公开，有助于实现政府和社会良性互动。

二、智能预算绩效管理体系建设的总体思路

(一) 指导思想

以习近平新时代中国特色社会主义思想为指导,依托预算法和金财工程,建立财政大数据,实现预算和绩效管理一体化。为建立注重结果导向、强调成本效益、硬化责任约束的预算绩效管理体系提供支撑。

(二) 基本原则

建立智能预算绩效管理体系时,总体上要能够自动收集财政资金的各类信息,能够对被评价项目进行实时评价,能够保证评价结果的客观性和公正性。具体需要考虑以下几个原则:

1. 系统性原则。预算绩效指标应系统、全面,能够涵盖预算绩效关注的各个方面,如管理规范、产出效益等。

2. 针对性原则。收集的评价基础数据、预算绩效指标、评价标准应具有针对性,能够充分反映不同评价对象、不同部门和不同政府级次的特点。

3. 动态性原则。预算绩效指标、评价标准等应可根据实际情况的变化加以调整。

4. 相关性原则。预算绩效指标应当与绩效目标有直接的联系,能够恰当反映目标的实现程度。

5. 易用性原则。预算绩效指标应当通俗易懂、简便易行,各类评价基础数据的获得应当考虑现实条件和可操作性,符合成本效益原则。绩效管理系统的操作应简捷、方便。

6. 统一性原则。各级财政部门预算绩效指标的设定要参考财政部的《项目支出绩效评价共性指标体系框架》等财政部关于预算绩效指标的资料,在预算绩效指标的大框架设计上与财政部保持一致,有利于中央专项资金绩效评价工作和地方财政资金绩效评价工作的衔接。

（三）核心内容

智能预算绩效管理体系的核心内容包括财政大数据、预算绩效管理指标库和智能预算绩效管理系统。

1. 建立财政大数据。目前各地财政支出绩效评价工作在项目自评、财政组织评价等环节存在评价数据不全面、不客观等问题，导致部分评价结果流于形式，不能反映财政资金支出项目的实际情况。财政大数据是智能预算绩效管理体系的基础，财政大数据不仅包括财政资金流信息，还包括与财政资金支出项目有关的全部信息，如财政投资建设的城区公园，公园的人流量、公园的治安、公园的设备正常运转等信息都将纳入财政大数据覆盖范畴。只有掌握了与财政资金支出项目有关联的全部信息，在绩效评价过程中，能够自动获取被评价项目的全部信息，会大幅提高绩效评价的工作效率，提高绩效评价结果的客观性和可用性，提高预算绩效管理的科学性。

2. 建立预算绩效管理指标库。预算绩效指标是预算绩效管理体系的关键环节，不同财政支出项目的关注点不同，评价的侧重面不同，因此需要能够反映被评价项目实际情况的绩效指标，如果对所有财政支出项目都使用统一规范的绩效指标，如项目管理规范性、项目资金管理制度化等，只能反映项目的规范程度，在衡量项目本身是否达到预期效果方面不理想。从一级政府部门的角度，需要分公共安全、教育、科学技术、社会保障、医疗卫生、环保、城乡建设、农业农村、交通运输等多个部门进行绩效指标设计，设计能够反映不同类别财政资金支出效果的个性化指标，各类个性化指标再加上通用化指标构成预算绩效管理指标体系，建立预算绩效管理指标库，会为建立智能预算绩效管理体系奠定坚实基础。

3. 建立智能预算绩效管理系统。建立财政大数据和预算绩效管理指标库后，需要建立智能预算绩效管理系统，把支出项目、考评专家等信息都纳入系统。能够基于各类财政支出项目的基础数据，基于各类被评价项目，自动计算被评价项目的绩效信息，实现不同地区同类支出项目的综合对比分析，有利于各地区发现财政支出项目管理中存在的不足，持续改进项目管理和资金管理，提高财政资金管理水平。

三、智能预算绩效管理体系建设路径

（一）加强智能预算绩效管理体系课题研究

智能预算绩效管理体系是个全新的课题，如何建立财政大数据，如何建立适用中央、省、市、县、乡级财政的预算绩效指标库都需要进行系统研究。在加强智能预算绩效管理体系课题研究方面的主要思路有：

1. 确定课题研究内容。确定和智能预算绩效管理体系密切相关的研究内容，如财政大数据采集和存储、预算绩效管理指标库构建、智能绩效预算管理系统研发、预算绩效信息化系统与金财工程信息接口等主要研究内容。

2. 选择承担研究任务的团队。由于在课题研究中，重点是如何理论结合实际，如何解决实际工作遇到的问题，因此选择研究团队方面，要重点关注研究团队的实践经验，确保课题研究工作能真正为实际工作提供指导和服务。必要性，可以选择不同的研究团队研究同一课题内容，取长补短，保证课题研究结果的质量和可用性。

3. 组织开展调研。

（1）调研财政大数据建设。研究人员要选择不同级别的地方政府，对一级政府所有一级部门和所属单位进行调研，了解各部门电子政务建设现状，政务数据管理现状，政务云建设和应用现状等。

（2）调研预算绩效管理指标库。调研人员到一级政府各主管部门进行实地调研访谈。访谈的参加人员需要包括主管部门财务负责人、主管部门具体业务项目绩效负责人等。访谈方式通常为开放式提问和讨论，问题应当简明扼要、具体直接。调研结束后对调研记录进行整理与分析。

4. 完成课题研究报告、指导实践应用。由课题组分析各类调研资料，进行数据整理和测算，研究各类问题及解决办法，完成课题研究报告。把课题研究成果应用到实践工作中，解决一些实践工作的痛点问题，促进预算绩效管理工作。

（二）研究建立财政大数据

财政大数据是建立智能预算绩效管理体系的基础，由于涉及面广、难度大，需要系统考虑。

1. 财政大数据现状分析。分析目前财政大数据的建设情况，数据采集的方式、数据采集的粒度等，为进一步完善和优化财政大数据奠定基础。要基于金财工程的数据处理标准，研究财政大数据的采集和处理。

2. 财政大数据的覆盖范围。研究确定财政大数据的覆盖范围，要把与财政资金涉及的范围都纳入财政大数据的覆盖范围，如公共安全、教育、科技、扶贫等。

3. 财政大数据的主要内容。研究财政大数据的主要内容，要把与财政支出项目有关的数据都纳入财政大数据收集范围，包括结构化数据和非结构化数据，结构化数据包括各类财政支出项目的收入、支出等资金流数据和业务数据，如污水处理厂项目的收入凭证、支出凭证、处理水量、处理后水质等数据。非结构化数据包括和财政支出项目有关的文档、图片、音视频资料等，如污水处理厂的现场环境图片、视频等。

4. 财政大数据的建立路径。研究财政大数据的建立路径，财政部门是单独建立财政大数据，还是财政部门建立核心数据库，与教育、公安、卫生、建筑、环保等各政务部门大数据衔接等。

5. 财政大数据的组织保障。由于财政大数据涉及面广、动态性强，需要研究保证财政大数据质量的组织保障措施。

6. 财政大数据的数据收集机制。智能预算绩效管理体系建立后，预算绩效管理工作可以根据项目情况实时进行，因此需要确定财政大数据的收集机制，是实时还是定期等。

7. 财政大数据的数据维护机制。财政支出项目在建设期和运营期不断发展变化，部分数据需要不断更新，如项目建设进度等信息，因此需要建立财政大数据的数据维护机制。

8. 财政大数据的数据安全机制。预算绩效管理工作需要客观、准确，因此需要建立保护财政大数据的安全机制。

在互联网时代，如何通过对大数据的挖掘、分析和利用实现数据增值，让数据价值实现最大化，越来越重要。需要通过预算绩效系统建设，打通财政与各预算单位的数据，通过整合社会公众数据形成绩效管理大数据体系，构建科学的决策分析模型，提高政府决策的科学性，为全面实施预算绩效管理奠定基础。

（三）研究建立预算绩效管理指标库

预算绩效管理指标库是智能预算绩效管理体系的重要支撑，要确保预算绩效管理指标库的规范、客观、科学。建立预算绩效管理指标库主要包括以下 3 方面内容。

1. 确定每个指标的构成要素。指标库中指标需要包括共性指标和个性指标。预算绩效管理指标库具体从项目支出的立项决策—过程管理—产出—效益—满意度五个逻辑环节入手进行编制。其中，立项决策、过程管理两个环节的评价指标属于共性指标，可以对照财政部《项目支出绩效评价共性指标体系框架》相应环节指标的细化。产出、效益、满意度三个环节是结合各支出科目的特点进行的个性指标拓展，其中产出指标从数量指标、质量指标和时效指标三个方面考虑；效益指标从经济效益、社会效益、生态效益指标和可持续影响指标方面考虑；满意度指标从服务对象满意度指标方面考虑。个性化指标是预算绩效管理指标库建设的重点。

根据财政资金绩效评价的理论体系和财政部门实际工作需要，个性化指标的主要组成要素主要有：

（1）项目类别。项目类别主要用于对要评价的财政支出项目进行分类，如某个政府主管部门负责的某类资金项目等。

（2）一级指标。一级指标是指标纬度，是对评价对象的区分，通过纬度区分，可使评价工作条理化，评价具有可比性。一级个性化指标主要在绩效指标方面进行设计，主要分为产出指标、效益指标和满意度指标。

（3）二级指标。二级指标是基本指标，是中间段指标，作为指标纬度的载体和外在表现，需要根据项目的种类、特点、相关度和隶属性进行编制。一级产出指标的二级指标主要分为数量指标、质量指标和时效指标。一级效益指标的二级指标主要分为经济效益、社会效益、生态效益和可持续影响指标。一级满意度指标的二级指标主要为服务对象满意度指标。

（4）三级指标。三级指标是指标要素，是具体指标，是评价内容的实质性和具体表现，需要进行量化考量。

（5）四级指标。四级指标原理等同三级指标，对一些复杂的需要进一步分层细化的评价内容可以设四级指标（大多数项目细化到三级明细指标就可以反映全部内容，个别项目需要细化到四级明细指标）。

（6）指标解释。指标解释是指标的必要解释和说明，客观指标要有具体的计算规则，主观指标要有具体的量化因素。

（7）指标出处。指标出处是指标来源，指标出处主要包括计划（绩效目标）、立项文书、行业规定、各种相关制度规定、社会经济发展要求等。

（8）指标适用类型。指标适用评价类型是指标适合的财政资金绩效评价的类型，主要包括：一般项目支出绩效评价；财政专项支出绩效评价；部门整体支出绩效评价；财政政策绩效评价；全部绩效评价。

（9）评分标准。评分标准是指标目前考核执行的计算标准，指标得分的计算标准。通过数据积累，系统能制定面向不同地区、不同类型指标的评价标准，实现经常性项目一定历史跨度上的延展对比，建立评价标准库（包括评价标准、定额标准），进一步提高绩效评价的科学性、预算管理的科学性。

（10）标准值及标准值来源。标准值是此项指标的得分判定标准数据，标准值一般分历史、行业和计划三类。综合使用这些指标时应注重权重设置以及测算时使用的数学技术方法的合理性。标准值的来源是标准值的具体出处，如国家标准、省级规划文件等。

（11）指标适用的预算科目。评价指标对应具体的预算科目，一般应该细化到功能科目中的项级科目。

2. 分析设计项目支出中立项决策、过程管理所涉及的共性指标。主要设计涵盖项目立项决策和项目过程管理中的各类共性指标，包括项目立项的规范性、绩效目标合理性、管理制度健全性、项目质量可控性、资金到位率、资金使用合规性等。

3. 分析设计各类支出项目的个性化指标。主要从产出和效益方面分析设计每类项目的个性化评价指标。包括人力资源和社会保障类、卫生计生类、民政类、住房建筑类、教育类、农业类、环保类、科技类、商务类、水利类、公共安全类、市场监督类等项目绩效管理个性指标。

（四）研究建立智能预算绩效管理系统

在充分分析预算绩效管理的发展趋势和国内外预算绩效管理信息化应用现状的基础上，对建设智能预算绩效管理系统进行可行性研究分析，包括经济方面、技术方面等。分析智能预算绩效管理系统的建设意义、建设目标和建设步骤，在财政信息化发展规划中纳入智能预算绩效管理系统的可行性、必要性等。

在完成智能预算绩效管理可行性研究和系统规划的基础上，进行智能预算绩效管理系统需求分析，分析智能预算绩效管理系统所涉及的主要数据、主要业务管理流程，进行智能预算绩效管理系统总体设计和详细设计，包括智能预算绩效管理系统的主要功能、和金财工程的数据衔接、系统安全机制、系统维护升级机制等。

在功能方面，充分利用大数据、人工智能技术，提高系统的智能化水平。如通过智能推荐、辅助判断等功能设计，增强系统的智能化程度，以信息化手段促进绩效业务水平的提升。如系统能根据项目特征推荐选择绩效指标，支持科学测算目标值，加强目标与预算的匹配性。系统能根据跟踪及评价的绩效情况智能判别绩效目标实现程度、对项目存在问题进行预警并辅助纠偏，并生成相应绩效结论等。通过智能预算绩效管理系统，实现绩效目标管理、绩效督查管理、绩效评价管理、绩效结果应用等四大核心流程，能够支持预算部门、绩效部门、中介机构三方在线评价。

智能预算绩效管理系统建设，其目标是结合预算绩效管理的业务需求，有效地应对当前预算绩效管理中面临的各项挑战。因此，系统的分析、设计必须依据当前最前沿的预算绩效管理理论，达到系统功能全面、操作规范和简便，能够科学、高效、规范地服务预算绩效管理工作。

（五）建立智能预算绩效管理体系的维护调整机制

智能预算绩效管理体系建立后，需要不断维护完善。在财政大数据采集方面，要根据财政管理的变化、根据各政务部门信息系统更新等不断优化数据采集机制。

在预算绩效指标库方面，指标库需要根据形势发展不断更新，能够适应不同时期的财政支出绩效管理需要，指标库要具有良好的生命力。要保证指标库的生命力，总体思路是建立以信息技术为手段，以财政部门为核心，以一级政府各业务主管部门（或各类预算单位）为依托的预算绩效管理指标库动态调整机制，对指标库建立之后指标的新增、调整、撤销等行为设定明确的条件和规则。保证预算绩效管理指标库建立后，能根据各主管部门业务的变化进行调整，能够适应各主管部门的财政支出项目绩效管理需求。

在智能预算绩效管理系统维护方面，能够根据财政管理变革、根据信息技术发展等，不断完善系统功能、提升系统性能。

四、持续推进智能预算绩效管理体系的建议

（一）加强建设规划、分步实施

在目前财政信息化工作中，预算绩效管理信息化是个短板，部分地区刚开始起步，要充分认识预算绩效管理信息化在整个财政信息化中的作用和价值，加强预算绩效管理信息化规划，就财政大数据、预算绩效指标库、智能预算绩效管理系统等方面分步实施。

（二）加强理论研究、解决关键问题

目前在推进智能预算绩效管理体系建设过程中，还存在绩效信息获取边界、评价标准测算模型等多个问题需要探索和研究。要充分发挥科研机构和第三方咨询机构的作用，结合理论发展和实际应用，加快对影响智能预算绩效管理体系建设的关键问题研究，为预算绩效管理工作的全面推进提供支撑。

（三）积极应用、稳步推进

对于已经取得明显效果的智能预算绩效管理体系方面的应用，要积极总结经验、加大推广力度。如山东省东港区率先成功搭建预算绩效管理信息系统，对实施资金全过程绩效管理提供了智能化支持，解决了绩效数据和评价结果有效利用率低的问题。在该区2018年财政支出绩效评价工作中，农村公路大修等74个资金达2.15亿元的评价项目的指标设计、问卷设计、方案撰写、数据采集、报告撰写等都通过预算绩效管理系统完成，与之前依靠工作人员设计、采写相比，预算绩效管理系统给出的结果更科学，更实用，而且节省了工作人员时间和精力。

（四）积极应用成熟的信息技术，加快智能预算绩效管理系统发展

人工智能等信息技术发展快速，如目前应用在财务信息化中的财务机器人，可以实现增值税发票自动验证、报销单自动审核、记账凭证自动过账等，大幅提

高了财务工作的效率。在智能预算绩效管理体系建设中，要大力应用人工智能技术，如根据全国各类项目绩效评价结果数据，自动测算优化绩效评价指标的评价标准，能够根据同类项目的绩效评价情况，自动优化绩效评价项目的评价等级分类等，加快智能预算绩效管理系统建设和应用。

（五）基于预算绩效管理，积极推进预算单位财务管理变革

由于预算绩效管理和行政事业单位内部控制、资产管理等关联密切，可以把行政事业单位财务信息化、内部控制信息化、资产管理信息化统筹考虑，全面推进。目前财务共享管理模式已经在企业集团大量应用，各级政府主管部门及所属事业单位的财务管理模式也可以不断优化，如在保留行政事业单位原有的财务系统模块基础上新增共享服务作业平台，实现信息实时互通、资源实时共享，可以使整个单位的预算绩效业务流程和内部控制业务流程等标准化、集成化，节约人力，降低成本，提高效率。

论预算绩效指标体系有效性的标准及应用①

集美大学地方财政研究中心教授　胡志勇

内容提要：预算绩效指标体系有效性直接关系预算绩效管理的成效。目前，我国预算绩效指标体系主要是构建反映预算支出"4E"的指标。在"信息不对称"下，财政部门主导构建的指标体系在反映预算支出的"4E"上并不理想。文章阐述预算绩效指标体系的价值和工具标准，主张要引入价值和工具标准，促进公共财政和公共管理价值目标的实现，从而提高预算支出的经济性、效率性、效果性和公平性。

关键词：预算绩效　指标体系　标准应用

一、研究问题的提出

2018年中共中央 国务院印发并实施的《关于全面实施预算绩效管理的意见》提出，"建立全面规范透明、标准科学、约束有力的预算制度，以全面实施预算绩效管理为关键点和突破口……"，目前这些改革已经运行两年多了。作为预算绩效管理，主要聚焦在全过程、全方位、全覆盖闭环管理系统，而预算绩效指标体系是整个闭环系统的核心部分，是解决财政部门与其他公共部门信息不对称的关键因素之一，是提高财政资金有效分配与使用的重要管理工具。

预算绩效指标体系的建设不仅是技术性的问题，还涉及公共财政、公共管理价值目标的问题。预算绩效指标体系"有效性"不仅要有工具标准，还要有价值标准。②学界对指标体系价值和工具标准的讨论主要是在政府绩效领域。罗红霞

---

① 王泽彩，胡志勇：《预算绩效指标体系构建的标准及其应用》，《经济纵横》，2020年第12期。
② 工具和价值的二分法是来自政府绩效领域，由韦伯、威尔逊等人提出。参见罗红霞：《政府绩效管理的价值追求如何实现——以美国纽约市为例》。

(2014）指出，我国政府绩效管理最初对"3E"——经济性、效率性和有效性的工具理性标准感兴趣，之后对"参与性、回应性、透明性和科学性"的价值理性标准逐渐重视。在价值标准认知上，国内学者存在分歧，各种观点如：（1）效能、民主、服务、公平；（2）增长、公平、民主、秩序；（3）经济发展绩效与公众生活质量提高、生态环境保护与改善、行政管理绩效与社会稳定、文化繁荣等；（4）公平、可持续发展、以人为本、公共利益、正义等。① 引入价值和工具标准后，预算绩效指标体系的建设将接受公共财政和公共管理理论的指导。而体现价值标准的指标体系也将有助于公共财政和公共管理价值目标的实现，体现工具标准的指标体系将更有助于科学、合理地反映预算支出的"4E"。因此，探究预算绩效指标体系有效性的价值和工具标准对全面实施预算绩效管理有着积极的理论和实践意义。

二、预算绩效指标体系有效性的价值标准

政府绩效指标体系的价值标准不能直接为预算绩效管理所采用。预算绩效指标体系有效性的价值标准不仅要包括公共财政的价值目标，还要包括公共管理的价值目标，如"效率""公平""质量""法治""民主""廉洁高效""公开透明"等。

1. 公共财政的价值目标。（1）"效率"。公共财政理论主张市场配置资源为主，强调资源配置效率，政府行为是弥补市场失败。因此，预算绩效指标体系体现"效率"价值目标：一是指标体系中的立项的可行性、充分性和合法性；二是指标体系中的效益指标。（2）"公平"。公共财政理论强调财政资金分配要实现"公平"目标。"公平"包括"起点公平""机会公平""结果公平"以及"绝对公平"等。

2. 公共管理的价值目标。政府治理现代化要求公共服务要有"质量""法治""民主""廉洁高效"和"公开透明"等价值取向，预算绩效指标体系对此要有体现。（1）"质量"。在一些公共产品领域，"质量"可以进行准确考量，但大多"公共产品"很难直接设置量化指标进行考核。在此情况下，演化经济学的"满意性"原则优于古典经济学的"最优原则"，预算绩效管理指标设置"服务对

---

① 杨莉：《政府绩效评价指标体系研究综述》，《佳木斯职业学院学报》，2016年第2期。

象满意度"能很好体现"质量"的价值目标。(2)"法治"。"法治"是实现其他价值目标的基础保障条件,包括法律、法规和规章制度建设的完善性和执法状况两个方面。(3)"民主"。在预算绩效管理的事前评估环节体现"民主"价值目标,通过事先对项目、政策、部门和政府预算的广泛征求意见、充分论证、民主协商等获得较为一致的意见。(4)"廉洁高效"。"廉洁"价值目标可通过设置当期是否存在腐败案件作为评价标准。(5)"公开透明"。公开透明原则被广泛应用于公共财政和公共管理领域,是公共财政和政府治理现代化的重要特征,也是促进财政资金使用效益提高的重要手段。

此外,预算绩效指标体系的价值标准还应符合其他价值目标,比如经济可持续发展、防范公共风险、共同富裕、满足人民日益增长的美好生活需要等。虽然预算绩效指标体系的价值标准很多,然而项目、政策、部门单位和政府各类指标体系的价值标准应根据具体情况确定而非都同时满足。

三、预算绩效指标体系有效性的工具标准

预算绩效指标体系有效性还要符合工具标准。工具标准是指标体系的设计在"4E"理念指导下要科学、合理、简便、高效。科学、合理标准要求指标体系要符合公共财政和公共管理的特性和现实;简便标准要求指标体系的"执行成本"不能过高;高效标准要求指标体系的实施要有助于公共财政和公共管理价值目标的实现。

1. 符合公共财政的特性和现实。公共财政提供的公共产品具有非排他性和非竞争性。公共产品的特征导致市场无法有效生产与提供,政府介入就是弥补这一缺陷。然而,由于公共产品的社会成本和社会效益测算存在现实技术困难,政府真实成本无法知晓。因此,指标体系无法采用"成本—效益"思路进行设计,退而求其次,可采用"投入—效益"法思路。但即使采用"投入—效益"思路,指标体系的构建还是差强人意。原因是:

(1)"投入"包括直接投入和间接投入、本部门投入和外部门投入、政府投入和非政府投入、本期投入和其他期投入等。不论是政府、部门单位还是项目和政策绩效评价,要清晰计算出相应、合理的"投入"有时并不是容易的事。退一步说,计算出"投入"不存在技术困难,但预算绩效管理本身可能存在"执行成本"过大的问题而导致现实的不可行。

（2）"效益"包括直接效益和间接效益、有形效益和无形效益、货币计量效益和非货币计量效益、近期效益和远期效益、经济效益和社会效益等。这些效益在进行指标量化时普遍存在技术难度。

从可行性角度看，"支出—产出"的设计思路应是预算绩效指标体系设计的最佳选择。从绩效管理角度看，"支出"仅仅是投入一部分，不是成本，且"产出"仅是中间成果不是最终效益。为此，笔者主张：项目绩效指标体系可采用"支出—产出"为主的设计思路，辅助于经济成本与经济效益、社会效益等指标考量。部门单位和政府预算绩效指标按支出—效益的设计思路。按此思路，"支出规模"的合理性评价是需要进一步要解决的问题。笔者以为，"支出规模"的合理性应在考虑当地的经济和财力水平、经济成本、经济效益、社会效益、政府与部门规划与计划等各方面因素后进行考量与评价。诚然，如果在一些特殊环境下，指标体系可采用"投入—效益"甚至"成本—效益"设计思路，比如自来水公司、城市公交、供电局等。

2. 符合公共管理的特性与现实。我国公共管理存在"条块"管理、目标多元化、科层制、项目与公共产品不一致特点，预算绩效指标体系的构建要充分考虑这些特点。

（1）"条"和"块"管理下指标体系设计各有侧重。"条"管理下部门执行上级主管部门的政策或指令而产生的项目支出，其指标体系存在纵向的高度相似性，且指标标准大都是上级主管部门定好的。因此，这类项目或政策实施过程的合规性就是本级预算绩效管理重点之一。笔者以为，"实施过程的合规性"要被设成重要指标，并赋予相应评价权重，而其具体考量可设置"信息透明度""手续完整性""支出标准合规性"等明细级指标。"块"管理下的部门，其项目和政策具有较强的地方和部门自主性，指标体系设计要符合地方和部门发展规划、年度计划和部门职能，要能满足全过程绩效管理的需要。

（2）"目标多元化"下"4E"原则要灵活应用。公共管理要实现包括经济、政治、社会、文化、教育、体育方面的目标，这些目标有的侧重效益，有的侧重公平，有的还要讲求质量。指标体系设计要根据项目、政策和部门的具体情况灵活地采用经济性、效率性、效果性和公平性原则，譬如生态环保支出绩效指标体系设计要重点考虑效果性（社会效益和生态效益）原则；基础教育支出绩效指标体系设计要重点考虑效果（社会效益）性和公平性原则；公共部门人员和办公经费绩效指标体系设计要重点考虑效率性原则等。

（3）"科层制"下个性指标是项目预算绩效管理的关键。在"科层制"下，公共部门重视层级管理，依制度、文件、上级指令行事，各个科室的自主管理权力很有限，各个科室的管理文化基本雷同的。因此，同一部门下各类项目和政策的共性指标设计差异性不大，其评价结果也大体一致。换言之，部门单位的某一项目共性指标的评价结果基本可以反映本单位项目的共性情况。因此，个性指标的建设显得很重要。个性指标是解决财政部门和部门单位之间"信息不对称"问题的关键，也是实现项目预算资金有效使用的关键。

（4）"项目与公共产品不一致"下效果指标量化考核要注重科学性。公共部门安排的项目支出与公共产品往往不一致，比如河流的水污染治理，某县财政部门组织对环保部门安排的专项支出进行绩效评价，对社会效益和生态效益指标显然很难进行科学地量化考核。因为河流水质的提高跟上游市、县河流治理的财政投入有关，本县环保专项支出对"水质提高"的贡献度是无法科学测量；再如对公安部门装备支出的绩效评价，评价是无法准确测算装备支出对"犯罪率"下降的贡献率。

此外，公共部门管理还有很多特点和现实性，限于篇幅不再赘述，预算绩效指标体系的建设如果不考虑它们，那么指标体系将脱离实际，预算绩效管理也将流于形式。

3. 简便和高效。指标体系的"简便"主要有两方面的意义：一是减少执行成本，利于执行；二是避免"细而全"导致管理重点不突出。预算绩效指标体系要考虑执行成本与效益，尽量简便易行，要能解决财政部门与公共部门之间"信息不对称"问题，服务于预算绩效管理。因此，指标体系应侧重于政府"财"的使用效益，而"人"与"物"使用效益可作为辅助指标，避免将指标体系设计得过于细琐。指标体系"高效"，一是要有助于公共财政和公共部门管理价值目标的实现；二是要有保障指标体系有效执行的制度环境。

四、我国预算绩效指标体系有效性存在的问题

2018年以来，我国预算绩效管理取得较大进步，指标体系建设也取得一些成绩。目前，财政部已经制定并实施《项目支出绩效评价管理办法》《政府和社会资本合作（PPP）项目绩效管理操作指引》，二者附有共性指标框架。此外，财政部预算司编制《分行业分领域绩效指标和标准体系（2019年版）》，该指标体系涉及16个行业领域、73个行业类别、360个资金用途、3 000余条指标。地方财政部

门也积极地推进分行业分领域绩效指标建设,比如北京市、上海市、广东省、浙江省、福建省等。然而,相较于纷繁复杂的公共项目和政策、众多的公共部门以及层级和地域不同的政府,目前的预算绩效指标体系建设还只是开始。结合实践与比照"价值"和"工具"理性标准,笔者就预算绩效指标体系有效性提出几个问题:

1. "效率"和"公平"的反映不够清晰、合理。在《项目支出绩效评价管理办法》之前,预算绩效指标体系的建设处于各地探索和积累时期,主要根据法律法规、五年规划、产业发展规划和政策、部门单位职责、工作计划等加于制定。对公共财政的"效率"和"公平"价值取向,指标体系的反映不够清晰、明确。《项目支出绩效评价管理办法》在一级指标"决策"下"立项依据充分性"的指标说明提到"项目要属于公共财政支持范围,符合中央、地方事权支出责任划分原则"。这条说明是个突破,它认识到指标体系设计要考虑公共财政的要求,但规定还是存在问题。首先,规定在实际操作上存在一定局限性。目前"公共财政支持范围",除了《政府投资条例》规范政府投资行为外,并未有其他法律规章对政府行为进行系统、明确地规范;其次,项目支出即使符合公共财政支持范围,但未必有"效率"和"公平",比如某县建设的行政服务中心过于奢华;新建的动车站广场规模过大;智慧城市建设项目的投入规模超出本地经济和财政发展水平;转移支付不合理,各乡镇财力均衡度太小,基础教育存在明显的地域差异等。因此,判断项目支出是否符合"效率"和"公平"价值目标比判断是否符合公共财政支持范围更为合理、科学。

判断预算支出是否符合"效率"和"公平"是属于事前环节。事后评价时项目如果被发现预算支出不符合"效率"或"公平";不符合国家法律法规、国民经济发展规划和相关政策;不符合行业发展规划和政策要求;不符合部门职责范围等各种情况,目前的评价做法是给"立项依据充分性"指标打零分。但由于"立项依据充分性"指标所占权重很小,指标的重要性没有得到应有重视。

2. 公共管理的价值目标反映不充分。实际中,公共管理的"质量""法治""民主""廉洁高效""公开透明"等价值目标在指标体系中的反映不尽如人意,比如(1)"质量"。除了"服务对象满意度"指标外,实践中指标体系并没有把反映"质量"个性化指标作为必备指标。而且"服务对象满意度"指标的测度也较为随意。(2)"法治"。实际工作中,指标体系设置的仅是考察有关预算资金的财务和业务管理制度完善性的指标,而不是设置考察部门单位的法治性指标。(3)"民主"。很多项目、政策的评价需要反映"民主"价值目标,设置相应的指标来考察政策出台是否公开征求意见、是否召开听证会、是否听取专家意见等,但实际操作未必如此。(4)"廉洁高效"。如果部门单位有出现腐败问题,那么不管腐败问题是否与被评价项目有关,原则上要酌情扣分。但预算绩效评价主体可能会采用"与项目是否相关"的原则来判断扣分与否。此外,因公共部门政府会计制度的建设尚未完善,很多财务数据无法采集,指标体系对"高效"目标的反映也较弱。(5)"公开透明"。目前预算绩效指标体系主要设置考察"政府采购信息"是否公开的指标,至于预算信息、财务信息、政策信息、管理制度等公开大都不在指标的考察范围内。

3. 工具理性标准不够清晰、明确。2018 年 9 月中共中央 国务院印发的《关于全面实施预算绩效管理的意见》提到"推动预算绩效管理标准科学"。如何做到"标准科学"?文件的进一步解释是"实现科学合理、细化量化、可比可测、动态调整、共建共享。绩效指标和标准体系要与基本公共服务标准、部门预算项目支出标准等衔接匹配,突出结果导向,重点考核实绩"。

各地根据实践和实际需求也提出一些补充标准,例如(1)规范、简单、易行、围绕关键要素、管理链条和重要目标;① (2)规范、完整性和与预算资金的匹配度;② (3)将成本意识贯穿于预算管理各环节,运用成本效益分析法,对公共产品和服务实施全成本管理、科学测算、全面衡量各方投入成本、合理设置预期绩效目标和监督考核指标,在预算管理中实现成本定额标准、财政支出标准和公共服务标准相统一。③ 尽管各地对"工具理性标准"进行细化,但这些标准还是存在不少问题,比如(1)"简单"和"易行",标准。其本意是为了减小执行成本,但指标数量多少才算是"简单""易行",要求指标细化程度等成了进一步要明确的问题。④ 然而,一旦财政部门发文解决上述问题时,指标体系在一定程度上就失去"有效性";(2)"与预算资金匹配"标准。此标准看似合理、科学,但实际上其判断标准还是相当模糊。指标设计要考虑与预算资金性质、规模、使用单位、支出项目等相匹配,但匹配的指标标准是历史标准、预算定额标准、行业标准、地区平均标准还是其他?(3)采用"成本定额"标准。公共产品的特殊

---

① 引自:2019 年 5 月中共福建省委、福建省人民政府印发的《关于全面实施预算绩效管理的实施意见》。
② 引自:2019 年 2 月山东省人民政府《关于全面推进预算绩效管理的实施意见》。
③ 引自:2019 年 7 月中共北京市委、北京市人民政府《关于全面实施预算绩效管理的实施意见》。
④ 为解决这些问题,地方财政部门发通知规定指标总数不少于几个(比如 9 个),数量指标不少于几个,至少到三级指标等。

性导致"成本"测量存在技术障碍,"成本定额标准"在公共管理领域的应用是有很大局限性。

4. 分层次指标体系的问题。(1)项目预算绩效指标体系的问题。经过实践摸索,我国项目预算绩效指标体系的建设取得较大的成绩。2019年财政部出台的《项目支出绩效评价管理办法》依据"4E"理念,充分吸收各地的实践经验,遵循《关于全面实施预算绩效管理的意见》的相关规定,提出一套较为完整的、参考性的评价指标体系框架,指标体系框架有些规定值得一提:①引入"产出成本"指标。②明确提出"项目是否属于公共财政支持范围,是否符合中央、地方事权支出责任划分原则"作为"立项依据充分性"的评价要点之一。①③明确提出"项目预期产出效益和效果是否符合正常的业绩水平"和"是否与预算确定的项目投资额或资金量相匹配"作为"绩效目标合理性"评价要点之一。④"资金分配合理性"指标的评价要点提到"资金分配与项目单位或地方实际是否相适应";"预算编制科学性"指标评价要点提到"预算额度测算依据是否充分,是否按照标准编制";"项目效益"指标下的社会效益、经济效益、生态效益、可持续影响等,可根据项目实际情况有选择地设置和细化。

然而,除了存在前述的价值和工具标准问题外,项目预算绩效指标体系的有效性还有不少问题,比如:①实际操作中指标体系的"效果指标"难于量化考量。因项目与公共产品往往是不一致的,项目支出对公共产品所贡献的效益很难被科学测算出来。尽管《项目支出绩效评价管理办法》提到"可根据项目具体情况有选择设置和细化社会效益、经济效益、生态效益、可持续影响",效果指标设置和应用在实际工作中还是带来不少困惑。②"产出成本"的使用存在较大局限性。在公共领域,"成本"是很复杂,其测算很困难甚至不可能。③"公共财政支持的范围"不能作为"立项依据充分性"的理由之一。从经济理论看,市场失灵是政府介入的必要条件而非充分条件。换言之,如果属于公共财政支持的范围但项目不符合效率、公平标准,那么项目立项充分性就不足,例如在新商品住宅区新建设一所小学、超过经济与财力水平建设人民广场、按一线城市的规模和标准来建设县行政服务中心等。

(2)部门单位和政府预算绩效指标体系建设不足。各地在部门单位预算绩效指标体系建设上有所探索和积累。总体上看,其构建也是遵循"4E"理念,依据国家法律法规、国民经济和社会发展总体规划、部门职责和中长期规划、财政管

---

① 这点在2011年财政部印发的《财政支出绩效评价管理暂行办法》并未提及。

理重点目标与任务等而设计。2013年财政部印发的《部门整体支出绩效评价共性指标体系框架》设计了投入、过程、产出和效果四个一级指标，包括绩效目标设定、预算配置、预算执行、预算管理、资产管理、职责履行和履职效益七个二级指标。"预算配置"指标下设"在职人员控制率""三公经费变动率""重点支出安排率""预算执行"指标下设"预算完成率""预算调整率""支付进度率""结转结余率"等，这些指标反映出"控制型绩效预算"而非"结果导向型绩效预算"的特点。由于缺乏理论指导，部门单位支出绩效共性指标未能充分体现公共财政和公共管理的价值目标。而部门单位绩效个性指标的建设也急需进一步完善，有的将科室主要职能设置为指标而后汇总，有的将主要项目支出指标加总，有的采用代表性指标，个性指标不能很好地反映部门绩效的总体情况。政府预算绩效管理属于"全方位"预算绩效管理的最高阶，其指标体系的建设目前还属于前沿领域，相关理论探讨的文献极为稀缺。

五、提高预算绩效指标体系有效性的建议

预算绩效指标体系的建设仅用"4E"理念是无法实现有效性，应体现价值和工具双标标准。价值标准是指标体系要体现"效率""公平""质量""法治""民主""廉洁高效""公开透明"、经济可持续发展、防范公共风险、共同富裕、满足人民日益增长增长的美好生活需要等价值目标。工具标准是指标体系要科学、合理、简便、高效。鉴于我国预算绩效指标体系的问题，笔者提出几条提高指标体系有效性的建议：

1. 引入价值和工具标准。我国预算绩效指标体系的设计主要依据"4E"理念，即通过指标设置来反映预算支出的经济性、效率性、效果性和公平性。然而，在"信息不对称"环境下，财政部门主导的预算绩效指标体系建设是无法充分反映预算支出的经济性、效率性、效果性和公平性。目前，部门和单位尚处于"被动绩效"状态，个性化指标的建设更是无法充分体现"4E"标准。在引入价值和工具标准后，指标体系的建设目标不再仅是设置直接反映预算支出"4E"的指标，而是注重通过预算绩效指标管理促进公共财政和公共部门管理价值目标的实现，继而推进国家治理体系和治理能力现代化以及现代财政制度的建设，从而自主实现预算支出"提质增效"。

2. 重视决策（或投入）和过程指标建设。重视决策（或投入）和过程指标建

设的理由：（1）是"全过程"预算绩效管理的需要。我国预算绩效管理始于预算绩效评价，实践中产出和效果指标的建设更受重视，甚至一些地方曾经出现过不要求对决策（或投入）和过程环节进行评价。随着我国"全过程"预算绩效管理的开展，决策（或投入）和过程指标关系到预算绩效管理的质量，重视二者指标建设就是把预算绩效工作从源头抓起；（2）是指标体系有效性价值标准实现的需要。指标体系有效性的价值标准更多是通过决策（或投入）和过程指标来实现，比如"效率"和"公平"标准在"立项充分性指标"中体现；"法治""透明公开"标准在过程的相应指标中体现。因此，重视决策（或投入）和过程指标建设有助于提高指标体系有效性；（3）是"控制型绩效预算"的需要。目前，我国绩效预算主要还是属于"控制型"而非"结果导向型"。预算资金使用的合法、规范和安全是预算绩效管理的主要内容，因此决策（或投入）和过程指标建设需要加强。决策（或投入）和过程指标不仅要有助于公共财政"效率"和"公平"价值目标的实现，还要推动公共财政政府治理现代化的实现。为此，笔者认为，除了已有的共性指标，一些体现公共财政和公共管理价值目标的指标需要被添置，比如过程指标下可设置"法治"和"透明公开"二级指标。"法治"指标下设"法律、规章制度建设情况"和"执法情况"，"透明公开"指标下设"政策公开""制度公开""财务信息公开"等。

3. 完善产出和效果指标的设计。"产出"和"成本"是财政部门和公共部门信息最为不对称的领域。产出指标大多是个性指标，目前财政部和地方财政部门在个性指标建设上积累一定经验，分别制定了分行业分领域的指标体系。但这些分行业分领域的个性指标尚不能完整、准确地反映出预算支出的产出，仅能起到参考作用。随着政府会计制度逐步完善和人工智能技术出现，部门单位、项目的"产出"和"成本"信息将更加完整和翔实，产出信息也将更加对称，产出指标具备进一步完善的条件。诚然，产出指标的设计要符合工具标准——科学、合理、简便、高效，要符合公共财政和公共管理特点与现实，不能过于繁琐而徒增成本，比如成本和效益可核算、测量的项目才采用成本—效益分析方法，否则采用支出（或投入）—产出分析法；产出指标主要在于较为完整反映预算支出的成果，而不是指标数量越多越好；产出指标要有助于价值标准的实现，否则产出多也未必有效。效果指标要进一步完善经济效益和社会效益的明细指标和测量、计量方法，要重视服务对象满意度指标的评价。

4. 不同层次指标体系的设计要有差异化。目前，我国项目和部门单位预算绩效管理都按投入（决策）、过程、产出和效益四部分指标进行细化设置。笔者以为：不同层次预算绩效管理的关注重点是不一样，不同层次指标体系要进行差异化设计。（1）项目预算绩效指标体系。相较于部门单位，项目属于"局部"，考虑局部效果有时不明显以及测量技术难度，其预算绩效管理以"决策、过程和产出"指标为主，效益指标重点关注"可持续性影响"和"服务对象满意度"指标。效益指标中的经济效益、社会效益和生态效益可采用定性分析。在现有政府会计技术下，项目预算绩效管理应慎重地选择"投入—产出""成本—产出""成本—效益"法进行分析；（2）部门单位预算绩效指标体系。相较于政府，部门单位属于"局部"。部门单位预算支出的产出多，且经济效益、社会效益和生态效益较为明显，但测量难的问题依然存在，其预算绩效管理指标体系包括投入、过程、产出和效益四部分。其中，产出采用关键指标法，设置主要产出指标，而不是罗列所有产出。主要产出指标是指能反映部门单位主要职能作用的实施结果，具有典型代表意义的指标。在实际工作中，主要指标可以根据部门单位五年规划目标的年度计划目标来设置。效益指标中的经济效益、社会效应和生态效益能测量的就进行量化反映，否则做定性分析。"服务对象满意度"可按各项职能、科室或者整个部门单位来设置明细指标；（3）政府预算绩效指标体系。政府预算涉及公共领域广、资金规模大、产出多、效益明显等特点，其投入和过程指标重在体现公共财政和公共管理的价值目标，同时考量政府预算支出是否保障国家和地方工作重点和主要任务的实现，比如2020年政府预算安排是否压缩一般性支出、严格控制新增项目支出；是否巩固和拓展减税降费成效；是否起到补短板和民生兜底作用；是否加强对困难地区财政的保障力度；是否围绕"着力支持打赢三大攻坚战，推动如期全面建成小康社会""着力推进创新发展和产业升级，大力促进实体经济健康发展""着力贯彻实施乡村振兴战略，加快推进农业农村现代化""着力提升地区间财力均等化水平，促进形成区域协调发展新格局"等任务的开展。政府预算绩效管理指标体系的设计应着重关注产出和效益指标。其中产出指标应采用关键指标法（KPI），以政府产业政策、五年规划目标、年度工作重点等为依据来设计关键产出指标。政府效益指标的经济效益、社会效益和生态效益属于"整体"效益，比较容易进行量化反映。而"服务对象满意度"指标可通过大样本随机调查获得评价结果。

重大政策项目全周期跟踪问效
——山东模式的实践与探索

山东财经大学财税学院教授　晁毓欣

内容提要：全周期跟踪问效是对生命周期超过一年的重大政策、项目绩效进行跟踪监控的特殊措施。山东省2020年建立全周期跟踪问效机制以来，从省级到市县开展了各具特色的探索实践。本文选取"山东省生态文明建设财政奖补资金""济南市促进先进制造业和数字经济发展政策"两个案例，对全周期跟踪问效"山东模式"进行研究。该模式目前面临的问题主要包括绩效目标管理质量有待提升、跟踪责任主体有待明确、人大政协参与程度有待提高、跟踪问效的时间节点与频率选择有待优化、市场化绩效服务供给规模与质量有待改善等方面，建议从夯实基础、理顺流程、强化部门绩效责任、探索人大政协参与的适当方式、规范绩效服务市场、提升服务质量等方面进行完善。

关键词：预算绩效管理周期　全周期　跟踪问效　山东模式

预算绩效管理改革的基本目标，是通过绩效理念的渗透与管理手段的完善，推动财政管理向科学化民主化精细化的"升级"。我国从2010年正式启动预算绩效管理改革以来，经历了从"全过程"向"全面化"阶段的拓展与深化过程。目前，34号文勾勒的"全面化"绩效改革蓝图已经转化为中央和省级层面的鲜活实践；同时，也有越来越多的市县成为"攻坚"的"绩效目标"。本文主要对山东省在全周期跟踪问效方面的实践进行总结，以促进整体改革的深入推进。

一、周期性——我国预算绩效管理改革的时间特征

周期性是预算管理的基本规律。"预算编制→预算审批→预算执行→决算"

四环节构成了我国预算管理的基本运行过程。以预算周期为基础的预算绩效管理改革同样具有鲜明的周期性特征。十年来,我国预算绩效管理周期从不完整到成功实现闭环,主要历经了三大步改革:第一步,2011年启动的、以"五有"("预算编制有目标、预算执行有监控、预算完成有评价、评价结果有反馈、反馈结果有应用")为核心的全过程预算绩效管理机制初步勾勒出预算绩效管理的周期性;第二步,34号文提出"建立全过程预算管理链条",对新出台重大政策、项目,增加了事前绩效评估的要求,使我国预算绩效管理周期走向完善;第三步,《关于人大预算审查监督重点向支出预算和政策拓展的指导意见》提出"人大对支出预算和政策开展全口径审查和全过程监管"。至此,覆盖整个预算周期的预算绩效管理制度体系构建基本完成,"周期性"特征愈加明显。该周期主要包含7个环节,依次为绩效目标管理、事前绩效评估、人大预算绩效审查、绩效运行监控(含人大预算绩效监督)、绩效评价管理等,各环节之间的关系如图1所示。

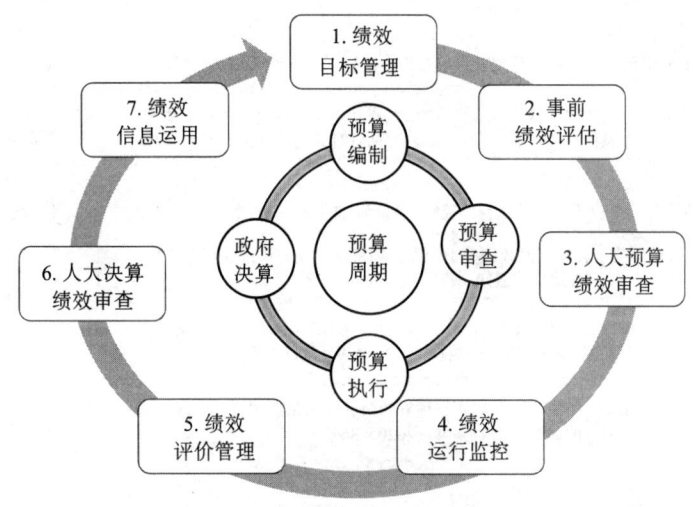

图1 中国预算绩效管理周期

二、全周期跟踪问效"山东模式"的制度基础

（一）"1+2+N"制度体系

2019年是山东省全面深化预算管理改革的"启动年":1月1日,山东省人民政府同时发布了《关于深化省级预算管理改革的意见》(鲁政发〔2019〕1号)、

《关于深化省以下财政管理体制改革的实施意见》(鲁政发〔2019〕2号);1月29日,中共山东省委、山东省人民政府印发《关于全面推进预算绩效管理的实施意见》(鲁发〔2019〕2号),对山东省预算绩效管理改革做出了全面规划,标志着山东预算绩效管理改革正式迈入"全面化"时代。

为确保中央及省委、省政府改革精神全面贯彻落实,山东省政府办公厅专门印发了《山东省省级部门单位预算绩效管理办法》和《山东省省对下转移支付资金预算绩效管理办法》(鲁政办字〔2019〕20号);在此基础上,围绕预算绩效管理周期,山东省密集出台了一系列预算绩效管理制度,形成了"鲁味"鲜明的"1+2+N"制度体系,如图2所示。

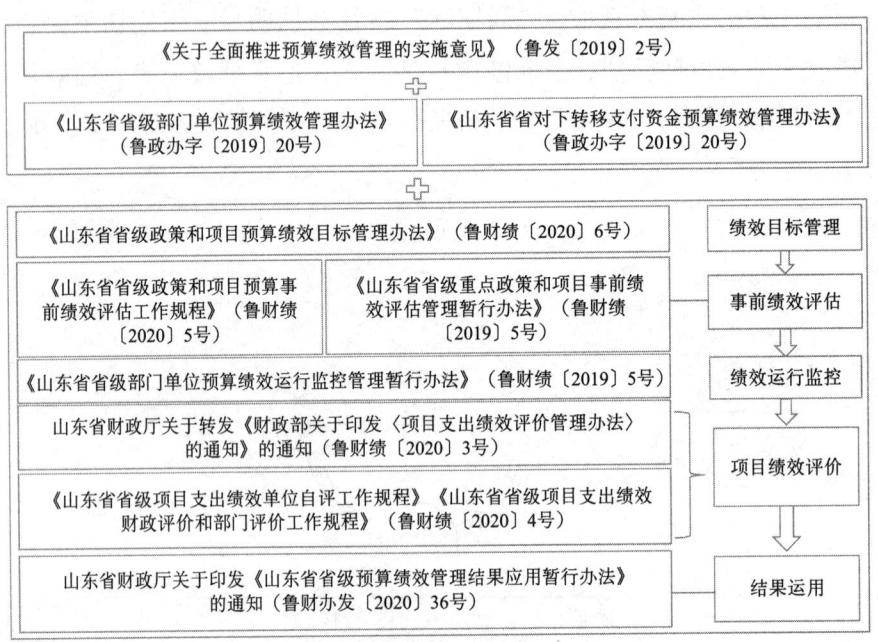

图2　山东省预算绩效管理"1+2+N"制度体系

(二)全周期跟踪问效山东实施方案

1. 含义与目标。根据34号文"对实施期超过一年的重大政策和项目实行全周期跟踪问效,建立动态评价调整机制"的要求,2020年4月山东省制订出台了《省级重大政策和项目全周期跟踪问效实施方案》。"全周期"意指重大政策项目始于立项、经过整个实施过程、终于退出或失效的整个生命周期(下文以"全周期"代指"全周期跟踪问效")。山东省级预算管理改革将专项资金分配权下放到省级业务主管部门；依据权责对等原则，通过绩效目标、事前绩效评估等措施强化绩效责任约束，并通过全周期跟踪问效，动态跟踪政策项目进展和实施情况，利用结果反馈、督促整改、完善政策等措施，将评估结果作为完善政策设计、年度预算安排及执行调整、资金管理机制持续优化的重要参考，促进政策实施与预算活动的全面融合，以破解事后绩效评价结果应用滞后的难题，确保放权后资金能接得住、用得好，以实现管理绩效和资金绩效的全面提升。

2. 组织与分工。全周期跟踪问效采取"1+1"跟踪评估模式，由山东省财政厅会同相关业务主管部门负责组织，每项政策由财政厅委托一个第三方机构开展。各方主要职责如图3所示。

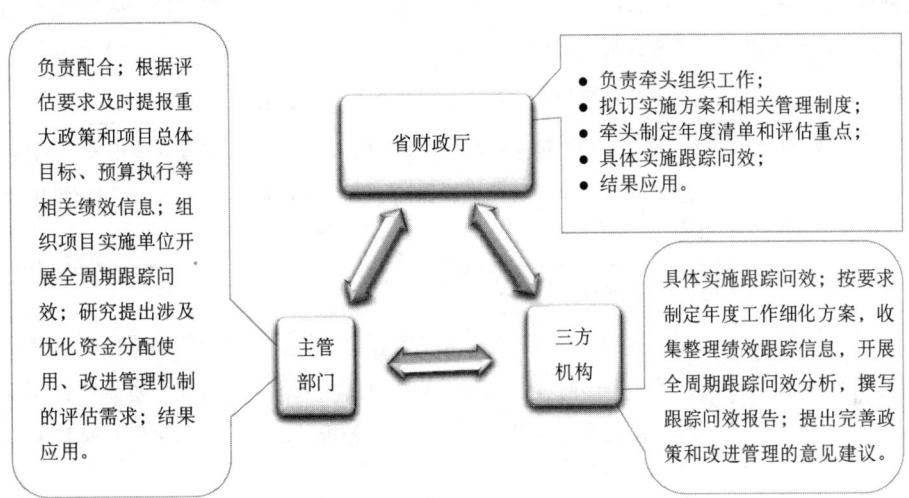

图3 全周期跟踪问效责任主体与职责分工

3. 主要内容。全周期跟踪问效主要围绕政策落实、预算执行与资金配置、管理使用有效性等方面内容进行，详见表1：

表1　　　　　　　　　　全周期跟踪问效主要内容

1. 政策落实情况（根据重大支出政策清单，对照设定的长期和年度绩效目标，逐项跟踪政策具体落实情况）	①政策实施情况	重点关注政策执行是否与绩效目标一致，政策预计效果的实现进度及趋势，政策产出的完成进度及趋势，服务对象满意度及趋势等
	②政策预期绩效实现情况	通过对政策所含具体工作任务开展、完成进度等情况进行跟踪评估，对政策实施的预期绩效与实现可能作出总体研判
	③政策可持续性	重点关注政策实施环境变化情况，结合政策实施的有效性情况，分析政策实施的可持续性，提出政策终止、优化调整、加力增效的针对性建议

续表

2. 预算执行及资金配置情况	①预算执行情况	包括预算资金拨付情况、预算执行单位实际支出情况以及预计结转结余情况
	②预算资金配置情况	主要根据中央和省委、省政府重大决策部署要求，结合我省当前支出结构的合理性、相关领域现行支出政策的有效性等，研究提出进一步优化相关领域财政资金结构性配置的意见建议
3. 管理使用有效性（主要跟踪重大政策和项目的资金分配方式、使用机制、管理程序等）	①不同政策资金因素法与项目法的更优管理方案	
	②宜因素法管理资金涉及因素和权重的科学选取与配置	
	③宜项目法管理资金涉及后补助、贷款贴息、风险补偿、竞争立项等使用机制的最佳实现方式	
	④相关政策实施资金投入有无市场化替代路径	
	⑤财政与金融政策手段融合联动的解决方案等，结合评估中发现的实际问题，广泛借鉴外省市先进做法，研究提出改进完善资金管理使用的意见建议	
	⑥其他需要补充的内容	
4. 其他需要跟踪评估的内容	主要包括到期专项资金预算绩效评价评估、重大政策和项目事前绩效评估等。同时，面向省内外对相关领域内政策设计、管理机制等开展持续寻标对标活动，结合我省实际进行对比分析，建立起常态化的专业政策信息储备供给机制	

4. 工作流程。按照"全周期跟踪、定期报告、闭环管理"的原则，全周期跟踪问效按图4所示的流程展开。

三、全周期跟踪问效"山东模式"主要特色

（一）上下协同、统筹推进

上下协同、三级联动是山东省在推进预算绩效管理工作方面一贯采用的组织方式。这种方式在发挥省级领导示范作用的同时，有效带动市县两级的探索实践。2020年，省级选取生态文明建设奖补等6个重大政策和项目开展全周期跟踪问效，对政策落实、资金管理及政策实施效果等进行跟踪问效；同时，积极带动市

启动阶段 （4月下旬）	• 省财政厅制定出台工作实施方案，会同省主管部门确定全周期跟踪问效重大政策和项目清单及评估重点，其中2020年将政策落实情况作为评估重点。
准备阶段 （5月下旬）	• 第三方机构根据相关政策和项目的特点，按照方案确定的跟踪评估内容，制定具体的评估方案，由省财政厅会同业务主管部门审定。评估方案应包括评估内容、评估目标、评估方式方法、评估结论以及所需资料清单等内容。
中期跟踪 （9月底前）	• 重点跟踪政策和项目实施进度、绩效目标完成及预期实现情况： • ①主管部门自评（对1—8月份执行情况开展自评，9月初形成自评报告）。 • ②实施跟踪。第三方机构根据确定的年度跟踪评估方案，全面收集有关数据和资料。 • ③评估报告。第三方机构结合综合评估，于9月中旬提交跟踪报告，报省财政厅和业务主管部门。 • ④结果应用。省财政厅根据跟踪评估报告，分类提出结果应用意见，于9月底前反馈业务主管部门。评估结果作为当年预算调整、次年预算安排、绩效目标设定的重要参考依据。
总体评价 （次年1月底）	• 重点评价政策和项目全年执行情况和绩效目标完成情况。 • 年度执行完毕，主管部门对全年执行情况开展自评。 • 第三方机构结合中期跟踪情况和全年执行信息，对政策和项目全年落实情况进行总体评价，并于次年1月中旬提交评价报告，报省财政厅和业务主管部门。 • 省财政厅根据全年评价报告于1月底前反馈业务主管部门，评价结果作为预算安排、绩效目标设定、资金分配和管理使用优化的重要参考依据。

图4 全周期跟踪问效工作流程

县开展此项工作。2020年已有济南、临沂、淄博、日照等8个地市建立全周期跟踪问效机制；淄博市桓台县作为试点区县，以带状公园建设项目为突破口，也进行了全周期跟踪问效的探索。

（二）横向协同、定期会商

在省级层面，建立全周期跟踪问效工作定期会商制度，由省财政厅召集，业务部门和第三方机构共同参与，集体研究确定重大政策和项目监控工作方案和重点任务，协调解决工作中存在的问题，确保全周期跟踪问效顺利开展。例如，2020年上半年，对山东省重点水利工程建设"头号"工程——小清河防汛综合治理项目率先启动全周期跟踪问效实践。具体工作的开展采取"省财政厅＋省水利厅＋第三方机构"三方合作模式，对小清河沿线5个市12个县市区的项目投资、资金落实、财务管理、产出效益和资金使用效果等实施全过程跟踪问效。针对发现的问题，及时研究提出改进管理建议，调整完善工作措施，在主汛期前顺利完成小清河防洪综合治理各项任务，为流域内平稳安全度过汛期提供了有力保障。

（三）办事、花钱同跟踪、双监控

全周期跟踪问效的核心是将"目标实现"和"资金运用"作为主要着力点，实施绩效实现过程与预算资金使用的"双监控"。一是对影响目标实现的设计、计划、实施等环节进行全方位监控；二是通过项目主管部门、预算管理处（科）室、跟踪问效工作组对资金进行多层次监控。在此过程中强化业务部门对支出控制的责任和绩效意识，切实做到在预算额度内精打细算，实施内容上精益求精。

（四）持续跟踪、闭环管理

1. 明确各环节工作重点。重大政策项目全周期跟踪问效工作从政策设计、项目立项开始，到政策项目结束，其关键点在于"跟踪"的持续性。按照"全周期跟踪、定期报告、闭环管理"的原则，山东省全周期跟踪问效分为"启动—准备—中期跟踪—总体评价"四个阶段，根据政策和项目生命周期各个阶段的不同特征选择跟踪重点，确定跟踪内容，以提升重点政策和项目支出的绩效。例如，桓台县采取"五步走"跟踪方案：①关键时点选择——精准把握项目关键时点；②跟踪——及时跟踪项目实施；③分析——"问题导向"型深入分析；④反馈——第一时间反馈跟踪报告；⑤整改——限期完成问题整改。该方案针对性强、即查即改，对于破解事后评价结果应用滞后的问题不啻为一剂良方。

2. 合理选择跟踪频次。在跟踪频次的选择方面，既要确保重点内容不"漏网"，又要考虑跟踪活动本身的成本与跟踪对项目和政策实施造成的额外成本，将其降至最低，因此，科学合理的跟踪频次需要在实践中通过不断的"实验"和"试错"来确定。例如，对于跨年度的重大政策和项目，烟台市跟踪次数不少于3次；日照市对将评价周期延长至项目完工时间，每年年底进行阶段性评价，项目结束后作出总体评价。这种方式使评价周期与项目预算周期、执行周期一致，有助于增强结果应用的针对性和有效性。

（五）及时运用、促进融合

山东省市县三级跟踪问效均要求在政策实施期内持续开展，将跟踪问效形成的绩效信息作为当年预算调整、次年预算安排、绩效目标设定的重要参考依据，与政策调整、改进管理、优化流程有机衔接；政策执行期满后，对照绩效目标，对政策和项目进行综合评估，评估结果作为政策延续执行、调整后延续执行、中止执行及年度预算安排的重要参考依据，推动形成预算绩效管理与重点事业融合发展的良性互动机制。

四、山东省生态文明建设财政奖补资金中期跟踪问效案例

（一）政策概况

为践行习近平关于"绿水青山就是金山银山"的绿色发展理念，根据《山东省人民政府办公厅关于印发〈建立健全生态文明建设财政奖补机制实施方案〉的通知》（鲁政办字〔2019〕44号）等文件要求，自2019年3月19日起，山东省逐步建立了涵盖主要污染物排放调节资金收缴、节能减排奖惩机制、空气质量、地表水环境、自然保护区生态补偿、以及重点生态功能区转移支付等在内的"1+6"奖补机制。为此，专门设立山东省生态文明建设财政奖补资金，统筹省级主要污染物排放基金和环保等方面收入，根据各地市环境生态质量与环境治理绩效分配资金，以引领各地市走高质量、高效益、低污染的绿色发展之路。该资金包括环境质量生态补偿资金和节能减排奖补资金两部分，具体管理由省、市、县财政、生态环境、自然资源、发改委四部门分工负责。

（二）绩效目标

全省各市要达到国家下达的总量、水、气等环境质量年度目标；加强自然保护区必要的设备购置及能力建设，提高日常管理水平；推动各市完成能耗总量和强度"双控"年度目标任务。在省级下达绩效目标的基础上，全省各地市结合实际对绩效目标和指标进行微调。

（三）跟踪方法

由工作组结合现场调研和非现场评价，采用案卷分析、现场调研、比较分析、因素分析等方法对项目实施情况及资金使用情况进行综合评价。

(四）跟踪范围

由于青岛、临沂、济宁、聊城四市根据前期考核结果需上缴赔偿资金，因此 2020 年受益范围为济南、菏泽等 12 地市。跟踪截止时点为 2020 年 8 月 30 日。

(五）实施过程

1. 前期准备。2020 年 8 月 25 日前，工作组在梳理、分析项目基本情况的基础上结合 2019 年资金重点评价及跟踪问效要求，编制全周期跟踪问效工作方案。9 月 1 日—9 月 5 日，工作组对项目单位提交的资料进行初步审核，对相关数据、背景文件进行分析和汇总，制定现场调研计划及调研提纲。

2. 组织实施。2020 年 9 月 11 日前，工作组选取济南市生态环境局和济南市钢城区第二污水处理厂开展现场调研，以了解市级财政奖补资金整体安排与区级项目组织管理、进度实施、监督监管情况。

(六）主要发现

1. 政策实施与预期实现情况。政策执行与绩效目标基本一致。项目层面产出时效与成本指标已部分达成，其他产出指标和效益指标预期能够达成或基本达成。2020 年投入的 8 629.57 万元主要用于支持水、大气、自然保护区、节能减排等项目 169 个。项目大多处于建设前期或建设中，预期部分项目年度内无法形成有效产出和效益。节能减排项目完工率较高；地表水、自然保护区等项目完工率不足 10%，详见表 2 所示。

表 2　2020 年度生态文明建设财政奖补资金支持项目实施进度表

项目类型		项目数	项目进度			完成率
			未开工	实施中	已完工	
——	小计	169	68	72	29	17.16%
环境质量生态补偿项目	空气	91	27	45	19	20.88%
	地表水	28	14	12	2	7.14%
	自然保护区	36	21	13	2	5.56%
节能减排奖补项目		14	6	2	6	42.86%

2. 政策可持续性。山东省《建立健全生态文明建设财政奖补机制实施方案》及配套补偿办法出台于 2019 年 3 月，各项配套补偿办法预期执行至 2020 年 12 月 31 日。"十四五"期间生态文明建设将仍是各级政府的重要任务，政策环境将保持长期稳定；生态保护补偿机制是调动各方积极性、保护好生态环境的重要手段。奖补机制在提升空气质量、改善地表水环境、加强自然保护区建设和促进节能减排方面发挥了积极作用，2020 年获得国家体制机制改革创新奖励资金 2 000 万元。

3. 预算执行与资金配置。（1）预算执行：截至 2020 年 8 月底，省级奖补资金 26 077 万元已全部拨付至地市；在此基础上，济南等 12 地市统筹资金共计 32 051.87 万元，已拨付项目单位 12 729.4 万元（占比 39.71%），预算执行情况详见表 3。（2）资金配置。截至 2020 年 8 月底，已完成和未完成资金分配的地市各占一半；共分配资金 28 629.57 万元（占比 89.32%），未分配资金 3 422.3 万元；已拨付到项目单位 12 729.4 万元，其中已完成支付 2 900.03 万元，预算执行率为 22.78%。

表 3　　2020 年度生态文明建设财政奖补资金执行情况表　　单位：万元

序号	项目类型	项目数	小计	已拨付到项目实施单位资金	市财政未拨付资金	县财政未拨付资金	资金到位率
1	空气质量生态补偿	91	12 894.51	6 633.69	0.00	6 260.82	51.45%
2	地表水环境质量生态补偿	28	9 195.06	3 753.71	0.00	5 441.35	40.82%
3	自然保护区生态补偿	36	5 131.00	1 312.00	1 052.00	2 767.00	25.57%
4	节能减排奖补	14	1 409.00	1 030.00	0.00	379.00	73.10%
5	未分配资金	—	3 422.30	0.00	171.00	3 251.30	0.00%
	合计	169	32 051.87	12 729.40	1 223.00	18 099.47	39.71%

4. 资金分配与管理。（1）资金分配方式：各市对奖补资金的分配方式主要有三种：项目法、因素法和混合法。采用项目法，主要对造成较大环境影响并急需改造升级的项目予以资金支持；采用因素法，主要依据考核因素和环境质量，综合考虑资金投入、政府和企业事权进行资金分配；采用项目法与因素法相结合的方式，如威海市，首先按照项目法选择支持项目，剩余资金按照因素法，根据各区体量和污染防治任务量进行切分。（2）资金管理模式：根据各市在统筹方面的差异性，主要有两种管理模式：1/3 的地市实行统筹，将补偿资金用于抵扣赔偿后，再将剩余资金建成固定资金池，作为项目资金上限；其余地市依据奖罚独立

原则,将补偿资金全部投入所支持的项目。

(七) 结论与建议

1. 主要结论:山东省生态文明建设财政奖补政策实施宏观环境较为稳定,政策实施较为有效。截至 2020 年 8 月底,政策实施未发生影响预期目标实现的事项,超过 50% 的项目预期将在 2020 年年底前完成,政策目标预期能够在一定时期内实现。预计到 2020 年年底,将有 5 473.46 万元资金无法完成支出,5 270.7 万元资金无法确定能否完成支出。此外,既有资金拨付进度慢、项目执行进度滞后等问题仍然存在,政策管理机制仍有待完善。

2. 完善建议:督促各市根据跟踪报告,在 2020 年 11 月底前完成项目梳理,按照项目实际对奖补项目进行分类处置,或加快分配与拨付进度,或收回或调整等;根据国家相关政策修订完善配套补偿办法,同时督促各市完成项目储备工作,减少"资金等项目"问题的发生。

(八) 结果运用

上述问题和建议已经向省、市、县相关部门进行反馈。本政策于 2020 年年底到期。2021 年 1 月 6 日,在认真分析总结两年来运行情况的基础上,结合工作实际和绩效评价与跟踪结果,山东省修订制订出台了新的《实施方案》,重点对中涉及的大气、地表水、自然保护区等生态补偿办法进行修改完善。此外,修改后的 6 个具体办法不再保留"暂行"字样,实施期限均为 2021—2023 年。

(九) 案例评析

本案例较好地体现了全周期跟踪问效的要求,对政策绩效和 2019 年中期综合评价提出的问题进行持续跟踪,所提建议针对性较强,对于后续跟踪和新政策的制订提供了较好的基础条件。不过,考虑到中期跟踪的特殊性,跟踪报告在政策可持续的表述方面不够全面深入,建议从政策持续的必要性与可能性两个方面进行完善;另外,对于项目法和因素法在政策执行过程中的适当性未做出评判,对于省内外同类政策的寻标、对标问题未曾提及。

五、全周期跟踪问效"山东模式"面临的主要问题与完善思路

山东省在全周期跟踪问效方面的探索在取得初步成效的同时,也遇到大量的困难和制约因素。主要表现在以下四个方面:

(一)全周期跟踪问效"山东模式"面临的主要问题

1. 全周期跟踪问效的基础不够扎实,"有"而不"优"。基础不实的问题主要表现在:第一,绩效目标管理虽已实现对一般公共预算的全覆盖,迈出了从"无"到"有"的第一步,但绩效目标不完整、不全面、不规范的现象依然普遍存在,从"有"到"优"的提升还任重而道远;第二,事前绩效评估在各级政府重大政策决策过程中尚未成为"必选项";预算部门工作人员绩效意识比较淡薄、绩效与预算"两张皮"的问题还比较突出,提升改革质量成为目前面临的突出问题。

2. 全周期跟踪问效责任主体的选择与成本的权衡。全周期跟踪的主体包括财政部门、业务部门、第三方机构、人大代表和政协委员等,各方之间的责任分工既决定着跟踪的成本、也决定着跟踪的成效,需要在二者之间做出权衡和抉择。山东模式采取以财政部门牵头组织、业务部门配合、第三方机构实施的分工方式,这是不是最好的组织方式?按照"全过程监管"的要求,人大代表也应该全程参与。那么,人大代表如何参与?有没有更好的组合形式?

3. 全周期跟踪问效实施的"最优方式"尚待明确。在全周期跟踪问效机制运行过程中,暴露出来的主要问题包括跟踪的时间节点如何确定、跟踪频率多少更为合适等问题,山东模式做出了初步探索,由于时间较短、实施的政策和项目数量较少,目前还难以给出最优答案,需要在更多的实践中进行探索、总结。

4. 绩效服务市场供给严重不足。预算绩效管理改革催生了一个庞大的服务市场,吸引了大批第三方机构入市"淘金"。预算绩效管理改革愈深入,包括绩效跟踪在内的绩效管理服务的供需矛盾就愈加尖锐。预算绩效管理从业人员需要具备丰富的财政学、行政管理学、会计学等专业素养,人员素质决定着服务质量。

山东预算绩效与评价中心2020年11月进行的调查①表明,目前为山东服务的144家机构中,由会计事务所转型而来的超过60%,专门从事预算绩效管理的机构仅占少数。这一问题具有普遍性,在市县层面更为突出,已经在很大程度上制约着预算绩效管理改革的深入推进。

(二)全周期跟踪问效"山东模式"的完善思路

山东省对于全周期跟踪问效的探索和实践时间尚不足一年,还需要从各环节进行细化和完善,以促进预算绩效管理改革的持续深入。

1. 夯实基础、突出重点,促进跟踪质量从"有"升"优"。绩效目标管理是整个绩效管理的龙头和基础,决定着后续环节的质量水平。要提升跟踪质量,首先必须以绩效目标编制为突破口,提高政策和项目立项决策的科学性;做实项目库,提高项目预算和实施计划的精准度。其次,部门单位的绩效责任既包括执行责任,也包括自我监控责任。必须在落实部门单位绩效责任的同时压实其绩效监控责任,提高日常监控质量,为降低跟踪监控频率、提高跟踪监控绩效创造条件。

2. 立足政策项目整个生命周期,做好绩效跟踪与其他环节的衔接。全周期跟踪的范围是重大政策项目的整个生命周期,从立项到实施、清理退出各个环节"一个都不能少"。本文两个政策案例因出台较早均未实行事前绩效评估。对此,跟踪方案就要将政策制订作为监控重点;跟踪过程中要重点关注项目实施重要节点产出与支出进度的匹配性、项目实施过程的规范性,如项目开工、变更、阶段验收等,项目完工后着力关注实施效果,提高跟踪监控的针对性、有效性。在结果应用方面,日照市"边评边改"的方式还可以进一步规范,发现问题督促单位及时整改,特别是加大跟踪监控结果与政策调整和预算挂钩的力度,倒逼各方面强化绩效理念、规范管理流程、提升管理绩效。

3. 强化预算部门绩效责任,探索人大政协参与跟踪问效的有效方式。归根究底,全周期跟踪问效是对重大政策或项目从立项到执行整个过程进行绩效跟踪的一种方式。从绩效责任的归属来看,财政部门是预算资源配置主体,承担配置责任;预算部门单位是预算资源运用的主体,应该承担绩效责任。因此,在跟踪责

---

① 山东省预算绩效管理状况调查方式包括问卷和访谈两种方式。问卷调查采用问卷星进行,样本范围包括全省16个设区市、117个区县财政部门、144个第三方机构、140个预算部门单位;在此基础上对济南、青岛、德州、济宁、临沂、日照等市进行了现场或在线访谈。

任的划分方面,自然应该以预算部门的日常跟踪为主、财政部门的重点跟踪为辅;同时发挥人大代表、政协委员的监督作用。日照市吸收人大代表、政协委员全程参与绩效跟踪和评价取得了良好效果,其他地市可以在借鉴的基础上探索更为有效的参与方式。

4. 规范绩效行业管理,提升绩效服务水平,为提升改革质量提供智力保障。为提升绩效市场的供给服务质量,首先需要尽快成立地方性预算绩效管理行业协会,以发挥其规范管理、专业培训等优势,选择熟悉预算绩效管理理论和政策的高水平师资,根据预算部门单位和第三方机构的需求特征制订分层培养计划。其次,将后备人才培养作为财经高校专业改革的重点任务,为打造"人人懂绩效、事事讲绩效"的改革环境提供智力保障。

农村环境整治资金绩效管理制度现状与优化研究

生态环境部环境规划院环境保护投资绩效管理中心

高级工程师 宋玲玲

内容提要：建立健全预算绩效管理制度是提升预算绩效管理成效、发挥绩效管理作用的重要措施。农村环境整治资金是生态环境部参与管理的中央对地方专项转移支付之一，其绩效管理工作刚刚起步，尚存在诸多问题，影响了绩效管理作用的充分发挥。为此，研究梳理了农村环境整治资金管理现状，分析了资金绩效管理现状与问题，基于现有管理制度框架提出了绩效管理制度优化的具体建议：建立行业绩效指标库，强化绩效目标审核制度，构建绩效评价指标体系，强化绩效激励约束机制。

关键词：农村环境整治资金　绩效管理　管理制度　绩效指标　评价指标

一、前言

农村环境整治资金是生态环境部参与管理的中央对地方专项转移支付之一，是当前广大农村污染治理投资的重要组成部分，是农业农村污染治理攻坚战实施的重要基础保障。绩效评价是提高环保投资效益一项有力手段，以绩效结果反馈机制为保障不断规范和优化决策阶段的资金分配结构，不断提高决策的科学性和合理性，优化公共资源配置。为了提高农村环境整治资金成效，生态环境部近年来以提升绩效为出发点不断完善资金全过程绩效管理，强化绩效管理。然而，农村环境整治资金绩效管理工作刚刚起步，仍存在诸多问题，现阶段绩效评价结果不高、结果不实，影响了绩效评价结果的有效应用，绩效管理未充分发挥应有作用。一个健全完善的预算绩效管理制度框架体系，可以推动财政绩效管理高水平、高质量发展。为了提高绩效管理高水平发展、促进绩效管理真正发挥应有作用，本论文在研究资金管理与绩效管理制度现状与问题基础上，提出农村环境整治资金绩效管理制度的优化建议。

二、资金管理现状

（一）资金规模与使用成效

2008年，国务院首次召开全国农村环保工作会议，中央财政设立农村环保专项资金（后改为农村环境整治资金），采取"以奖促治"方式，以村庄为重点，安排资金用于解决群众反映强烈、危害群众健康、影响可持续发展的突出环境问题。2016—2020年，中央财政共计安排了农村环境整治资金258亿元，支持农村生活污水和垃圾处理、畜禽养殖污染治理、饮用水水源地保护等与村庄环境质量改善密切相关的环境综合整治。截至2020年年底，支持各地完成了13.6万个建制村环境整治，超额完成"十三五"目标任务（13万个），有效解决了垃圾随意倾倒、污水直排河道等农村突出环境问题，持续推进改善了农村人居环境。

（二）资金管理流程与制度

"十三五"期间，包括农村环境整治资金在内的中央生态环境资金逐步建立起了较为完善的专项资金管理制度，主要涵盖项目储备、资金分配、预算执行与项目进展调度、监督检查、绩效评价等全过程管理。如图1所示，按照项目储备制度管理要求，申请中央资金补助的项目必须事先做好项目前期准备工作，按入库要求向生态环境部提交各项材料，通过生态环境部审核后进入中央项目储备库。各省财政部门、生态环境部门在获得每年财政资金分配金额后，从中央项目储备库中择优选择拟支持项目上报财政部、生态环境部审核，审核通过的项目进入实施阶段。在项目实施阶段，生态环境部每季度调度一次预算执行与项目进展，督促地方加快推进预算资金执行和项目实施，发挥资金效益。同时，生态环境部每年选择部分项目开展监督检查，重点检查专项资金分配和监管的总体情况，项目立项、实施、工程建设及竣工验收情况等，以检查促进项目的合法合规。在年度结束后，按照财政部统一部署要求，生态环境部组织开展年度资金绩效评价工作。

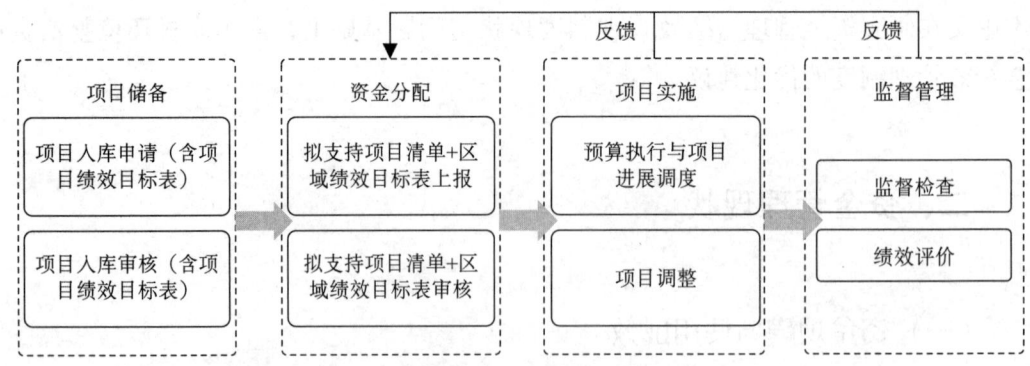

图1 农村环境整治资金管理流程

随着财政预算绩效管理工作的推进，农村环境整治资金绩效管理制度逐渐建立起来，并融入资金的日常管理工作中。在项目储备阶段，要求地方编制项目绩效目标表，项目绩效目标表必须随同项目可行性研究报告或实施方案一同上报、审核。在资金分配阶段，要求省级部门编制区域绩效目标表，区域绩效目标表应随同各省拟支持项目清单一同上报、审核。每年度结束后，按照财政部关于中央对地方专项转移支付绩效自评的统一要求，各省财政部门和生态环境部门编制并提交绩效自评报告，根据各省自评报告，生态环境部会同财政部开展中央资金整体绩效评价，编制完成农村环境整治资金绩效评价报告，各省绩效评价结果作为下一年度资金分配参考依据。

三、资金绩效管理现状与问题

目前，农村环境整治资金绩效管理工作主要集中在绩效目标编制与审核、绩效评价等方面。

（一）绩效目标编制与审核现状

按照《中央对地方专项转移支付绩效目标管理暂行办法》（财预〔2015〕163号）要求，目前农村环境整治资金绩效目标分为整体绩效目标、区域绩效目标、项目绩效目标三个层次。其中，整体绩效目标为年度全部资金在一定期限内预期达到的总体产出和效果，区域绩效目标为省级行政区域内的全部资金在一定期限内预期达到的产出和效果，项目绩效目标为通过预算安排的某个具体项目资金在一定期限内预期达到的产出和效果。三个层次的绩效目标编制紧密相关，低层次绩效目标支撑高层次绩效目标。以2019年度农村环境整治资金整体绩效目标（表1）和某省区域绩效目标（表2）为例，区域绩效目标的产出数量设置了生活污水处理建制村数量，有效支撑了整体绩效目标中的数量指标，即1 348个建制村的整治任务包含在2.5万个整治任务中；由于此省农村环境整治资金全部支持了农村污水处理工作，区域绩效目标中的质量目标只是选择了整体绩效目标中污水处理工程相应的质量指标，可以说是有效落实了整体绩效的质量指标要求；区域绩效目标中的服务对象满意度指标与整体绩效目标中的一致；区域绩效目标相比整体绩效目标增设了一项生态效益指标，即污水直排减少量，可以较好地衡量污水处理设施建成后的生态环境效益。

表1　　　　　　2019年度农村环境整治资金整体绩效目标

一级指标	二级指标	三级指标	指标值
产出指标	数量指标	通过水污染防治行动计划实施情况考核的建制村数量	2.5万个
	质量指标	经过整治的村庄，生活污水得到处理的比例	≥60%
		经过整治的村庄，生活垃圾得到无害化处理的比例	≥70%
		经过整治的村庄，畜禽粪便得到综合利用的比例	≥70%
		经过整治的村庄，饮用水达到卫生合格标准的比例	≥90%
满意度指标	服务对象满意度指标	建制村所在镇、村相关人员及村民对本村环境综合整治情况的满意度	≥80%

表2　　　　　某省2019年度农村环境整治资金区域绩效目标

一级指标	二级指标	三级指标	指标值
产出指标	数量指标	生活污水处理建制村数量	1 348
	质量指标	生活污水得到处理的比例	≥60%
效益指标	生态效益指标	污水直排减少量	1.9万吨
满意度指标	服务对象满意度指标	建制村所在镇、村相关人员及村民对项目的满意度	≥80%

为了夯实绩效目标编制质量，2020年起，农村环境整治资金针对区域绩效目标和项目绩效目标建立了绩效目标审核制度。区域绩效目标从完整性、相关性、适用性和可行性等四个方面开展审核。其中，完整性主要审核区域绩效目标是否按照规范化的格式填报，产出数量指标、质量指标、生态效益指标、服务对象满

意度等绩效指标是否填报完整;相关性主要审核区域绩效目标是否与资金支持方向和任务密切相关,是否选取了最能体现总体目标实现程度的关键指标并明确了具体指标值,是否能够支撑整体绩效目标表;适用性主要审核绩效目标与资金规模的匹配性;可行性主要审核绩效指标是否全面、充分、细化、量化,难以量化的,定性描述是否充分、具体,绩效指标数据是否易监测或获得。项目绩效目标主要从完整性、相关性和可行性等三个方面开展审核。完整性、可行性审核内容与区域绩效目标完整性审核内容一致;相关性审核主要审核绩效指标是否与项目相符合,切实反映项目实施产出与效果,体现资金效益;由于项目绩效目标管理主体在地方,中央对项目绩效目标的审核侧重形式审核,对于适用性,即绩效目标与资金规模的匹配性,尚未开展实质性审核。

(二)绩效评价现状

目前,农村环境整治资金尚未建立绩效评价指标体系,绩效评价按照财政部要求主要依靠编制的绩效目标开展,即评价指标包括预算执行率和绩效目标编制时设立的绩效指标。其中,预算执行率权重为10%,绩效指标中的产出指标、效益指标和满意度指标等一级指标设置统一权重,分别为50%、30%和10%(对于缺少一级指标的,将其权重平均分配给其他一级指标),三级指标权重为一级指标权重除以三级指标数量。各项指标评价方法如下:

1. 预算执行率。

预算执行率得分 = 预算执行率 × 权重　　　　　　　　　　　　　　　(1)

预算执行率是根据中央财政补助资金、地方财政资金和其他资金的全年预算总额(A)和资金使用单位执行数(B),计算(B/A),满分为10分。

2. 产出指标与效益指标。

定量指标采用以下方法打分:

产出指标与效益指标得分 = 全年完成值/年度指标值 × 权重　　　　　　(2)

其中,满分为权重分值;全年完成值和年度指标值为中央对地方专项转移支付区域绩效目标自评表中省级填报的三级指标实际完成值和年度绩效目标值。

定性指标通过对比三级指标的全年完成值和年度指标值,综合判断完成情况,按照以下分档打分:全部或基本达成预期指标,得分 = (100%—80%) × 权重,含80%;部分达成预期指标并具有一定效果,得分 = (80%—60%) × 权重,含60%;未达成预期指标且效果较差三档,得分 = (60%—0%) × 权重。

3. 满意度指标。

对于定量的满意度指标，按照 80% 的最低要求评分，即：

$$得分 = 实际服务对象满意度/80\% \times 权重 \tag{3}$$

对于定性的满意度指标，如目标值为"有所提高""完全公开"，按照产出指标与效益指标中的定性指标评分方法计算。

此外，考虑扣分项。未按照要求开展绩效自评工作，扣 5 分。绩效自评表中缺少产出指标、效益指标或满意度指标等一级指标的，缺少一项扣 5 分。

（三）绩效管理存在问题

1. 绩效目标设置科学性不足。部分地方对绩效目标管理认识不足，绩效指标编制与目标设置不合理，如时效指标设置"获得支持的本区域下属单位"，质量指标设置"开展绿盈乡村创建活动"等，难以监测、评价。虽然建立了绩效目标审核制度，但各省区域绩效目标的三级指标设置仍差异大，未形成统一规范的绩效体系，导致后续评价结果无法横向比较，无法总结资金整体绩效。

2. 绩效自评深度有待提高。多数省份绩效自评报告深度不足，只是按照财政部统一要求将绩效目标值与实际完成情况简要说明，内容缺乏深度，对资金的投入、产出、效益、可持续性缺乏逻辑分析，导致绩效评价形式化，难以支撑后续结果应用。部分省份未按统一内容要求编制绩效自评报告。由于部分省份绩效目标设置不合理，导致绩效结果与资金规模并无直接关联，即资金给多给少，绩效结果并无差异。

3. 绩效评价结果应用不足。受以上两个问题影响，现阶段绩效评价结果应用不足，仅作为预算资金调整的依据之一且挂钩力度有限，尚未对地方形成有效的激励或约束。

四、绩效管理制度优化建议

为了解决绩效管理存在的问题，提高绩效管理质量，促进农村环境整治资金成效提升，建议在现有资金管理及绩效管理制度基础上优化绩效管理制度，可以从夯实绩效目标编制质量、规范绩效评价指标体系及评价方法、强化绩效激励约束机制等方面入手。

（一）建立行业绩效指标库

目前，我国财政部门已经建立项目、部门以及财政预算绩效指标体系，但都是共性指标，缺乏行业指标体系。建立农村环境整治资金行业绩效指标库是对行业指标体系的有效补充，是规范资金绩效目标编制、保证绩效信息一致性和有效性、提高绩效评价质量的关键。绩效指标库建设主要从完整性、相关性、政策符合性和可行性四方面考虑。（1）完整性是指在财政部规定的 3 个一级绩效指标和 9 个二级指标的绩效指标框架下设置三级指标，确保每项二级指标下至少有 1 项三级指标。（2）相关性是指绩效指标要符合资金支持类型及内容，目前农村环境整治资金主要支持农村污水处理、垃圾收集、饮用水源地整治、非规模化畜禽养殖整治等项目。根据支持项目类型，绩效指标库中的数量指标与生态效益指标主要从污水处理、垃圾收集、饮用水源地整治、非规模化畜禽养殖整治等项目类型上分别设置，如表 3 所示，数量指标还设置了支持完成环境整治的建制村数量作为必选指标，以支撑国家以及地方农村环境整治资金成效总结。（3）政策符合性是为了落实当前农村环境整治任务的技术要求。《农业农村污染治理攻坚战行动计划》《农村人居环境整治三年行动计划》等文件对农村环境整治成效提出了具体要求，如完成环境整治建制村的污水处理率应大于或等于 60%，绩效指标库中的质量指标应根据这些政策文件要求来设定。（4）可行性要求绩效指标库中的绩效指标尽量能够量化，不能量化的应能通过定性描述方式清晰、明确地表达，指标数据应易于采集、容易获得，可统计、可核查。根据这些考虑，编制了农村环境整治资金绩效指标库（表3），建议绩效指标库实施动态管理，若农村环境整治资金支持项目类型以及内容有变化或有其他新的政策要求，绩效指标库也应及时调整更新。

表 3　　　　　　　　农村环境整治资金绩效指标库

一级指标	二级指标	三级指标	指标解释	指标适用类型
产出指标	数量指标	支持完成环境整治的建制村数量（个）※	反映中央资金支持村庄开展环境整治情况	通用型
产出指标	数量指标	支持开展整县推进的区县数量（个）	反映中央资金以整县推进方式支持开展农村环境整治情况	通用型
产出指标	数量指标	建设集中式污水处理设施（处）	反映中央资金支持集中式污水治理设施处数	污水

续表

一级指标	二级指标	三级指标	指标解释	指标适用类型
产出指标	数量指标	建设分散式污水处理设施（户）	反映中央资金支持分散式污水处理设施处数	污水
产出指标	数量指标	购置垃圾设施数量（个、台）	反映中央资金支持购置垃圾设施数量	垃圾
产出指标	数量指标	非规模化畜禽养殖整治户数（户）	反映中央资金支持非规模化畜禽养殖整治户数	畜禽养殖
产出指标	数量指标	整治饮用水源地（处）	反映中央资金支持整治饮用水源地处数	饮用水源地保护
产出指标	质量指标	村庄生活污水处理率	反映完成环境整治的村庄污水处理率达标情况，应大于或等于60%	污水
产出指标	质量指标	生活垃圾无害化处理率	反映完成环境整治的村庄生活垃圾处理达标情况，应大于或等于70%	垃圾
产出指标	质量指标	畜禽粪污综合利用率	反映完成环境整治的村庄畜禽综合利用率达标情况，应大于或等于70%	畜禽养殖
产出指标	质量指标	饮用水卫生合格率	反映完成环境整治的村庄村民饮用水达到卫生合格的比例，应大于或等于90%	饮用水源地保护
产出指标	时效指标	完工率*	反映一定期限内，预算资金支持的项目完工情况	通用型
产出指标	时效指标	开工率*	反映一定期限内，预算资金支持的项目开工情况	通用型
产出指标	成本指标	实际投入超概算率（%）	反映成本控制情况	通用型
产出指标	成本指标	吨水建设投资（万元/吨）	反映建设污水处理设施建设成本控制情况	污水处理
产出指标	成本指标	吨水处理成本（元/吨）	反映建设污水处理设施的技术经济情况	污水处理
效益指标	社会效益	受益乡镇数量（个）	反映资金带来的社会效益	通用型
效益指标	社会效益	受益户数（户）	反映资金带来的社会效益	通用型

续表

一级指标	二级指标	三级指标	指标解释	指标适用类型
效益指标	社会效益	受益人口数量（万人）	反映资金带来的社会效益	通用型
效益指标	社会效益	带动就业人口数（人）	反映资金带动就业情况	通用型
效益指标	经济效益	带动地方及社会资本投入（万元）※	反映中央资金撬动的地方和社会资金投入情况	通用型
效益指标	生态效益	新增村庄生活污水设计处理能力（吨/日）	反映资金投入可新增的村庄生活污水设计处理能力情况	污水
效益指标	生态效益	新增村庄生活垃圾转运能力（吨/日）	反映资金投入可新增加的村庄生活垃圾设计处理能力情况	垃圾
效益指标	生态效益	水质达标的千吨万人饮用水水源地数量（个）	反映资金投入可实现的饮用水水源地达标情况	饮用水源地保护
效益指标	生态效益	村庄生活污水处理量（吨/年）	反映资金投入可实现的村庄生活污水处理能力情况	污水
效益指标	生态效益	村庄生活垃圾转运量（吨/年）	反映资金投入可实现的村庄生活垃圾处理能力情况	垃圾
效益指标	生态效益	村庄畜禽粪污综合利用量（吨/年）	反映资金投入可实现的村庄畜禽粪污综合利用能力情况	畜禽养殖
效益指标	可持续影响	稳定运行率	反映污水以及垃圾收运等设施稳定运行和治理效果稳定达标情况	通用型
满意度指标	服务对象满意度指标	社会公众或服务对象满意度※	受到影响的部门（单位）、群体或个人对实施效果的满意程度，至少80%	通用型

注：※为必选项。

（二）强化绩效目标审核制度

绩效目标的合理与否对绩效管理的质量影响较大，必须依靠有效的审核系统提高绩效目标的编制质量。建议在现有制度基础上进一步强化绩效目标审核制度。首先，增加整体绩效目标审核制度。根据经验，各省编制区域绩效目标表时习惯模仿、照搬整体绩效目标的指标设置，整体绩效目标是区域绩效目标编制的参考和基础,提升整体绩效目标编制质量是提升区域绩效目标甚至项目绩效目标编制质量的关键。建议在生态环境部编制完成整体绩效目标后,财政部绩效管理部门组织开展审核工作,参考区域绩效目标审核内容从完整性、相关性、适用性和可行性等方面开展审核。其次,强化区域绩效目标审核。目前区域绩效目标审核主要侧重于绩效指标设置是否合理,对于绩效指标值是否合理、设置的是过高还是过低,审核不足且缺乏审核依据,后续应逐步积累绩效指标的行业经验或标准,逐步加大对绩效指标值的合理性审核。最后,督促地方开展项目绩效目标审核。目前,农村环境整治项目管理主要在地市,项目绩效目标编制的责任主体应为地市部门,因此督促省级建立项目绩效目标审核制度,根据资金绩效管理要求,结合项目建设内容与规模审核项目绩效目标设置的完整性、相关性、适用性和可行性。

(三) 构建绩效评价指标体系

绩效评价指标体系是绩效评价的核心,评价体系的有效与否直接关系到绩效信息的质量,从而对绩效信息的运用产生至关重要的影响。为了提高绩效评价质量,应在广泛吸收国外及国内先进地方经验的基础上,设立规范化的评价标准,建立健全绩效评价指标框架,逐步形成涵盖各项支出的绩效评价指标体系促进绩效评价质量提升。根据农村环境整治资金特点,从以下原则出发考虑绩效评价指标体系的构建,结果见表4。

表4　农村环境整治资金绩效评价指标体系

一级指标	二级指标	三级指标	指标基准分	指标解释	评分方法
决策指标(10)	项目立项	立项合理性	5	年度中央资金支持的项目建设的合理性和必要性	指标得分=立项合理的项目数量/支持的项目数量×指标基准分
	资金投入	资金分配合理性	5	年度中央资金分配是否有测算依据,与地方实际需求是否相适应	有明确的测算依据,与地方实际需求相适应,5分;有明确的测算依据,但与地方实际需求不相适应,3分;缺乏明确的测算依据,与地方实际需求不相适应,0分

续表

一级指标	二级指标	三级指标	指标基准分	指标解释	评分方法
过程指标（20）	资金管理	预算执行率	15	年度中央资金使用单位执行数占年度中央资金的比例，反映支出进度	预算执行率≥90%时，该指标得满分；预算执行率<90%时，指标得分=预算执行率/90%×指标基准分
	组织实施	制度健全性和使用合规性	5	资金管理制度是否健全和规范，资金使用是否符合相关规定要求	资金及项目管理制度健全且严格执行，得5分；未严格执行制度的发现一处扣1分，制度不健全的发现一处扣2分。未严格执行国库集中支付制度，支出依据不合规，超范围、超标准、超项目进度或未按合同约定支出资金的每发现一处扣2分；贪污、套取、截留、挤占挪用资金的不得分；项目管理存在严重问题，如招标、验收等存在严重漏洞的不得分；在项目存续期内所有部门的审计、监督检查发现重大问题的均不得分
产出指标（35）	数量指标	产出数量完成率（1）	15	项目实施的实际产出数与计划产出数的比率，用以反映项目产出数量目标的实现程度	指标得分=实际值/目标值×指标基准分
	质量指标	质量达标率（1）	5	项目完成的质量达标产出数与实际产出数的比率，用以反映项目产出质量目标的实现程度	指标得分=实际值/目标值×指标基准分
	时效指标	完工率	5	年度中央资金支持的项目中已完工项目占比，反映项目实施进度	指标得分=实际值/目标值×指标基准分

续表

一级指标	二级指标	三级指标	指标基准分	指标解释	评分方法
产出指标（35）	时效指标	开工率	5	年度中央资金支持的项目中已开工项目占比，反映项目实施进度	指标得分=实际值/目标值×指标基准分
	成本指标	成本指标控制	5	项目完成的成本实际控制情况，反映成本指标的实现程度	指标得分=目标值/实际值×指标基准分
效益指标（35）	经济效益	带动地方及社会资本投入	5	反映预算资金投入实际带动地方及社会资本投入情况	指标得分=实际值/目标值×指标基准分
	社会效益	社会效益实现程度（1）、（2）	5	与社会效益绩效目标相比，社会效益指标实现程度	指标得分=实际值/目标值×指标基准分
	生态效益	生态效益实现程度（1）	15	与生态效益绩效目标相比，社会效益指标实现程度	指标得分=实际值/目标值×指标基准分
	可持续影响	稳定运行率	5	年度中央资金支持的完工项目中稳定运行项目的占比情况	指标得分=稳定运行率×指标基准分
	服务对象满意度指标	社会公众或服务对象满意度	5	社会公众或服务对象对项目实施效果的满意程度	满意度≥90%，得5分；90%>满意度≥60%，得分满意度/90%×5；满意度<60%，不得分

注：（1）分别计算绩效目标编制时设置的三级绩效目标的实现程度，再取平均分；（2）若无此指标，将指标基准分平均分配给其他二级评价指标。

1. 目标导向原则。绩效评价最主要目标是引导和鼓励被评价对象向正确的方向和目标发展，绩效评价指标是衡量绩效目标实现的重要核心因素，同时也是反映绩效的重要途径。绩效评价指标应与绩效目标指标有着直接联系同时能够正确地反映绩效目标实现程度，因此，绩效评价指标中一级指标设置了产出指标、效益指标和满意度指标，与绩效目标指标中的三个一级指标相对应，在一级指标之下设置了数量指标、质量指标、时效指标、成本指标、经济效益、社会效益、生态效益、可持续影响、服务对象满意度指标等9个二级指标，若绩效目标指标中无任何的二级指标，绩效评价指标体系中相应取消此二级指标，产出指标、效益指标和满意度指标对应的三级评价指标主要体现三级绩效目标指标的实现程度，如数量指标设置"产出数量完成率"作为三级评价指标，反映实际产出数与计划产出数的比率，即绩效目标指标中的产出数量实现百分比，若绩效目标指标中有N个产出数量指标，分别计算每项数量指标的产出数量完成率，再取平均值。

2. 政策符合性原则。2020年2月，财政部印发《关于印发〈项目支出绩效评价管理办法〉的通知》（财预〔2020〕10号），文件适用范围包括一般公共预算、政府性基金预算、国有资本经营预算项目支出的绩效评价。作为一般公共预算的农村环境整治资金，其绩效评价指标体系的设计应该遵循政策规定。《项目支出绩效评价管理办法》提出，财政和部门绩效评价指标应与评价对象密切相关，全面反映项目决策、项目和资金管理、产出和效益。因此，除了产出指标、效益指标和满意度指标之外，农村环境整治资金绩效评价指标体系在一级指标中还应设置决策指标和过程指标。其中，决策指标包括"项目立项"和"资金投入"，前者反映农村环境整治资金支持项目立项以及建设的必要性和合理性，后者反映资金分配是否有测算依据、与地方实际需求是否相适应。过程指标包括"资金管理"和"组织实施"，资金管理用"预算执行率"作为三级评价指标，反映支出进度，组织实施用"制度健全性和使用合规性"作为三级评价指标，评价资金管理制度是否健全和规范，资金使用是否符合相关规定要求。

3. "3E"原则。评价指标体系应涵盖经济性、效率性、效果性，反映绩效内涵。这也是国外政府部门以及国际金融组织在开展绩效评价时常用的绩效评价模型。农村环境综合整治绩效评价指标体系设置同样应遵循"3E"原则，本论文研究用"成本指标控制"体现经济性，用产出时效指标，即"完工率"和"开工率"体现效率性，经济效益、社会效益和生态效益下的三级指标体现效果性。

指标基准分和评分方法主要根据《项目支出绩效评价管理办法》要求以及以往评价经验设计。评分方法主要采用比较法、因素分析法和公众评判法。其中，"立项合理性""资金分配合理性""制度健全性和使用合规性"和"稳定运行率"均结合要评价内容通过因素分析法综合判断。"服务对象满意度"评价指标采用公众评判法，根据调查结果计算得分。其他产出和效益类的评价指标采用比较法，评价标准是事先设定的绩效目标指标。预算执行率根据行业标准来判断，这里行业标准取值为90%。

（四）强化绩效激励约束机制

建立绩效激励约束机制是将绩效意识纳入资金管理全过程的必要手段，否则绩效管理容易形式化。为了激励资金管理各方关注绩效、重视绩效，必须强化绩效评价结果应用。一方面，加大绩效评价结果与资金分配的挂钩力度，对于评价结果差的暂停资金分配一年。另一方面，增强信息公开力度，逐步将绩效评价报告结果对人大、社会公开，通过人大监督、公众监督约束倒逼地方重视绩效。

绩效预算动态监管的国际经验借鉴

吉林省财政厅科研所　张依群等

内容提要： 预算绩效监管是实施全面预算绩效的有力保障，也是提高政府治理能力的必然要求。从 20 世纪初开始，伴随着国际上许多国家开始实行绩效预算，与之配套的绩效预算监管也在不断进步。由于国家政治体制不相同，各个国家的绩效预算监管方式也并不相同，但是由于目标、背景大体相似，因此本文通过梳理不同国家的绩效预算监管方式，分析归纳了不同国家在监管的主体、客体、保障、过程等方面的共同之处，以及绩效预算动态监管主要做法，力图寻找为中国全面实施预算绩效管理的交集，为"十四五"时期全面建立"标准科学、规范透明、约束有力预算制度"打造一架穿透式"多棱镜"。

关键词： 预算绩效　动态监管　国际借鉴

"绩效预算"理念最早出现在 1907 年美国纽约市政研究局提供的"改进管理控制计划"的报告中，实践始于 20 世纪 30 年代，美国田纳西流域管理局和美国农业部采纳绩效预算提高部门运作效率，并成为提高政府行政效率的最早努力。目前世界绝大多数国家不同程度地实行了绩效预算管理。"他山之石，可以攻玉"，本文通过比较多国实行绩效预算监管的现状与成效，旨在推动我国预算绩效监管机制的进一步发展。绩效预算监管是在不同国家政治、宏观经济、财政政策背景下，政府对行政首长预算决策和预算总量进行监管，以实现节约财政支出、提高政府职能、注重社会监督等目标。

一、谁来监管：绩效预算监管主体

（一）国会（议会）是外部监管主体

国会或者议会具有立法权，因此，国会（议会）的监管更有约束力和强制性，下面是以美国、日本、英国为代表，各国的国会（议会）组成和职责不尽相同，所以按国家分别分析讨论。

美国国会预算监督主要通过完善的法律体系、健全的组织机构及强大的预算监督能力来完成的。美国宪法规定，国会有权征税，所有税务和拨款必须由众议院提出。美国的政府预算是以预算法案的形式，由国会审议通过，具备法律效应。国会有时设立临时法律以使政府在预算通过前正常运行。国会设立国会预算局（Congressional Budget Office，CBO），职责是为国会两院提供客观、专业、非政治化的分析，有助于经济和预算决策。同时，国会两院各设预算委员会，对预算的收入和支出总额进行联合决议，并按其功能用途进行分类，例如国防、教育等。各个政府部门用附件阐述计划的预算支出理由、主要目的、预定目标等。美国国会有一套审核监督联邦预算的庞大机构，包括：预算委员会，对预算编制负全面责任，对预算收支总额进行综合考察，向国会提出政策性建议。国会预算局（CBO），这是由专家而非国会议员组成的专业、非党派机构，职责是为国会两院提供客观、专业、非政治化的分析，有助于经济和预算决策，也对行政管理与预算局（OMB）的预算编制挑毛病，国会预算局（CBO）更像是一个专业辅助机构，为国会预算管理服务。国会强大的预算监督能力离不开CBO，其不仅向国会两院预算委员会提供审查预算资料、成本评估和相关报告的职责，而且还向两院拨款委员会和其他委员会提供协助义务，并且有权调取行政部门资料和调用相关人员。每年一月，CBO对经济预算和展望提出报告，包括对未来十年预算收支进行评估，将成为两院立法的参考基础，同时，针对总统预算书向国会提出相应专业分析作为国会客观的衡量标准。

国会参众两院拨款委员会，决定拨款数额，内设众多根据行政体系划分的拨款小组委员会，负责对应主管部门的预算拨款。拨款小组委员会，实际掌握拨款权利的机关，在决定拨款前，通常举行听证会，要求行政部门对预算进行说明和解释。总审计署（GAO），隶属于国会，主要负责审计联邦政府财政预算执行结果及内部财务状况。国会通过法律赋予总审计署职权,总审计署可以定期审查联邦政府资金使用情况并发表评论,向国会报告预算执行情况。这一套庞大的预算组织机构,各司其职,在国会的授权和监管下,对国会负责,系统完整地对绩效预算的管理和总量的控制发挥不可替代的作用。

与美国国会庞大复杂的机构体系不同,日本议会通过行使财政审批权来发挥作为国家的最高权力机关和唯一立法机关的决策和监督作用。日本预算计划必须经过议会批准方可实施,称为预算的议会决定原则,日本《宪法》《财政法》《会计法》《债券管理法》和《地方自治法》都明确议会决定原则。各地方自治体的预算也必须经过同级议会的批准才能实行。日本《宪法》规定,处理国家财政的权限必须根据议会的决定实施,国家支出及举债必须经过议会的批准,内阁必须编制每个会计年度的预算,提交议会审议和表决。日本《宪法》还规定,众议院对预算有先议权,政府预算草案先要提交到众议院审议,财政大臣先后分别在众议院、参议院进行财政演说,说明预算内容及政策等。

英国的财政预算提议权由政府提出,但任何财政提案由下院审议、表决,且财政议案必须转化为立法,才具有法律效力。在17世纪到19世纪,英国上下两院都有预算监督权,后期随着代表平民利益的下议院逐步占据主导地位,19世纪后期,议会通过法案规定,平民院的财政法案,贵族院不得修改和拒绝。此后,下议院拥有对预算的决定权。英国下议院公共账目委员会是最重要的预算监督机构,负责对预算经费的使用,用途进行核查,并讨论政府部门预算资金的使用效率和效果。

(二)财政部门是内部监管主体

财政部门监管工作复杂又具体,以美国、日本、英国为例进行分析。

美国政府行政部门参与预算绩效监管的主要角色有:总统,总统预算管理办公室和由财政部、国民经济委员会、经济建议委员会组成的"经济三角"。美国联邦政府行使财政职能的法律依据是美国宪法,它赋予联邦政府在筹集财政收入和安排财政支出方面的权力,但并未直接对州和地方政府的财政职能做出规定。美国宪法在赋予州政府充分权力的基础上,为了国家的整体利益,仍然在某些方面对州政府的权力有一定限制,例如规定州政府不能征收关税。各州也通过州宪法自行对州政府的财政职能和权力进行限制。美国行政管理与预算局(Office of Management and Budget,OMB)是联邦政府机构之一,独立于财政部之外,主要是编制联邦支出预算、负责审核各部门提出的预算，并且准备总统的年度预算。首先，总统在OMB和提供经济政策的"经济三角"协助下，确定预算年度的政策目标，制定预算的指导方针和联邦政府各部门的预算规划指标，并通过OMB下达给各部门。其次，联邦政府各部门将本部门年度预算的建议提交OMB汇总。最后，由OMB将联邦政府各部门提交的预算汇总成联邦政府预算草案，交总统审查，总统向国会提交联邦预算草案。美国预算收支两条线，财政部负责根据历年的收入情况和经济发展预测，编制收入预算，总统预算办公室编制支出预算，供总统预算办公室参考，美国财政部根据国会批准的预算，组织审查预算资金收入。

日本财务省原名大藏省，与美国财政部职能类似，2001年改革后将部分预算职能转移给内阁办公室。内阁负责预算限额、预算总则的发布和对预算草案的批准，由内阁批准后的草案才能到议会进行审议和表决。财务省负责预算编制和执行，制定税收政策和征收管理租税等国家财务事项。地方自治财务局负责编制地区国家预算，并为执行预算开展各种必要的调查。例如，为把握国家预算的用途、效果、以及成本等进行预算执行调查，并将这些结果反映在下一年度的预算编制中。各省向财务省提交年度概算要求书。财务省在听取各省关于概算要求说明的基础上，对概算要求书进行审核、调整，编制形成财务省的概算方案，财务大臣将最后调整的概算方案提交内阁决定，最终形成政府预算草案，日本宪法规定，预算先提交到议会表决前，财务省的财政大臣要在两院进行财政演说，就预算的编制方针内容特色财政政策等进行说明。①

英国财政部门的预算绩效监管和日本类似，英国绩效预算参与方包括财政部预算责任办公室、议会、内阁公共服务和公共支出委员会与国家审计署。中央政府各部门的预算绩效管理活动由财政部统一组织和协调，财政部对各个部门进行公共支出调查，提出调查报告，为未来三年政府预算确定原则，之后各部门提出预算支出，在财政部审查完成后，内阁确定控制总额上限，财政部与各部门沟通协商，确定总预算金额和各部门预算金额，同时各部门将预算细节提交给财政部，由财政部门进行审查，上报议会审批。内阁公共服务和公共支出委员会主要负责中央政府绩效评估与绩效审计工作的指导和监督。国家审计署完全独立于政府之外，负责绩效评估和绩效审计工作，组成人员不具有公务员身份，由议会专项拨付审计经费。国家审计署每年向议会下议院公共账目委员会提交多份政府绩效报

---

① 邢文良：《关于日本议会的预算监督》，《人大研究》，2011年第1期。

告，指出政府工作中存在的问题，就提高工作绩效提出建议并回答议员咨询。此外，英国还有负责地方绩效评估活动的地方自治审计委员会，对地方政体进行绩效指标的统一测量，并对指标值较低的地方政府进行后续教育和辅导。

（三）社会监管是外部主体的有力支持

社会监管主要是指接受社会公众监督，国家更应注重绩效预算信息的公开和透明。预算公开接受社会监管，使得暗箱操作难以存在，权力寻租也难以进行，以美国、加拿大、新西兰、日本、英国为例。美国在法律上赋予了社会公众对绩效预算的知情权和参与权，法律的强制性使得美国预算绩效公开效果非常显著，强化社会监管力度。

美国《政府绩效与结果现代化法案》规定，每个部门应在公共网站上公开绩效计划，绩效计划应涵盖预算中每个项目，并报告总统和国会。美国重视民众参与度，各种民间机构介入预算绩效评价，起到审查监督的作用。美国的州市有自己的绩效预算管理权利，不同城市间绩效预算公开和外部监督的程度也不相同，以盖恩斯维尔市为例（见图1），佛罗里达州盖恩斯维尔市实行市议会—城市经理管理体制，其预算报告首先要满足市民的知情权与参与权，其次是服务于市政委员会的决策与监督要求，最后才是用于盖市的预算执行与管理。盖市以"改进与增强以市民为中心的服务"为目标，通过开放的在线数据门户鼓励市民参与预算安排，接受公众监督，市民很容易获取和理解预算数据，特别是在公开的政府主要管理与执行层的官员名单栏中，市民可以联系各类公共服务具体负责人，便于监督与投诉公共服务。同时，政府鼓励市民对公共服务提建议，市委举办研讨会时对市民开放。除此之外，预算报告中还列入偿债基金信息，由于债务问题事关政府信用评级，影响其借贷成本，市民了解这些信息有利于监督政府，有利于对政府风险有准确预判。总之，盖市社会公众监督主要分为三个方面，一是市民作为纳税人监督政府征税行为也就是预算入部分，追求自身纳税成本最小化。二是市民通过预算支出了解公共服务，改变自身行为，追求公共福利最大化。三是市民可以参与预算调研、研讨会、公听会等活动，监管政府公共服务内容与社会公平情况，使公共服务更贴近自身需求。

日本政府虽然在法律上没有强制性要求，但十分重视预算信息公开，预算管理透明度也较高。首先，在预算编制过程中，日本政府开展"事业筛选"工作，由议员、官员及专家组成的筛选委员会对部分支出项目进行重新评估、审核，并

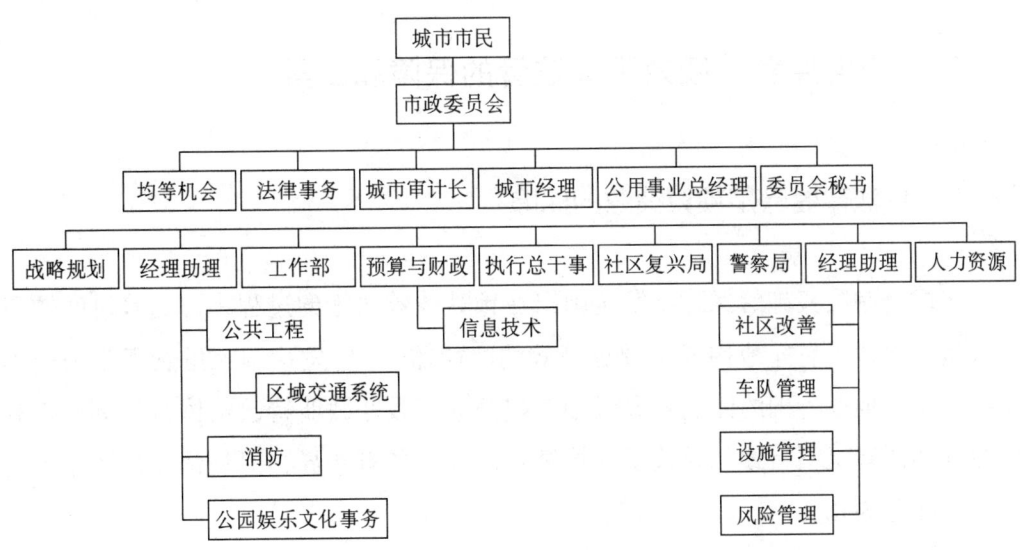

图1 盖恩斯维尔市政府组织架构图

进行质询,各省厅官员必须作出解释说明。自"事业筛选"工作启动以来,日本民众的关注度与日俱增,审查现场的旁听席一票难求,审查现场还通过网络视频向全国直播,大大提高了民众参与财政预算工作的热情,加强了对预算管理的外部监督。其次,在预算审查方面,日本宪法规定,预算必须经国会审查通过。在每年的预算审查过程中,代表不同利益集团的党派都会在国会参与讨论。电台、电视台也会向全国直播国会讨论情况,从而有助于国民了解预算活动的情况,提高预算的透明度。最后,在财政监查结果方面,日本的财政监查机构每年都要编制检查报告,一方面提交国会和内阁,另一方面编成《会计检查梗概》《决算与检查》一类的书刊,公开发售。在这类书刊中,明确写出哪个部门、单位发生哪些问题,造成的经济损失以及改进意见等等。日本预算管理的公开透明,一方面大大提高了预算绩效管理水平,另一方面也有效提高预算管理外部监督作用。

英国与日本预算公开具有相似性,绩效信息的透明和公开一直是英国政府预算绩效管理所坚持的原则,通过财政部门官网公布各部门的绩效指标和相关数据并定期更新,以数据可视化的形式供公众查阅,以便公众及时掌握政府各部门的支出进度和资金使用效率。这相当于是政府各部门与公众签订了一份"责任状",有助于公众的参与、监督和评价,倒逼政府部门提升绩效预算监管能力。

二、用何监管：绩效预算监管的保障和工具

（一）法律监管是预算绩效的保障

法律是制度实施的保障，发达国家在预算绩效实施的过程中，随着时间颁布了大量的法律，有序地构成了预算绩效的法律监督。[①] 发达国家虽然通常为资本主义国家，但是各国的体制各异，如三权分立、威斯敏斯特政治体系等等，权利的分配和流转也不一致，导致了预算绩效法律也各有差异，但是预算绩效相关的法律大体分为几类：

第一类法律主要规定了绩效预算监管的主体责任和职能，奠定了各个国家预算绩效监管的基础法律，为预算绩效审查和监管提供法律支持。如美国20世纪90年代《政府绩效与成果法案》是美国在预算绩效方面的基础法案，标志着美国预算绩效的正式实施。[②] 日本没有明确的预算绩效管理法案，但是日本通过《宪法》《财政法》《会计法》等法律法规组成了预算绩效的基础法律体系，并使各机构协作完成工作。新西兰推出的《公共财政法案》提出考虑结果，推行以产出为核心的预算管理，实行预算拨款直接与部门产出相关联，使得政府更好地控制资源、成本。韩国20世纪90年代进行政府行政改革后颁布了《政府绩效评价框架法》，明确了政府绩效的原则、程序、评价机构及评价结果应用等内容，完善和强化了政府绩效评价体系。法国在2001年彻底修改了1959年提出的《财政组织法》，颁布了新的《财政组织法》（LOLF），新的LOLF涉及到公共管理支出的所有领域，制定了新的三级预算框架。

第二类法律是预算绩效监管的基础法律，使各部门各司其职，形成全过程的预算监督。美国在《政府绩效与成果法案》后又配套发布了《联邦绩效检查法案》，通过法律监督来限制政府绩效目标成效。新西兰则是通过颁布《财政责任法案》，提出了一系列的财政管理和绩效报告规范的原则，阐明为结果而管理的

[①] 杨志安，邱国庆，郭矜：《全面实施预算绩效的实践考察、国外经验及实现路径》，《财政监督》，2019年第9期。

[②] 鲁清仿，王全印，赵光辉：《美国联邦政府预算绩效管理及其对中国的启示》，《中国软科学》，2019年第12期。

预算绩效监管模式。澳大利亚的《预算诚信章程法案》从预算监督的制度、主体和职责等方面对预算制度进行了明文规定。

第三类是法律主要规定公开事项，使预算绩效从制定、执行到决算都能进行依法的公开，这也是为了方便引入第三方监督和群众监督，保障预算绩效的目标能够体现民众的意志。英国通过颁布《财政稳定法典》来对预算绩效相关信息进行公开，并且规定了民众对于这些信息具有监督权。澳大利亚通过《预算诚信章程法》《总审计长法》《档案法》等多项法律构建了完善的财政预算公开法律体系。加拿大各级为了更好地进行预算绩效相关的公开，分级制定了不同的法律，联邦层次制定了《联邦责任法案》和《财政管理法案》，地方如不列颠哥伦比亚省制定了《预算透明度和问责法案》、安大略省《财政透明度和问责法案法案》从而保障了预算绩效公开的力度。[①]

（二）监管工具创新是预算绩效监管活力源泉

社会的发展史是创新的历史，预算绩效监管同样体现着创新的重要性。预算绩效可视化技术是近些年来发达国家预算绩效创新技术重点发展方向。预算绩效可视化通常是预算绩效监管方用所获得的公共信息，通过建立科学、合理的预算绩效评价体系，实时对预算绩效进行监控，并通过计算科学和图形学等可视化工具，将预算绩效结果变为简洁明了的、可以互动的图像形式。预算绩效可视化好处一方面是通过图像的方式来代替大量的数据，使监管者能够将精力放在结果评估上，而不是数据处理上。另一方面预算绩效可视化技术大大降低了对于监管者专业知识水平的要求，在预算绩效公开时，能够更好地引入民众监督，使民众参与到预算绩效监督的过程中。美国波特兰市建立绩效实时监控系统，通过绩效仪表盘选出一组竞选指标进行跟踪，在年度目标和绩效结果间进行比较，对核心项目展开实时监控，交互式图表显示战略目标和近五年历史趋势，使各部门接受民众的监督。波特兰市还构建了一种预算地图来方便公众和议会进行监督，在地图上按照社区进行分块划片，然后通过不同颜色来表达地区预算和绩效情况。[②]

[①] 郑国栋：《浅谈加拿大地方政府的预算公开》，《楚雄师范学院学报》，2016 年第 1 期。

[②] 美国波特兰市政府网站：https://www.portlandoregon.gov/cbo/article/756095。

三、何时监管：全生命周期绩效预算监管

为了促进预算绩效目标实施，保障政府提供的公共服务是以居民需求优先，提高资金的使用效率，在发达国家通常在预算的各个阶段进行全生命周期监管，即事前、事中、事后全过程监管。

（一）预算编制监管

预算编制是国家进行集中地分配资金的计划，体现着政府的意志和目标，对于预算编制的监管可以从根本上保证政府的工作能够满足民众的优先需求，使资金得到合理利用。在发达国家由于政治体制原因，会就预算编制时进行博弈，也会相互制衡，但是无论什么政治体制，在预算编制监管过程中，发挥主要力量的都是财政部门和议会。在预算编制的过程中，通常国家内的各个部门会根据议会批准的大致方针和预算要求来制定各自部门的预算要求，由于财政部门的专业性，在制定过程中通常会进行一定的指导，并在各部门制定完预算编制后交到财政部门审批，财政部门会对部门预算的各项进行检查，如有不合适的会交于原部门重新编制。随后，财政部门会将预算拿到一会上进行讨论，讨论通常都是多次长时间，方式有财政大臣与议会进行问询或者在议会上进行逐字通读的方式，如果表决未被通过，则需要财政部门将预算拿回，重新改正。在美国，由预算编制委员会全权负责预算编制，而隶属于国会的专业非党派机构国会预算局针对预算编制进行检查，就预算编制的问题向国会提出建议。在日本，由财务省与各省讨论后，形成当年的预算编制方案，众议院对预算编制进行审批监管，财务大臣为了预算编制的通过，要接受至少 120 小时的问询。在英国，财政部门指导各部门做好预算编制之后，由财政部门统一进行协调，并通过在众议院"三读"的方式来进行预算编制的监管。一读时议会秘书将预算编制提案发给议员。二读将对预算编制进行"总讨论"，如果被否决，则预算编制被废止。三读是对于预算编制议案进行文字的调整和修改。如果小于 6 人反对，预算编制提案通过议会。

（二）预算执行监管

对预算执行的监督是全过程监督中最重要的一部分，可以督促政府部门按照

既定的计划提供公共服务，也可以在预算编制失误时，及时调整预算绩效目标，避免资金浪费。在发达国家，预算执行方面由议会进行监管，通常是从政府的内外两个方面进行监督，外部对于预算执行的监督是设立一个独立于政府的审计机构，工作人员由非政府的专业人士组成。审计机构只对议会负责，在财年进行时针对政府部门的账目进行审查，将账目和政府部门工作计划进度报给议会。这样的独立于政府的审计机构既可以保证做到公平公正，出具的报告也能降低预算绩效审查的门槛，使得议会能将更多的精力放在监管上。内部监督是政府设立一个内部的审计机构，对于预算的执行进行监管，以防止资金的滥用。美国国会设立了政府责任署对政府进行审计，在达到使用资金合法合规后，将目标转向了预算执行过程中的监督。同时《1978年监察长法案》规定了设立总监察长办公室从政府内部对预算的执行阶段进行分析，并将结果报送给国会和预算与管理局。英国议会设立了独立于政府的审计署，其中大部分人具有公共会计执业资格，对政府的资金去向进行审计。英国政府部门内部也会设立一名主计长，对预算的执行进行监督，已保障本部门的资源应用到合理的位置。在预算执行过程中的监督可以将多余的资金及时收回减少沉淀资金，也可以及时发现效果没有达到预期设想的项目，议会可以将项目资金收回，用于其他项目，以此来推动政府部门高效工作。

（三）预算结果监管

为了更好地发挥预算绩效作用，发达国家通常是推行以结果为导向的预算绩效改革，那么对于预算绩效结果的监管就极其重要。对于预算绩效结果的监管大体分成两个部分，对于预算绩效的评价和对于评价结果的应用。

发达国家的预算绩效监管都是以成熟的预算绩效评价体系为基础，可以说没有评价就没有绩效。美国在实施《政府绩效与结果法案》之后逐渐开始全国推广预算绩效评价。美国的绩效评价主体主要有三方面：第一是隶属于国会的国会审计署，是预算绩效评价的主导者，它可以对项目和部门进行评价；第二是隶属于政府的总统预算与管理办公室，直接对总统负责，监督各部门进行预算绩效评价工作；第三是部门内部的预算绩效评价工作，负责部门内部的信息整理、预算申请、绩效评价等工作，在需要的情况下，代国会审计署对部门具体项目进行绩效评价。英国自"雷纳评审"以来，预算绩效改革一直走在世界前列被称为"世界上应用公共部门绩效考评最完善、最持久、技术上最成熟的改革"。英国预算绩效评价分三个部分：一是部门内部评价，由部门首长任命主计长或内设评价机构，或者通过社会第三方评价机构来对部门和项目的预算绩效进行评价;二是英国财政部,财政部在英国对于其他部门预算绩效的指导贯穿预算绩效整个流程,包括预算编制,执行到最后的评价;三是内阁公共支出委员会,受内阁委托对各部门的预算绩效进行全过程监督。澳大利亚的预算绩效评价机构主要分为两类:第一类是内部评价机构,主要有财政部、公共服务委员会构成,财政部主要通过国库资金支出等相关财政信息,对各部门预算绩效进行评价,形成评价意见。公共服务委员会负责制定预算绩效评价标准,直接对总理负责。外部评价机构为审计署和公共账目联合委员会,审计署对各个部门进行预算绩效审计评价,结果上报国会。公共服务委员会对各部门上交的绩效评价报告进行审查。可以看出发达国家预算绩效评价都是通过构建多层次,内外结合的预算绩效评价机构来对绩效评价结果进行监督。

对于评价结果应用,发达国家处理的方式大体相同,其中最为重要预算绩效评价的结果与第二年或更长时间的预算安排相挂钩,但是各国由于体制不同也会有一些不同。在英国对于部门的预算绩效评价结果会影响政府对于部门负责人的评价决定今后所任职位,同时绩效评价结果也作为政府内阁制定中长期规划的参考。加拿大的项目预算绩效评价结果会决定项目是否继续执行,与其他项目相比每个部门评价结果最低的四个项目会被取消,将资金用于其他项目。评价结果的应用决定预算绩效监督的效果。

四、监管成效:绩效预算动态监管启示

(一)绩效预算监管的成效

预算绩效是为了控制政府的财政支出,同时也为了提高资金的使用效率,通俗的说是花更少的钱,做尽量多的事,[①] 而预算绩效监管一方面能够保证预算绩效能够顺利实施,另一方面预算绩效监管也是全面预算绩效的一部分。在西方国家,执政党为了选票通常会有提高政府财政支出的倾向,而当国家面对经济危机或税收减少时,财政收支矛盾就会加剧,进一步引发危机。为了管控赤字,避免

---

① 王海涛:《我国预算绩效管理改革研究》,财政部财政科学研究所,2014年。

政府进行无节制的支出，预算绩效监管在发达国家作用明显，合理的预算绩效监管有效地控制住了政府的支出。同时，对于资金的使用效率，预算绩效监管砍掉大批无意义或低效率的项目，提高了财政资金的使用效率。在20世纪90年代美国财政陷入了收支危机，国会通过《平衡预算和紧急赤字控制法》《预算执行法案》来对财政支出进行控制，但是收效甚微，财政支出增长依然大于财政收入的增长，在1993年国会通过了《政府绩效成果法案》施行全面预算绩效，并与之配套了《联邦绩效检察法案》来对预算绩效进行监管，以保障预算绩效符合国会要求。使得美国预算绩效监管超越了党派和政府更迭，在一段时间内成功地实现了财政盈余。英国在第二次世界大战之后一直奉行凯恩斯主义，当20世纪70年代石油危机开始时，英国经济受到了巨大打击，于是人们开始认识到了公共资金有效性的问题，在1979年撒切尔夫人上台后委托雷纳爵士组建"效率小组"，被称为"雷纳评审"。通过"雷纳评审"仅仅6年，就节约了6亿英镑的年度节支和6 700万英镑的一次性节支，而花销不到500万英镑。

（二）绩效预算动态监管的启示

一是强化财权控制。议会决定原则大大加强了议会对于政府部门的控制，绩效在预算监管的过程中，通过财权的控制来对政府部门进行监督，提高政府工作效率，减小寻租腐败等负面事项，同时对于资金的分配，也能更好地梳理财权与事权的分配，提高政府各部门的治理有效性。对中国来说，借鉴国际惯例，在维持中央和地方财力分配格局不变情况下，探讨适度下沉财力，上移财政事权的可行性，实现财政可持续发展，这是绩效监管的前提基础。

二是注重项目实效。提高资金使用效率，无论是旧项目的延续还是新项目的立项，绩效预算监督可以促使政府部门更精细的使用资金。绩效预算监督也可以砍去低效率项目、重复项目和失效项目的资金，将资金转移到高产出的项目上，减少沉淀资金，提高资金的使用效率。从实际看，我们强调"资金跟着项目走"，"要素跟着项目走"，但是更要注重"绩效跟着项目走"。当然，注重实效的前提是项目建设的必需性和相关性，而不是追求"民粹主义""形象工程"。

三是公共服务导向。绩效预算监督可以更好地为公众服务。绩效预算的实施有力地使政府聚焦于民众急需的或优先于要的项目，提供优质的公共服务和产品。绩效预算监管则可以构建透明、高效公共部门，树立了政府部门的公共服务和产出意识，从而提高政府整体的治理水平。对此，在高质量发展阶段，探讨实施

"有差别的基本公共服务均等化"，可谓是最大的公平绩效。

四是实施绩效预算。绩效预算是财政治理发展的一般规律，加强绩效预算监管是绩效预算发展的必然趋势，是提升国家治理水平和治理能力现代化的重要举措。因此，按照"建设现代财税金融体制"总体部署，着眼于财政可持续发展，中国可以探讨实施绩效预算编制改革试点，健全完善现行预算绩效管理制度，真正实现由"预算绩效"管理方式向"绩效预算"编制模式转轨。

"十四五"时期地方财政绩效监管机制构建全景图谱

广东省财政厅科研所 杨娟 许航敏等

内容提要： 财政绩效监管是推进全面实施预算绩效管理的重要内容，是规范、发展和强化地方预算绩效管理提质增效的有利举措。鉴于"十三五"时期地方财政绩效监管目标缺失、评价结果与预算挂钩松散、绩效问责形同虚设等问题，本文坚持在明晰地方财政绩效监管目标与监管原则、明确总体框架与重点任务基础上，从夯实法治保障、制定标准规范、完善约束激励机制、加大政策与项目监管力度、强化大数据技术支撑、强化监管结果运用和硬化绩效问责等方面，摹画了"十四五"时期健全地方财政绩效监管机制的对策建议。

关键词： 财政 绩效 监管 机制 图谱

党的十九届五中全会提出"要强化预算约束和绩效管理"，为建立健全地方财政绩效监管机制指明了方向。建立健全地方财政绩效监管机制是适应经济社会发展的必然要求，也是补齐预算绩效管理短板的重要方法，更是实现由绩效文化向绩效行动自觉转变的制度保障。本文通过对财政绩效监管机制建设路径勾画，立足现代财政可持续发展，瞄准地方财政绩效监管目标任务，探讨实现"三个转变"：一是从"要我有绩效"到"我要有绩效"的转变。将财政绩效监管的外在压力和约束转化为财政预算相关主体的内在动力和激励，把财政决策和资金使用从一种行政权力转变为一种法律责任，通过权力与责任的对称促使其内在地去追求经济社会发展目标的实现。二是从抓具体项目、具体指标到抓宏观政策的转变。立足财政的宏观视野，加强对事情背后的政策的研究，统筹安排整体的预算盘子。正确处理当期绩效、中期绩效、远期绩效关系。三是从关注当前公共社会发展目标转向关注未来公共风险。更加注重对未来风险变化趋势的分析与预测，并以此为基础来规划和设计可预期的绩效目标。财政分配就是分担公共风险、转移公共风险的过程。

一、夯实财政绩效监管的法治保障

习近平总书记强调,"依法治国是党领导人民治理国家的基本方略,法治是治国理政的基本方式"。构建财政绩效监管机制,首先要明确财政绩效监管的功能定位和权利责任。

(一)夯实绩效监管立法的基础保障

各主体的责任利益和目标行为等多环节的复杂关系需要法律依据和支撑,而绩效监管立法需要多方面的制度支撑,必须完善这些制度,立法才具有完备的条件。一是推进树立财政绩效监管的治理理念。研究出台专门的财政绩效监管法律,在透明度、高质量上重新塑造提质增效的治理理念,从预算管理和宏观调控转向最大化满足社会公共需要,内容上更注重强调绩效对价值创造和价值增进的目标。二是强化绩效管理主体的绩效自觉。完善相关绩效管理制度机制的推动和培养,发挥绩效主导作用,形成财政支撑决策、预算牵引绩效的管理链条,构建"花钱""办事"协同、规范的工作机制。明确各部门责权利关系,确保资源配置与政策目标及结果相关联。三是健全完善财政预算管理机制。从目标管理转型为目标与手段并重的模式,既抓预算主体的绩效目标申报,更抓实现目标的手段方法,通过科学管理高效执行来引导和改变预算主体使用和管理资金的行为,从而解决绩效与预算两张皮的痼疾,发挥法治对绩效监管的保障和推动作用。四是建立各监督手段之间的价值目标协调机制。协调财政绩效监督与审计监督、财会监督等监督手段之间的价值目标,将绩效作为共同的目标追求,通过各监管手段之间的目标协调形成监督合力,从各自方面推动被监督主体花好钱办好事,促进资金使用科学高效。

(二)做好绩效监管立法的前置准备

财政绩效监管立法需要以财政事权与支出责任的明确划分为基础,绩效指标和预算支出标准体系为支撑,并优化调整现有相关绩效管理规章。一是合理界定财政支出范围。明确中央和地方政府事权与支出责任,推进省以下财政事权和支出责任划分改革，推动各级政府提高基本公共服务供给质量和效率。二是推进绩效指标体系建设。进一步完善绩效评价指标设计，以科学的方法进行分领域、分行业、分层次的成本绩效目标和绩效指标体系建设，以核心指标统一反映被评价对象的产出和效果，并充分尊重对象的个别性和差异性，使绩效信息体现横向可比性与纵向可追溯性特征。三是统一第三方机构评价的规范标准。依法规范评价主体、客体行为，增强第三方评价的独立性、客观性、中肯性和公允性，从法律角度确定执业准则和服务质量标准，提供绩效落地应用和裁量工具；建立标准化的横向行业评价体系和纵向过程评价体系，促进行业自律和健康发展。四是做好相关部门规章的立、改、废、释。对现行有关绩效管理的中央部门及地方出台的实施意见、具体办法和操作规程进行系统梳理，按照绩效理念和要求进行优化调整归并，以科学的法律条款加以统领，为绩效监管立法提供有力支撑。

（三）研究绩效监管立法框架

财政绩效监管立法需要在明确立法宗旨的基础上，拟定立法框架，统一规范标准，逐步使财政绩效从意识理念逐步转化为一种行动自觉。一是明确立法宗旨。财政绩效监管立法宗旨应是以财政绩效监管推动预算和绩效一体化，将"花钱"和"办事"统一起来。通过绩效目标的设定、监控、评价、报告和公开，实现政府责任的计量化、透明化、可视化，体现政府活动的范围和方向，为落实现代政府治理责任提供基本法律依据。二是拟订立法框架。财政绩效监管立法应以政府预算、部门预算、项目预算和政策绩效为重点，将预算编制、执行、调整、平衡、监督、公开等，按照"全方位、全过程、全覆盖"逻辑进行立法研究。明确预算绩效管理主体责任，强化预算绩效评价结果的问责约束。

二、研究制定财政绩效监管的标准规范

建立健全财政绩效监管的标准规范，可以实现钱与事、权与责、决策与执行、服务与需求有机融合，这既是开展绩效监管的基本前提，也是提升绩效监管水平的必要保障。

(一)明确绩效监管规范的内涵

财政绩效是衡量政府部门花钱效果的重要指标,既反映了各级政府、各部门的工作绩效,也反映了为社会公众提供的公共产品和公共服务的效率质量。构建财政绩效监管机制的前提条件是建立监管的标准和规范,而这需要明确绩效监管规范的内涵。一是财政绩效监管规范应内含国家治理能力和治理体系现代化的价值理念。财政绩效监管应在宏观层面有助于推进国家治理能力和治理体系现代化,在中观层面有助于优化财政资源配置、提升公共服务质量,在微观层面有助于在全社会培养绩效理念,转化为绩效行动,进而形成绩效自觉。二是财政绩效监管规范内含提升财政收支效率的行动策略。我国各地财政均面临着可用财力增长缓慢、财政支出呈不断增长的难题。财政绩效监管规范应围绕提高财政资金分配科学性、减少收支矛盾进行设计,通过规范的执行提升收支效率,推动逐步解决财政收支紧平衡的问题。三是财政绩效监管规范应内含着防范化解公共风险的制度目标。"公共风险防范论"认为,财政是作为对冲未来公共风险的制度安排。财政绩效监管应使财政绩效的重心从"资金"转移到"目标"上来,转变为未来导向的财政,更加注重对未来风险变化趋势的分析与预测,防范化解明天的公共风险,更好对冲公共风险。

(二)规范绩效监管主客体关系

财政绩效监管涉及的主客体众多,主客体之间的关系复杂,构建科学的绩效监管机制,要求明确和平衡绩效监管各主客体之间的关系,包括规范监管主体的定位和职责,实现多主体有效联动,明确监管客体范围和内容,实现财政绩效监管的全覆盖。一是规范各监管主体的定位和职责。作为财政绩效监管工作的推进主体,财政部门应着力完善预算绩效管理制度办法,组织指导本级部门、单位和下级财政部门全面实施预算绩效管理工作,加强与人大、监察、审计等机构的协调配合。各业务主管部门应切实履行预算绩效管理主体责任,健全预算绩效管理操作规范和实施细则,建立上下协调、部门联动、层层抓落实的工作责任制,将绩效管理责任分解落实到具体预算单位、明确到具体责任人。作为财政绩效监管的外部监管主体,新《预算法》不仅明确了各级人大在财政预算编制、执行、调整和决算进行审查、评议、分析、督促、批准方面的职权,同时明确了预算绩监督职责，将"支出政策实施情况和重点支出、重大投资项目资金的使用及绩效评价"作为各级人大对本级决算草案的重点审查内容之一，并要求人大对改进预算管理、提高预算绩效提出意见和建议。审计部门对政府以及部门和单位、政策和项目的财政绩效管理情况开展审计，并将审计结果向人大报告、向社会公开，对于其中发现的违纪违法问题线索及时移送。二是明确监管客体范围和内容。财政部门、预算部门及第三方评价机构实施绩效评价的对象，都是财政绩效监管的客体。所有的财政性资金都属于财政绩效监管的范围，包括纳入政府预算管理的资金和纳入部门预算管理的资金，按照预算级次，可以划分为本级部门预算管理的资金和上级政府对下级政府的转移支付资金。

（三）构建科学的绩效监管流程与方法

构建涵盖财政绩效目标管理、绩效运行监控、绩效评价管理、评价结果应用等各环节的科学流程，按照"事前有评估、事中有监控、事后有评价、结果有应用"的原则，形成财政绩效监管的闭环管理。一是完善财政绩效目标管理。绩效目标管理是全过程预算绩效管理的基础，在整个财政绩效管理中处于龙头地位。绩效目标与预算编制应实现"五个同步"——即同步布置、同步申报、同步审核、同步批复、同步公开，确保绩效目标与预算管理深度融合。二是健全财政绩效运行监控。依托财政资金在线联网监督系统，对目标实现程度和预算执行进度实行"双监控"，对预算执行进度慢、绩效目标偏离的项目或部门进行及时督促整改。完善集支出进度情况查阅、监控、分析、督促、反馈等功能为一体的综合监控功能，通过系统实现预算支出定期分析机制，对有关落实情况、支出进度情况进行反馈和督促，及时纠偏纠错。三是优化绩效评价管理。扩大评价范围，改进评价方式，实现与目标管理"两个对应"（内容对应、范围对应），完善自评和外部评价结合的绩效评价工作机制。四是加强绩效评价结果应用。拓展结果应用范围，强化以绩效信息公开、推动落实整改、强化绩效结果与预算安排衔接等多层次、多形式的绩效约束和应用机制。在预算编制过程中充分使用绩效管理有关成果，评价结果与预算安排挂钩。除向人大报告外，主动将绩效自评报告、重点评价报告和第三方评价报告等绩效信息在专项资金管理平台和门户网站上公开，自觉接受社会监督。

三、完善财政绩效监管约束激励机制

财政绩效监管的激励约束机制需要围绕责任界定、促进能动性的发挥进行设计,落实财政活动主体的责任,以绩效监管的科学机制促进各类主体的财政活动绩效的提升。

(一)健全完善财政绩效约束机制

责任是主体做好事情的内在因素和根本动因,根据行政问责"权责统一"的要求,实行财政绩效问责是必然的选择。实施财政绩效问责,不仅有利于提高预算部门领导对预算绩效工作的重视程度,而且能够对其他预算部门起到外在推动作用。一是落实财政绩效监管各主体责任。建立对口服务督导机制,定期或不定期开展调研,及时跟进和指导本级部门和预算单位、下级财政部门预算绩效管理各项工作的落实情况。落实工作考核机制,将预算绩效结果纳入政府绩效和干部政绩考核体系,制定专门制度对本级部门和预算单位、下级财政部门预算绩效管理情况进行通报,对工作成效明显的地区和部门予以表扬,对工作推进不力的进行约谈并责令限期整改,切实做到花钱必问效、无效必问责。二是形成落实绩效监管责任的联动机制。充分运用人大、纪检监察、审计的监督作用,组织部绩效考核的激励作用与财政职能,联网统筹人大预算联网监督系统、纪检监察系统监督体系、组织部政府绩效考评体系、财政业务综合管理平台、审计监督体系等信息资源,实现信息共享,打造动态协同绩效管理"专网平台"。三是强化绩效责任追究制度。在财政绩效监管中发现的财政资金使用违规行为,要借助财政监督的依据和手段,查清预算单位违规事实,督促预算单位认真加以整改和落实,增强绩效评价结果应用的严肃性和有效性,确保财政预算活动在政策允许的范围内进行。对于严重违规行为,依法予以制止,并依照《财政违法行为处罚处分条例》等有关规定追究相应责任。

(二)建立健全财政绩效激励机制

绩效激励机制的正向引导作用有助于提高财政绩效各主体的积极性,从而实现绩效监管的良性循环。一是健全完善财政绩效考核机制。要将预算绩效评价结果纳入政府绩效考核范围，通过约谈、奖惩和追责等形式，增强各级各部门的履职责任，体现依法治国新要求。同时，要将预算绩效结果纳入政府绩效和干部政绩考核体系，作为领导干部选拔任用、公务员考核的重要参考或依据。二是建立财政预算绩效评价奖励机制。对财政预算执行管理工作、收入质量管理工作、盘活财政存量资金管理工作、国库库款管理工作、预算公开管理工作、推进财政资金统筹使用管理工作做得较好的地区和部门设置一定比例的奖励资金，加大对落实政府预算绩效管理工作积累先进工作经验、并作出杰出贡献的个人进行奖励，将其典型工作经验不断推广，提高其改进财政绩效的积极性。三是按照权责匹配原则赋予部门相应自主管理权。对于财政绩效较好的部门赋予更多的管理自主权，允许部门和单位围绕职能职责、行业发展规划和工作任务，严格按照预算支出标准和绩效管理等相关规定编制部门预算，根据绩效高低、轻重缓急，推进部门内部资金统筹使用。

（三）完善绩效监管结果应用挂钩机制

确保预算编细、编实、编准，建立财政绩效监管结果与预算安排和政策调整挂钩机制，从源头上"拧紧预算管理的水龙头"，确保花好"每一笔、每一分钱"，实现财政绩效"精准控制"，有效增加可用财力。一是将绩效评价结果作为政府部门制定和调整工作计划重要依据。政府在制定本部门的战略目标、工作计划时，要参考以往年度特别是上一年的绩效评价结果，确定本年度的工作重点，调整财政资金的拨付。编制中长期预算和战略规划，政府应根据年度预算绩效评价结果，定期或不定期对已有预算规划和战略目标进行调整，使其更符合我国的实际发展情况。二是把绩效评价结果作为财政和预算部门编制和执行预算的重要依据。绩效评价结果应与预算安排、政策调整、改进管理实质性挂钩，体现奖优罚劣和激励相容导向。量化绩效评价结果挂钩方式，对于评价结果为"优""良"的予以优先保障；评价结果为"中""低"的按照一定比例扣减对应项目预算额度；评价结果为"差"的，终止项目或政策执行，切实做到"无效就压减"。三是将绩效评价结果作为人大审批和监督政府预算的重要依据。各级人大需要积极探索更好的方式介入预算管理，更加全面地对预算进行审批和监督，提前介入预算编审工作。将财政绩效评价结果引入人大的审批和监督环节，在评价结果中充分反映出预算支出的方向和用途，并且对支出进行明细分类，可以为人大工作提供更为丰富的资料,有助于减轻人大在审批环节的负担。

四、加强政策与项目的绩效监管力度

硬化财政绩效监管约束,需要落实全方位、全过程、全覆盖预算绩效管理要求,结合预算管理各环节特点、预算项目全生命周期特征采取有针对性的措施。

(一)建立覆盖政策与项目的绩效监管机制

财政绩效监管应对预算项目全生命周期实施管理,对预算项目前期谋划、项目储备、预算编制、项目实施、项目结束和终止等各阶段的预算管理流程和规则做出明确规定,加强预算项目全生命周期与预算管理的衔接,特别是抓好作为源头的项目库管理,对重大政策和项目以及PPP项目真正做到全生命周期绩效监管。一是完善以项目库为源头的预算绩效监管机制。所有预算支出都要以预算项目的形式纳入项目库,预算编制坚持"先有项目再安排预算""资金跟着项目走"。二是建立重大政策和项目全周期绩效跟踪问效机制。对重大政策和项目的政策落实、资金管理机制及政策实施效果等情况进行跟踪评估,跟踪问效结果作为当年预算调整、次年预算安排、绩效目标设定的重要参考依据,推动形成预算绩效管理与重点事业融合发展的良性互动机制。三是落实PPP项目全生命周期绩效监管机制。开展涵盖PPP项目识别准备、政府采购、建设运营、评估移交等全生命周期的绩效管理,科学论证设定PPP项目绩效目标,合理选择监控时间、设定监控计划,采用定量与定性分析相结合的方法,结合PPP项目实施进度及按效付费的需要确定绩效评价时点,依法依规公开绩效评价结果并接受监督。

(二)优化项目全过程绩效监管机制

科学有效的财政绩效监管模式应涵盖预算编制、执行和监督全流程,构建事前、事中、事后财政绩效管理闭环系统,将财政绩效要求全面嵌入预算管理,对预算管理流程进行再造,实现全程讲绩效、全员干绩效。一是在预算编制环节,对预算单位的预算编制、资金使用计划和绩效目标的科学性与合理性进行综合性评价。从过去主要阐述和细化资金的预算申报转为预算资金与实施内容及计划的模式，以预算支出方案为基础论证资金支出的科学性、合理性和匹配性，使预算单位的花钱责任清晰化和显性化。二是在预算执行环节，对资金使用计划和实施方案的合理性和有效性进行系统性评价。通过全流程实现绩效跟踪和绩效监控，从钱与事相匹配的角度来综合评价资金支出的进度快慢，事情实施计划的进展，资金支出对于预算实施效果的作用及贡献度，将预算编制环节的计划和目标落实到预算主体的预算执行行为上。三是在资金支出结束或政策执行完毕，对落实预算编制环节的计划和绩效目标的实现程度进行一致性评价。查找存在问题，并反馈到相关责任主体，通过对预算执行主体的责任督促和绩效问责，通过绩效评价的延时控制转化为下一次的预先控制，从而推动预算单位相关管理人员加强预算编制、执行研究，并以能力提升为基础提高花钱办事水平。

五、强化财政绩效监管大数据技术支撑

借鉴美国波特兰市的绩效数据地图，以及盖恩斯维尔市的开放式预算平台等，运用大数据、云平台、AI 等智能技术，建立财政绩效信息系统，充分利用大数据手段，构建可视化财政绩效监管地图，推动财政绩效监管机制高效运行。

（一）加强绩效监管数据库建设

我国大部分地区已经建设了项目库和评价指标库，也包含了评价指标、绩效标准值和实际值以及部分指标的历史值数据，但这些指标数据有的过于宽泛，有的则过于僵化，未能充分结合当地经济社会发展需要制定，因此绩效目标值数据库的建设仍有待加强。一是构建预算绩效管理大数据的数据采集系统。在实现各部门数据资源开放共享的基础上，实现各部门间的数据由开放共享向互联互通转变。同时，建立第三方绩效管理服务平台，提供行业专家、第三方中介及人民群众共同参与预算绩效管理的媒介，从而在预算绩效管理各利益相关者间实现最大限度的意见表达，扩充预算绩效管理信息来源渠道。二是在现行的评价指标库中完善绩效目标值与历年实际值数据库，提升绩效目标评审的效率和质量。按不同主管部门、专项资金名称和类型，建立历年绩效目标数据库，并统一汇总、整合到现行的评价指标库中。绩效目标申报和开展绩效评价时可以通过聚类与比对技术对数据进行自动对比分析，提高目标申报与绩效评价的工作效率。三是完善各

类项目历年目标值与实际值的纵横对比功能，提高数据在线监测与分析的效率。完善各类资金项目历年目标值与实际值的对比功能，实现与资金绩效运行阶段目标进行自动比对，识别绩效运行的差距，并在线反馈到相关部门和主管领导接收平台，督促绩效改进。

（二）搭建大数据框架，绘制绩效监管可视化地图

在预算绩效管理领域引入大数据，依托大数据的分类挖掘技术、聚类挖掘技术、关联挖掘技术等，绘制绩效监管可视化地图，实现绩效监管的即时化、形象化和直观化，增强绩效监管效能。一是构建预算绩效管理大数据分析系统。通过构建预算绩效管理大数据分析系统，综合分析各预算绩效管理中的海量信息，为科学合理的预算绩效管理目标设定和个性化的评估指标体系建立提供依据。二是构建预算绩效管理大数据决策和结果应用系统。以大数据为支撑，对相关政策、预算编制、预算执行、项目过程管理和评估等环节的结构性问题、比较性问题做出分析，以结果为导向分析预算执行和预算绩效管理过程中的差异性与合理性，实时监督、动态调整，为预算绩效管理决策及后续的政策制定提供便利，并助力预算绩效结果的充分应用和推广。三是充分运用预算与绩效管理一体化建设成果构筑财政绩效监管可视化地图。将绩效管理嵌入预算管理过程，在预算资金的分配、管理、监督过程的各个环节融入绩效管理内容，再造预算与绩效管理的新流程，重新界定预算编制和审批、预算执行、预算调整、预算分析、预算评价等环节的工作内容、工作方法、工作程序、具体标准等，实现预算管理与绩效管理的紧密结合，以可视化技术展现财政绩效监管成果、实时状态等信息，形成实时动态的绩效监管方式。

（三）运用大数据提升绩效监管效率

一是推动实现财政部门与其他部门数据共享和互联互通，提高绩效数据的多元性、充分性。财政绩效管理可以充分利用"数字政府"建设的契机，从政务大数据中心筛选、集成财政大数据，用于相应财政资金项目绩效分析，连通发改、市场监管、税务、金融、交通运输、海关、财政、教育、卫生等数据资源，实现各部门、各行业数据资源的交互共享，并推动财政数据资源的整合，实现数据的共享和交互使用，提高数据采集的充分性，打破"信息孤岛"和"数据烟囱"。

二是利用网络平台、运营商的外部数据，提高财政绩效监管数据的充分性。对政府内部和社会外部数据进行挖掘、分析，发现其数据规律特点，为绩效评价分析、绩效因素分析和宏观经济评估分析提供准确、客观、高质量的数据信息与决策依据。

六、提高财政绩效监管运行质量

预算绩效监管最终通过监管行为来改变财政预算主体的非绩效行为而提升财政绩效来完成，因而监管结果的应用是绩效监管的生命力。加强绩效监管结果应用，关键是以结果运用强化形成激励约束兼容，这既是财政绩效管理落到实处、取得实效的关键，也是全面实施绩效管理改革的重要推动力。

（一）花钱必问效——事前绩效监管结果运用

事前绩效评估是全面实施绩效管理的起点和基础，因此，绩效监管在事前的主要任务就是监督预算方案是否按照绩效的标准和要求来加以编制。一是加快事前绩效评估和预算评审联动机制建设。用绩效理念指导预算编审，抓住绩效目标设置、支出定额标准体系等关键环节，加强衔接匹配，推动事前绩效评估和预算评审从理论到实践再到结果运用的全面融合。二是理顺事前绩效评估和预算评审中职能分工，在财政内部应当具有统一的归口部门或规范的协作程序。针对二者流程特点，合并"同类项"，建立健全事前绩效评估和预算评审联动机制管理办法、业务流程等，厘清各方工作职责，形成"一份资料、一次提交、融合开展、同时办好"的工作模式，提高办事效率，节约行政资源。三是积极借助中介机构和专家等社会力量监督预算方案。在依法保障市场主体公平竞争条件下，充分发挥中介机构和专家等社会力量的专业性，提升其业务能力和服务质量。建立"参与式预算"机制，拓宽社会公众参与政府预算决策的深度和广度。完善第三方机构绩效考评机制，对其执业和履约情况进行追踪回访和监督落实，对第三方参与预算绩效管理工作给予业务指导和培训。

（二）低效必调整——事中绩效监管结果运用

通过财政绩效监管，推动绩效管理筛选出优质项目，过滤掉低效项目，以是否改善民生作为重要的评价标准,确保财政资金精准发力、以收定支,精准有效分配财政资金。一是以绩效监管推动清理归并低效财政资金。分门别类对财政资金进行逐项甄别,建立资金分配由绩效"做主"的科学分配机制。整合碎片化资金,实现财政资金的集约化、规模化。梳理任务清单,区分轻重缓急,压减低效无效资金,集中财力支持运行实效好的优质项目。二是以绩效监管推动零基预算改革。对部门项目支出实行以零为基点编制预算,不再考虑以前年度预算基数的核定方式,打破部门预算固化格局,重新确定部门预算总体规模、具体支出结构。进一步规范部门项目支出预算编报工作,在部门提前做好项目筛选、立项等前期准备工作的基础上,要求部门填报详细的立项依据、具体支出内容、绩效目标、执行期限等。三是以绩效监管推动推动部门提升整体支出谋划。借鉴 OECD 国家经验,在保持整体支出满足宏观调控需要的前提下,核减低效支出,对已有项目提出绩效改进方案,优化支出结构,为新增的优先项目创造新的财政空间。

(三)无效必问责——事后绩效监管结果运用

绩效问责是绩效评价结果的反馈,强调以结果为导向,是各级政府重视绩效管理的内生动力,履行全面实施预算绩效管理的初衷。没有问责制的存在,预算绩效管理很容易被束之高阁。一是建立绩效监管情况报告制度。一方面,财政部门内部实行绩效评价结果共享机制。另一方面,对部门和项目单位绩效自评完成进度、完成质量以及组织开展等情况,在一定范围内对其评价结论予以通报,促使其自觉地、保质保量地完成项目的绩效自评工作。二是落实绩效监管跟踪追责制度。财政部门要及时将财政绩效监管结果反馈至部门单位,要求其根据绩效评价结果进行整改,对整改不力的部门单位负责人进行约谈。对重大项目的责任人实行绩效终身责任追究制,对绩效监控、绩效评估评价结果弄虚作假,或预算执行与绩效目标严重背离的部门和单位及其责任人要提请有关部门进行追责问责,切实做到花钱必问效,无效必问责。三是构建绩效监管结果公开机制。建立绩效评价结果与预算资金分配、问责的联系,以期实现绩效预算、权责匹配和社会监督的目标,推动绩效预算管理真正从由"重结果"到"用结果"的转变,从"好看"到"管用"的转变,将绩效评价信息公开的重点落在不断推动预算管理制度改革,完善管理过程、提高绩效管理能力、培育讲求绩效的行政管理文化。